POLÍTICAS PARA A EDUCAÇÃO DA INFÂNCIA NO BRASIL NOS ANOS 1950/1960

Editora Appris Ltda.
1.ª Edição - Copyright© 2024 do autor
Direitos de Edição Reservados à Editora Appris Ltda.

Nenhuma parte desta obra poderá ser utilizada indevidamente, sem estar de acordo com a Lei nº 9.610/98. Se incorreções forem encontradas, serão de exclusiva responsabilidade de seus organizadores. Foi realizado o Depósito Legal na Fundação Biblioteca Nacional, de acordo com as Leis n°s 10.994, de 14/12/2004, e 12.192, de 14/01/2010.

Catalogação na Fonte
Elaborado por: Josefina A. S. Guedes
Bibliotecária CRB 9/870

L533p
2024
	Leite Filho, Aristeo
	    Políticas para a educação da infância no Brasil nos anos 1950/1960 / Aristeo Leite Filho. – 1 ed. – Curitiba : Appris, 2024.
	    260 p. ; 23 cm. – (Educação. Políticas e debates).
	
	    Inclui referências.
	    ISBN 978-65-250-5418-6
	
	    1. Educação e Estado. 2. Educação – História. 3. Infância. I. Título. II. Série.
	
	                                                                 CDD – 379

Livro de acordo com a normalização técnica da ABNT

Appris
editora

Editora e Livraria Appris Ltda.
Av. Manoel Ribas, 2265 – Mercês
Curitiba/PR – CEP: 80810-002
Tel. (41) 3156 - 4731
www.editoraappris.com.br

Printed in Brazil
Impresso no Brasil

Aristeo Leite Filho

POLÍTICAS PARA A EDUCAÇÃO DA INFÂNCIA NO BRASIL NOS ANOS 1950/1960

FICHA TÉCNICA

EDITORIAL	Augusto Coelho
	Sara C. de Andrade Coelho
COMITÊ EDITORIAL	Marli Caetano
	Andréa Barbosa Gouveia - UFPR
	Edmeire C. Pereira - UFPR
	Iraneide da Silva - UFC
	Jacques de Lima Ferreira - UP
SUPERVISOR DA PRODUÇÃO	Renata Cristina Lopes Miccelli
ASSESSORIA EDITORIAL	Miriam Gomes
REVISÃO	Marcela Vidal Machado
PRODUÇÃO EDITORIAL	Miriam Gomes de Freitas
DIAGRAMAÇÃO	Andrezza Libel
CAPA	Daniela Baumguertner
REVISÃO DE PROVA	Jibril Keddeh

COMITÊ CIENTÍFICO DA COLEÇÃO EDUCAÇÃO — POLÍTICAS E DEBATES

DIREÇÃO CIENTÍFICA Andréa Barbosa Gouveia

CONSULTORES
- Amarildo Pinheiro Magalhães - IFPR
- Ângela Mara de Barros Lara - UEM
- Angelo Ricardo de Souza - UFPR
- Cláudia Cristina Ferreira - UEL
- Dalva Valente - UFPA
- Denise Ismênia Grassano Ortenzi - UEL
- Edcleia Aparecida Basso - UNESPAR
- Fabricio Carvalho - UFPA
- Fernanda Coelho Liberali - PUC-SP
- Geovana Lunardi - UDESC
- Gilda Araujo - UFES
- Gladys Barreyro - USP
- Juca Gil - UFRGS
- Magna Soares - UFRN
- Marcia Jacomini - USP
- Marcos Alexandre Santos Ferraz - UFPR
- Maria Dilnéia Espíndola - UFMS
- Maria Vieira Silva - UFU
- Marisa Duarte - UFMG
- Nalu Farenzena - UFRGS
- Odair Luiz Nadin - UNESP
- Regina Cestari - UCDB
- Rosana Evangelista Cruz - UFPI
- Rosana Gemaque - UFPA
- Savana Diniz - UFMG

INTERNACIONAIS
- Fernanda Saforcada – Universidade de Buenos Aires - Argentina
- Gabriela Vilariño – Universidade de Lujan - Argentina
- Jorge Alarcón Leiva – Universidade de Talca - Chile
- Rosa Serradas Duarte - Universidade Lusófona de Lisboa - Portugal

In memoriam
Saudosa mestra Ana Waleska Pollo Campos Mendonça.

Por que esqueci quem fui quando criança? Por que deslembra quem então era eu?
Por que não há nenhuma semelhança
Entre quem sou e fui? A criança que fui vive ou morreu?
Sou outro? Veio um outro em mim viver? A vida, que em mim flui, em que é que flui?
Houve em mim várias almas sucessivas?
Ou sou um só inconsciente ser?
(Fernando Pessoa)

PREFÁCIO

Há obras que são singulares e ultrapassam os limites da "forma" (no sentido aristotélico) para as quais foram planejadas. Este livro, do professor Aristeo Gonçalves Leite Filho, possui tal característica e, diria mais, possui a de modo emblemático.

Devido a isso, para mim foi extremamente desafiador prefaciar o livro que hoje chega às suas mãos (ou telas, pois vivemos a era dos múltiplos suportes de leitura e de memória). Esse desafio deu-se também por mais dois fatores: a) conheço e acompanho o professor Aristeo e seu trabalho há duas décadas (convivemos como colegas, amigos e participamos como pesquisadores do Grupo de Pesquisa liderado pela saudosa mestra Ana Waleska Mendonça); b) é muito difícil ler um trabalho deste quilate e não se sentir tentado a fazer meramente um texto apologético ou laudatório.

Isso posto, há que encetar a tarefa de fazer o prefácio com a função que lhe cabe: ser um introito e ao mesmo tempo um comentário à obra que presentemente está em nossas mãos. Sem mais delongas, sigo na tarefa tão árdua quanto compensadora. Uma das grandes virtudes do trabalho que hoje se apresenta sobre a forma de livro foi a de apresentar uma visão histórica que se pautou ao mesmo tempo na materialidade das políticas públicas da infância e na dinâmica da história das ideias e instituições educacionais e científicas (com ênfase no âmbito do trabalho e na circunscrição geográfica do Brasil). Não é nada fácil trabalhar entre esses dois vetores epistemológicos (tomando de empréstimo a expressão consagrada pelo insigne Gaston Bachelard): do real ao racional e do racional ao real, ou, se preferirmos: dos discursos enformas culturais presentes em documentos de época e o contexto social, histórico e político que os envolvem e os conformam. Cabe comentar que o professor Aristeo realiza essa empreitada com maestria "demiurgnica" e chama para nós a atenção de pontos que poderiam passar insuspeitados ou ser pouco valorizados por leitores (em vários níveis de proficiência acerca do assunto) como, por exemplo, concepções de infância subjacentes às políticas públicas para a infância nos anos de 1930 e que vão se conectar à ideia da criança como um "homúnculo" ou "adulto pequeno", estudada por Philippe Ariès em sua *História da Infância*.

Este é um livro que, além de trazer ao leitor os frutos (sem esconder raízes, caules, galhos, folhas e flores desta "árvore de conhecimentos") de intensa pesquisa e uso intensivo e extensivo de técnicas variadas de investigação, ainda assim, não apresenta o tema com a dureza que se poderia esperar de uma tese de doutorado que se converte em livro. Há que ser destacada a sensibilidade e até o certo lirismo como são (re)vistas as políticas públicas educacionais (mas não somente) com que a infância é tratada pelo Estado brasileiro. Nesse âmbito, inclusive, há que assinalar um "parêntesis": o livro do professor Aristeo Gonçalves de Leite Filho passa ao largo da característica de várias obras análogas sobre o assunto, ou seja, ao invés de oscilar entre certo "legalismo mágico" – que nos faz crer que, uma vez promulgada, determinada lei se converte imediatamente em realidade concreta – e uma espécie de "subjetivismo histórico", no qual narrativas acerca da infância extraídas de lugares de memória marcantes para o autor (felizes ou tristes, dependendo de quem seja o criador da obra) substituem a concretude do real no âmbito da infância por um subjetivismo ad hoc e ad totum (ou, na melhor das hipóteses, subsomem a concretude do real a tal postura epistemológica).

Resumirei essa longa digressão com uma assertiva retirada do frontispício de um trabalho publicado por mim em 2003: "Entre o Historiador e o Poeta: definindo o eixo da narrativa". Esse é um livro que define muito bem o eixo da narrativa (como uma bússola, diria) e traz a nós uma nova perspectiva histórica sobre a infância e as políticas públicas estatais no Brasil. À guisa de conclusão, cabe deixar dois questionamentos que poderão ser respondidos ao mesmo tempo pelo autor em outras obras, e/ou por outras pesquisas que tomem como linha de raciocínio inicial o livro escrito pelo professor Aristeo: a) o que for apresentado como síntese histórica acerca das políticas públicas da infância no período estudado serão "estruturas estruturantes" de políticas públicas estatais de longa duração?; b) ao ver a ênfase dada à questão da infraestrutura de creches e escolas de educação infantil (públicas e privadas) em vários pontos do Brasil hoje, é possível que exista um fico centrado nas necessidades, anseios e desejos das "crianças reais", ao invés de serem definidos regras, procedimentos e normas jurídicas com base em "crianças invisibilizadas" por estatísticas ou levantamentos sociodemográficos de larga escala?

(Re)ler o trabalho do professor Aristeo hoje convertido em livro me trouxe essas indagações e imagino que aos demais leitores trará outras perguntas. Assim, reitero que o livro cumpre bem o papel dos clássicos (e imagino que este será o caso): ao invés de trazer respostas prontas, faz-nos objetivar nossas representações e percepções sobre um tema e produzir novos questionamentos. Permitindo-me ser um pouco laudatório ao final, diria: neste livro, Aristeo (apesar de seu viés materialista-dialético) foi e é um pouco socrático.

Professor Pablo Silva Machado Bispo dos Santos
Doutor em Educação (PUC-Rio), líder do Núcleo de Pesquisa em Políticas Públicas e Instâncias de Socialização (Polis-UFF) e professor associado da Universidade Federal Fluminense (UFF)

LISTA DE SIGLAS E ABREVIATURAS

ABE	Associação Brasileira de Educação
ANCAR	Associação Nordestina de Crédito e Assistência Rural
BNDE	Banco Nacional de Desenvolvimento Econômico
Cacex	Carteira de Comércio Exterior do Banco do Brasil
CBPE	Centro Brasileiro de Pesquisas Educacionais
CCE	Coordenação Central de Extensão da Pontifícia Universidade Católica do Rio de Janeiro
CEPAL	Comissão Econômica para a América Latina
CLT	Consolidação das Leis do Trabalho
CNER	Campanha Nacional de Educação Rural
CPDOC/FGV	Centro de Pesquisas e Documentação em História Contemporânea da Fundação Getúlio Vargas
CRPEs	Centros Regionais de Pesquisas Educacionais
CSN	Companhia Siderúrgica Nacional
DCB	Departamento da Criança no Brasil
DECr	Departamentos Estaduais da Criança
DEP	Departamento de Educação Primária do Distrito Federal
DNCr	Departamento Nacional da Criança
FISI	Fundo Internacional de Socorro à Infância
IBGE	Instituto Brasileiro de Geografia e Estatística
IERJ	Instituto de Educação do Rio de Janeiro
IESAE/FGV	Instituto de Estudos Avançados em Educação da Fundação Getúlio Vargas do Rio de Janeiro
INEP	Instituto Nacional de Estudos e Pesquisas Educacionais
INP	Instituto Nacional de Pedagogia
INP	Instituto Nacional de Puericultura

IPAI	Instituto de Proteção e Assistência à Infância
ISEB	Instituto Superior de Estudos Brasileiros
LBA	Legião Brasileira de Assistência
LDB	Lei de Diretrizes e Bases da Educação Nacional
MEC	Ministério da Educação e Cultura
OMEP	Organização Mundial para a Educação Pré-Escolar
ONU	Organização das Nações Unidas
PABAEE	Programa de Assistência Brasileiro-Americana de Ensino Elementar
PROEDES	Programa de Estudos e Documentação Educação e Sociedade
PUC-Rio	Pontifícia Universidade Católica do Rio de Janeiro
SAM	Serviço de Assistência a Menores
SBP	Sociedade Brasileira de Pediatria
SENAC	Serviço Nacional de Aprendizagem Comercial
SENAI	Serviço Nacional de Aprendizagem Industrial
SESC	Serviço Social do Comércio
SESI	Serviço Social da Indústria
SESP	Serviço Especial de Saúde Pública
SUDENE	Superintendência de Desenvolvimento do Nordeste
Sumoc	Superintendência da Moeda e do Crédito
UFRJ	Universidade Federal do Rio de Janeiro
UNESCO	Organização das Nações Unidas para a Educação, a Ciência e a Cultura
UNICEF	Fundo das Nações Unidas para a Infância

SUMÁRIO

**1
PONTO FINAL**...17

**2
PONTO DE PARTIDA**...21
   2.1 A educação para as crianças pequenas.............................22
   2.2 Sobre a produção da pesquisa......................................35
   2.3 Procuram-se atores e questões de estudo........................37

**3
TRÊS PONTOS**..41
   3.1 Infância: não existiu sempre da mesma maneira................41
   3.2 Pediatria e puericultura..45
      3.2.1 Pediatria...46
      3.2.2 Puericultura..48
   3.3 A criança como metáfora do futuro................................50
      3.3.1 O tempo..51
      3.3.2 O lugar de memória..55

**4
INICIATIVAS: MARCOS DE IDAS E VINDAS**......................71
   4.1 O Departamento Nacional da Criança.............................71
   4.2 Caravana de mulheres..77
   4.3 A sutileza de Gesteira...80
   4.4 Como se vê e como se diz, o Estado se faz de morto...........81
   4.5 Estado brasileiro aparece para a criança: dois institutos com a mesma sigla (INP), no mesmo ministério 83
   4.6 Campanha Educativa..89
      4.6.1 Clube de Mães...92
   4.7 Instituição escolar é uma coisa. Pré-escolar será outra 99

5
PROPOSTAS DA EDUCAÇÃO INFANTIL NOS ANOS 1950/1960: AS IDEIAS DE ODILON, CELINA, HELOÍSA E NAZIRA 105

    5.1 A arte de cuidar de crianças. A creche como solução – para as mães que trabalham e para aquelas que querem enfeitar a vida 109

    5.2 Escolas maternais e jardins de infância: um prolongamento do lar, e não a antessala da escola primária 133

    5.3 Vida e educação no jardim de infância: a pré-escola como espaço de vida 168

    5.4 O que é o jardim de infância: a pré-escola como remédio 184

6
CHEGADA À VISTA 211

REFERÊNCIAS 217

ANEXOS

ANEXO I
LEGISLAÇÃO 243

ANEXO II
CRONOLOGIA 247

ANEXO III
SITES CONSULTADOS 253

ANEXO IV
IMAGENS 257

PONTO FINAL

A introdução de um livro, sobretudo quando ele é o resultado de uma pesquisa realizada para a produção de uma tese de doutorado, é sempre a última parte a ser escrita. É o ponto final, que, na verdade, finaliza somente o que se conseguiu produzir até aquele momento, sem, contudo, fechar as portas para novas investigações sobre o que foi delimitado como objeto da pesquisa. Redigi-la só foi possível após muitos meses de trabalho debruçado sobre os documentos, indagando-os com questões norteadoras que o fizeram falar, que permitiram comparações, análises e descobertas.

São casos, pistas, indícios, sintomas, signos, talvez bem pequenos, que permitem captar uma realidade mais profunda. Realizar a urdidura da história da educação infantil nos anos 1950/1960 levou-me à árdua tarefa de montar com fragmentos, retalhos, pedaços, provenientes das fontes encontradas, um todo, tecido na primeira aproximação da versão dessa história recente. Sem pretensões conclusivas, mas, certamente, por aproximações sucessivas, pouco a pouco ela irá permitir que outras pesquisas de cunho histórico cheguem a novas versões dessa história, o que possibilitará melhor compreender as políticas públicas para as crianças pequenas no Brasil nesse passado recente, iluminar as políticas para a infância hoje e indicar caminhos futuros – uma teia de sentidos, que articula experiências e expectativas.

"As fontes do passado são capazes de nos dar notícias imediatas sobre fatos e ideias, sobre planos e acontecimentos, mas não sobre o tempo histórico em si" (Koselleck, 2006). Com essa afirmação, o historiador alemão, ao tentar responder à questão *"Que é tempo histórico?"*, indica a necessidade de se lançar mão de uma abordagem teórica, pois testemunhos da tradição e do passado têm-se mostrado insuficientes. A datação é imprescindível para que se possa, mais do que narrar, organizar os conteúdos que irão se constituir de eventos. Mas a datação correta é, para Koselleck (2006), apenas um pressuposto e não uma determinação da natureza daquilo que se pode chamar de *tempo histórico*.

No percurso de consecução da pesquisa, a cronologia foi levada a recuos que extrapolam em muito o período delimitado (Anexo I), qual seja, os anos 1950/1960. "Presente e passado estariam, assim, circundados por um horizonte histórico comum" (Kosseleck, 2006, p. 22). Ela serviu de elemento auxiliar à investigação do período focado. Procuro não usar o tempo como elemento único e natural, evito a "co-incidência" entre tempo e história. Os tempos são muitos, sobrepostos uns aos outros. Não pude, no entanto, abrir mão do tempo cronológico – físico, das datas, de calendários e medidas empregadas ao longo da história, sem, todavia, reuni-los em um único tempo. O tempo histórico, entendido na sua singularidade, tem seu sentido próprio, relacionado à ação social e à política, como diz Kosseleck, associado a homens concretos que agem e sofrem as consequências de ações, das instituições e organizações.

No capítulo "Ponto de partida", apresento, no item "A educação das crianças pequenas", ideias diretamente ligadas às concepções recentes no Brasil a respeito da educação infantil como o direito da criança e situo o eixo da pesquisa realizada citando os aportes teóricos utilizados. A partir de recuos no tempo histórico, indico os pontos de onde parto para investigar a educação para a infância nos anos 1950/1960. No item "Sobre a produção da pesquisa", procuro contextualizar o presente trabalho, justificando sua relevância, dada a precariedade da historiografia sobre o tema no período delineado e relacionando-o à minha trajetória na Universidade. Fecho esse capítulo com o item "Procuram-se atores e questões de estudo", no qual levanto as questões investigadas e as fontes que foram utilizadas na pesquisa.

No capítulo que intitulei "Três pontos", articulo conceitos-verbetes a contextos sobre os quais também podem atuar, tornando-os compreensíveis. Trago à tona: infância; Pediatria; e puericultura e criança como metáfora do futuro. Para isso faço um percurso com um cursor flexível que se movimenta ora para a frente ora para trás, numa linha de tempo que não está definida a priori, mas que se constrói diacronicamente.

No capítulo 4, denominado "Iniciativas: marcos de idas e vindas", utilizo documentos encontrados nos arquivos pesquisados e trato de questões atuais na época investigada: a creche como um mal necessário; as iniciativas privadas e públicas que originaram políticas de educação para as crianças pequenas; a educação infantil como direito da mulher trabalhadora; a educação das mães; o papel do Estado nas iniciativas (campanhas, programas e projetos) e a criação de órgãos públicos e propostas destinadas à educação das crianças no Brasil no período estudado.

No quinto capítulo: "Propostas da educação infantil nos anos 1950/1960: as ideias de Odilon, Celina, Heloísa e Nazira", a partir da leitura de quatro livros publicados na época, busco analisar o proposto como ideias educativas para a educação pré-primária. Dos livros considerados fontes nesse capítulo, dois são da *Coleção DNCr* e os outros são publicados por instituições específicas da área educacional.

Concluo com "Chegada à vista", considerações finais que, à guisa de uma possível conclusão, por fim, sistematizam respostas que puderam ser encontradas no processo da pesquisa.

2

PONTO DE PARTIDA

Atualmente, a educação infantil é um direito da criança e continua sendo um direito da mãe trabalhadora. Durante muito tempo, contudo, na sociedade brasileira, a proteção à criança e à mãe foi considerada uma benesse. A boa vontade de alguns médicos associada à antiga ideia da filantropia, exercida por religiosos e pessoas de boa vontade, sempre como iniciativas particulares, foram as iniciativas desenvolvidas no sentido da proteção materno-infantil. Nem sempre se teve no Brasil uma legislação específica sobre a infância e a educação das crianças pequenas, o que permite dizer que, por muitos séculos, não se reconheceu o acesso às instituições de educação destinadas a pré-escolares como um direito, seja ele da mãe ou da criança pequena, mas como um favor.

Na história do atendimento às crianças de 0 a 6 anos no Brasil, foi constante a criação e extinção de órgãos superpondo-se a programas com as mesmas funções. Saúde, assistência, e educação não se articulam ao longo da história; ao contrário, o atendimento ramificou-se, sem que uma das esferas se considere responsável. Cada área foi apontada como causa, sem uma transformação das condições de vida das crianças (Kramer, 2005).

A realização desta pesquisa – *Políticas para a educação da infância no Brasil nos anos 1950/1960* – tinha inicialmente o objetivo de investigar as políticas do Ministério da Educação (MEC) nesse período. Após o primeiro contato com os arquivos e documentos diretamente relacionados ao tema, senti a necessidade de configurá-la focada nas políticas públicas para a infância. Elegi o lugar da infância e da educação infantil nas políticas públicas de educação e saúde elaboradas no período do *desenvolvimentismo* como tema central.

Trata-se de uma pesquisa histórica e não do campo específico da ciência política – análise e avaliação de políticas públicas. Portanto, no que diz respeito ao desenvolvimento do estudo das políticas setoriais (educação e saúde), em um tempo determinado historicamente, recorro a aportes teóricos e metodológicos da história, sobretudo da história cultural (Chartier, 1990; 1991; 1994; 1996; Barros, 2004; Pensavento, 2005; Burke, 1992; 2005;

Cevasco, 2007; Thompson, 1987; 1998a; 1998b; Williams, 1980; 1992; 2007) e da história dos conceitos (Koselleck, 1990; 1992; 2006), sem, no entanto, deixar de buscar apoio em algumas concepções teóricas da ciência política, mais notadamente nas análises de políticas públicas (Viana, 1996; Bobbio, 1986; 2000; Renno, 1997; Vianna, 1989; Perez, 1998; Draibe, 1985; 1989; 1998a; 1998b; 2000; Frey, 2000).

No decorrer da pesquisa adoto a ideia de *política* como um espaço de representação e defesa dos interesses da sociedade; um conjunto de decisões que visam responder a problemas e/ou necessidades dos cidadãos. Em relação às *políticas públicas*, entendo-as como as maneiras consensuais com as quais o governo cumpre com suas responsabilidades de proteger os direitos individuais e de promover o bem-estar comum. Por fim, não me distancio da ideia de que as *políticas sociais básicas* são aquelas que atendem às necessidades essenciais (básicas) do indivíduo: saúde, educação, habitação, desenvolvimento social, cultura, esporte, lazer, trabalho e renda. Como as políticas públicas são disciplinadas em leis criadas pelos poderes Legislativo e Executivo, que dispõem sobre sua organização e dão outras providências, embora não tenha me restringido, exclusivamente, a considerá-las como fonte primária da pesquisa, não me furtei de avidamente buscá-las nos arquivos investigados (Anexo II).

A compreensão de política pública utilizada nesta investigação tem como ponto de partida, mais do que uma definição, o conjunto de disposições, medidas e procedimentos que traduzem a orientação política do Estado e que regulam as atividades governamentais relacionadas às tarefas de interesse público, assim como os atos que o governo fez ou deixou de fazer e os efeitos que tais ações ou a ausência destas provocaram na sociedade nos anos 1950/1960 em relação a cuidado/educação das crianças pequenas.

As políticas públicas de educação e saúde implementadas no período estudado não são confundidas com as decisões tomadas pelos governos para esses setores, pois, além de envolverem as próprias decisões políticas, demandaram diversas ações estrategicamente adotadas para a execução do que fora decidido.

2.1 A educação para as crianças pequenas

A abrangência do atendimento às crianças pequenas no Brasil foi até recentemente tão pequena que, por vezes, chega-se a supor, equivocadamente, que creches e pré-escolas e/ou outras modalidades de cuidado/educação para crianças, com idade inferior à da escolaridade obrigatória, sobretudo para as não órfãs e/ou abandonadas – que ficavam sob a tutela do Estado –, só surgiram em nossa história da educação no século XX. Não obstante a pequena produção historiográfica sobre a educação infantil (Kramer, 1982; Kishimoto, 1988; Kuhlman, 1990) aponte em direção contrária ao equívoco tão praticado, posso afirmar que há lacunas na história da educação infantil no Brasil nas mais diferentes épocas, desde a Colônia até os dias recentes, que precisam ser preenchidas.

Faz-se necessário um primeiro recuo. Um dos antecedentes históricos que considero para esta pesquisa é a regulamentação do trabalho da mulher, no Brasil de 1932, que torna obrigatória a creche em estabelecimentos com, pelo menos, 30 mulheres com mais de 16 anos. O Decreto nº 21.417-A, de 17 de maio de 1932, é considerado a mais importante medida sobre o trabalho feminino no período. O referido Decreto proibiu o trabalho noturno das mulheres, exceção feita para aquelas que exerciam atividades em conjunto com outros membros da família ou em serviços de telefonia, radiofonia, em hospitais, clínicas, manicômios ou sanatórios. Ao mesmo tempo, proibiu o trabalho feminino em atividades insalubres, quando desprendessem emanações nocivas, vapores ou poeira, na maior parte dos ramos químicos, com produtos voláteis ou inflamáveis. A proibição vigorava também para lugares profundos, afiação de instrumentos ou peças metálicas e fabricação ou transporte de explosivos. Proibia o trabalho de mulheres grávidas quatro semanas antes e quatro semanas após o parto; e, diante do atestado médico assinalando complicações de saúde, as quatro semanas poderiam ser ampliadas para seis. Permitia que a mulher rompesse o contrato de trabalho sem qualquer obrigação, desde que estivesse grávida. Em caso de aborto não criminoso, eram concedidas duas semanas de descanso. Previam-se ainda dois intervalos de descanso diário em caso de amamentação nos seis primeiros meses de vida do bebê e creches em locais onde trabalhavam mais de 30 mulheres. O Decreto estabeleceu, ainda, a isonomia salarial – norma do salário igual para o trabalho igual, independentemente do sexo do trabalhador.

Parto dessa obrigatoriedade – direito das mulheres trabalhadoras – duas décadas antes dos anos que investigo e procuro compreender os processos, os conteúdos, as agências e os agentes sociais, os planos e as ações destinadas às crianças pequenas no Brasil dos anos 1950/1960.

A partir de 1930, a sociedade brasileira passou por grandes mudanças. Com o processo de urbanização, a burguesia começou a participar da vida política. Com o processo da industrialização, a classe operária cresceu. Getúlio Vargas, com uma política de governo dirigida aos trabalhadores urbanos, atraiu o apoio dessa classe. Uma das primeiras medidas do governo revolucionário foi criar um Ministério do Trabalho, Indústria e Comércio, o que resultou numa série de leis trabalhistas. Parte delas visava ampliar direitos e garantias do trabalhador, como é o caso da lei de férias, regulamentação do trabalho de mulheres e crianças. Nos anos seguintes veio uma vasta legislação trabalhista e previdenciária. Em 1932, regulamentou-se, como já mencionei, o trabalho da mulher, tornando-se obrigatórias as creches em estabelecimentos com pelo menos 30 mulheres com mais de 16 anos[1]. Em 1943, a legislação trabalhista foi completada com a Consolidação das Leis do Trabalho (CLT). A fase revolucionária durou até 1934, ano em que a Assembleia Constituinte votou a nova Constituição e elegeu Vargas para presidente. Em 1937, o golpe de Vargas, apoiado pelos militares, inaugurou um período ditatorial que durou até 1945 (Carvalho, 2007, p. 87).

Cabe aqui uma breve consideração sobre a recorrente pergunta presente em muitas das análises da história contemporânea do Brasil: a chamada Revolução de 1930 representou uma continuidade ou uma ruptura? A tensão estabelecida entre as teses da ruptura ou da continuidade talvez seja um tanto ilusória, uma vez que o movimento político-social, mesmo os mais radicais, contém o velho no novo que se estabelece. A nova ordem instaurada contém elementos que foram gerados na velha ordem:

> [...] a ideia de um corte radical com o passado pode não ser a melhor representação do processo histórico. A história não se processa pela emergência abrupta de eventos, mas de outro lado alguns deles podem lhe imprimir um determinado curso, nem sempre previsto em seus antecedentes. Entre o determinismo, onde os acontecimentos são vistos como produto de uma necessidade inquestionável, e o voluntarismo, que vê a vontade e a ação humanas como elementos fundamentais do processo histórico, cabe relativizar, ou seja, compreender as complexas relações entre traços estruturais, dados conjunturais e a opção de determinados atores sociais (CPDOC/FGV; Oliveira, 2023).

Longe de uma visão *continuista* da história, vale ressaltar que não são poucas as historiografias que veem a Revolução de 1930 como uma ruptura no processo histórico brasileiro, o que produz por vezes uma sombra na história do Brasil republicano.

---

[1] Desde 1923 já havia algumas regulamentações sobre o trabalho da mulher: previa-se a instalação de creches e salas de amamentação próximas ao ambiente de trabalho. Essa medida depois integrou a Consolidação das Leis do Trabalho, em 1943. O Decreto-Lei nº 5.452, de 1 de maio de 1943, aprovou a CLT e dispôs especificamente sobre creches nos seguintes artigos: 389, §1º e 2º, 397, 399 e 400.

Qual foi o legado que Vargas deixou a seus sucessores? Ele liderou a chamada Revolução de 30, movimento que derrubou as oligarquias paulistas e mineiras que dirigiam o país. Os líderes que se juntaram a Vargas propunham a modernização, em uma época em que modernidade se confundia com industrialização.

No Brasil, os anos 1930 podem, sem dúvida, ser caracterizados como um período que aparece na história como aquele em que se configuram mudanças sociais, políticas e econômicas. A referência maior aqui é a Revolução de 30, cujo traço essencial da etapa histórica iniciada por ela no Brasil "é o da aceleração no desenvolvimento das relações capitalistas e, consequentemente, no crescimento quantitativo e qualitativo da burguesia e do proletariado" (Sodré, 2003, p. 75). Nessa ocasião se engendraram ações do/no Estado brasileiro e da/na sociedade civil que permitiram o aparecimento de propostas de políticas públicas voltadas para as crianças pequenas, seja no formato que hoje chamamos de educação infantil (creches, escolas maternais, jardins de infância, pré-primário, pré-escola etc.), seja por meio de outras formas mais ligadas à saúde e à assistência (Clube de Mães, centro de recreação infantil, Postos de Puericultura, Casa da Criança etc.). Esses formatos diferenciados serão motivos de debates posteriores sobre as funções assistenciais e educacionais de cuidado/educação das crianças antes da idade da escolaridade obrigatória.

Compreender a invenção do Brasil republicano[2] é tarefa imprescindível na feitura do desenho de um cenário no qual as crianças pequenas, sua educação no âmbito familiar-privado e/ou institucional-público, bem como o papel do Estado na proposição de políticas e as iniciativas da sociedade para essas crianças vão aparecer como respostas às demandas que vão surgir nas décadas de 1950/1960.

Nos primeiros anos da República a questão da criança e do adolescente passou a ser considerada um fator de higiene pública e de ordem social, para se consolidar o projeto de nação forte, saudável, ordeira e progressista ("Ordem e Progresso") (Faleiros, 1995).

Até se tornar uma República, a sociedade brasileira pouco fez em relação à criança de 0 a 6 anos (Souza; Kramer, 1988). A educação/atendimento de crianças pequenas[3] apareceu no século XVIII com característica de filantro-

---

[2] Sobre essa ideia de invenção do Brasil republicano, ver Lessa (1999).

[3] No Brasil, crianças de 0 a 6 anos, idade inferior à idade da escolaridade obrigatória – ensino primário (até os anos de 1970) ou ensino fundamental (após anos de 1990); em 2005, o ensino fundamental passou a atender crianças a partir dos 6 anos.

pia, como na Europa. Já no século XIX, temos dois tipos de inspiração para o trabalho com crianças. De um lado, propostas inspiradas na creche francesa[4] e, de outro, propostas de inspiração alemã, jardim de infância (Leite Filho, 1997).

No Brasil, até o final do século XX, esses formatos de atendimento às crianças de 0 a 6 anos acabaram por desobrigar o Estado de sua responsabilidade com a educação das crianças na primeira infância, o que aos poucos foi construindo a ideia de que a creche é destinada aos pobres e a pré-escola (jardim de infância), aos mais abastados. Embora haja controvérsias sobre essa dicotomia creche/jardim de infância, alguns autores afirmam que nem sempre foi assim que aconteceu. Registros evidenciam que, desde seu surgimento, os jardins de infância, mantidos, sobretudo, por iniciativas privadas, foram em muitas das vezes oferecidos às crianças maiores (4 a 7 anos) e tinham como público-alvo crianças filhas da classe média – mães que podiam cuidar de seus filhos até essa idade, enquanto as creches iniciam atendendo filhos de operárias e domésticas, crianças a partir dos primeiros meses de vida, predominantemente mantidas pela iniciativa filantrópica, com algumas poucas exceções. O fato é que para o Estado restou apenas supervisionar e subsidiar as entidades que atendiam crianças desfavorecidas socialmente. O atendimento à criança de 0 a 6 anos ficou historicamente vinculado às ações dos ministérios: da Saúde, da Previdência e Assistência Social e da Justiça; mas não foi assumido integralmente por algum deles, pois não constituiu dever do Estado até 1988, o que fez com que a responsabilidade ficasse por conta das empresas empregadoras de mães e entidades sociais, mediante convênios (Motta, 2006).

O termo "jardins de infância" foi utilizado no Brasil desde 1880. Alguns textos de grande repercussão, como uma lei de 1879, assinada por Leôncio de Carvalho, ministro do Império, ou da mesma forma o Parecer assinado pelo jurista Rui Barbosa, em 1882, indicavam claramente a necessidade de o Estado oferecer educação infantil.

A historiografia registra a existência de um jardim de infância instalado no Rio de Janeiro, mantido pela iniciativa particular, desde 1875. Norte-americanos, membros da Igreja Batista, também atuavam nessa área, especialmente no Estado de São Paulo. Essas duas iniciativas demonstram uma característica presente na história da educação infantil no Brasil: a presença da iniciativa particular e/ou religiosa e a pequena participação governamental/estatal.

---

[4] Inicialmente, em 1769, eram os "refúgios" ou "asilos", como eram denominados, que abrigavam crianças, filhas de mães operárias, enquanto estas iam para as fábricas. As "salas asilos" constituíram, em 1848, a Escola Maternal francesa.

A creche é uma instituição do Brasil República. A primeira creche surgiu ao lado de uma fábrica de tecidos, em 1899, no Rio de Janeiro. Naquele mesmo ano, o Instituto de Proteção e Assistência à Infância do Rio de Janeiro deu início a uma rede assistencial que, aos poucos, foi se expandindo por muitos lugares do Brasil (Kuhlman, 1990).

Foi em 1899, no Instituto de Proteção e Assistência à Infância (IPAI), que Carlos Arthur Moncorvo Filho atuou. Sua ação nesse Instituto promoveu um grande incremento àquilo que se chamava, à época, pediatria científica, no Brasil. Essa concepção de pediatria científica caracteriza a Medicina como possuidora de conhecimentos adequados a serem utilizados nas instituições de educação e assistência à infância:

> Quando, em 1919, Moncorvo Filho fundou o Departamento da Criança no Brasil, espalhou-se a ideia de que a assistência poderia ser científica também e, com isso, resolver problemas ligados à pobreza com base no conjunto de conhecimentos mais adiantados que circulavam naquele contexto. Na verdade, o que se viu foi a utilização dos argumentos médicos e psicológicos de uma forma bastante preconceituosa contra crianças pobres. Como isso acontecia? Isso acontecia à medida que os homens que falavam em nome da ciência divulgavam a ideia de que os pobres, se não fossem disciplinados e amparados, fatalmente entrariam no mundo do crime ou da vadiagem (Lopes, 2005, p. 20).

Trata-se de um período em que os médicos começavam a tomar para si a responsabilidade pela infância. Moncorvo Filho convocou seus companheiros, membros da Academia Nacional de Medicina, a participarem no centro de estudo da Pediatria, em 1919. No Congresso Brasileiro de Proteção à Infância,[5] realizado em 1922, no mesmo sentido, Fernando Magalhães[6] conclamou todos a empenharem-se na cruzada nacional em

---

[5] Kuhlmann (1991) aponta o referido Congresso como o evento que consagrou propostas que vinham sendo desenvolvidas desde o início do século e cita: "tratar de todos os assuntos que direta ou indiretamente se refiram à criança, tanto do ponto de vista social, médico, pedagógica e higiênico, em geral, como particularmente em suas relações com a Família, a Sociedade e o Estado".

[6] Fernando Magalhães foi médico, professor e orador; nasceu no Rio de Janeiro, em 18 de fevereiro de 1878, e faleceu na mesma cidade em 10 de janeiro de 1944. Depois de se bacharelar em Ciências e Letras pelo Colégio Pedro II, doutorou-se na Faculdade de Medicina do Rio de Janeiro, em 1899. Ali ingressou como professor interino de Clínica Ginecológica e Obstétrica, em 1900-1901; livre docente de Obstetrícia, de 1901 a 1910; professor de Clínica Obstétrica, de 1911 a 1915; diretor do Hospital da Maternidade do Rio de Janeiro, de 1915 a 1918; catedrático de Clínica Obstétrica, em 1922. Foi diretor da Faculdade de Medicina, em 1930; reitor da Universidade do Rio de Janeiro, em 1913. Além disso, teve atuação na política nacional, como deputado do Estado do Rio de Janeiro à Constituinte em 1934 e pelo Distrito Federal ao Congresso Nacional em 1937. Foi o fundador

proteção à infância. Prevaleciam as ideias de que a proteção à criança significava economia, mais do que somente a saudade da família com a perda de seu filho, a mortalidade infantil era colocada como uma vergonha para os pais e uma força que a sociedade perdia. Na concepção daqueles que defendiam a proteção da infância, era a própria sociedade que estava sendo protegida, com o cuidado às crianças abandonadas, com atenção à mortalidade infantil, com a prevenção ao crime.

Vale registrar aqui a análise feita por Carvalho (2007) sobre a *fermentação oposicionista* que ganhou força na década de 1920. Primeiro os operários, depois os militares começaram a agitar-se. Em 1922, houve uma revolta de jovens militares; Prestes, com sua coluna, percorreu milhares de quilômetros sob a perseguição de soldados legalistas, "os militares tinham tido grande influência sobre os princípios republicanos, consequência lógica do fato de terem proclamado a república" (Carvalho, 2007, p. 90). O movimento de 22 visava recuperar a influência perdida, uma vez que as oligarquias tinham neutralizado a influência dos militares e garantido a estabilidade de um governo civil. Os movimentos oposicionistas também se manifestaram no campo cultural e intelectual: "O movimento aprofundou suas ideias e pesquisas e colocou em questão a natureza da sociedade brasileira, suas raízes e sua relação com o mundo europeu" (Carvalho, 2007, p. 91). Isso se deu na cultura, com a Semana de Arte Moderna; na educação, com as tentativas de reformas – as propostas dos adeptos da Escola Nova, nas quais aparecem Anísio Teixeira, Lourenço Filho e Fernando de Azevedo, entre outros, que defendiam um ensino adequado a uma sociedade urbano-industrial – o ensino deveria ser menos acadêmico e a educação elementar como um direito de todos e como parte essencial de uma sociedade industrial e igualitária; na área da saúde, depois do saneamento do Rio de Janeiro, realizado por Oswaldo Cruz, sanitaristas levaram a campanha para o interior. Como Euclides da Cunha[7] havia revelado no mundo primitivo e

---

da Pró-Matre, entidade beneficente que dirigiu por muitos anos, com altruísmo, enlevo e dedicação. Exerceu a presidência da Academia Brasileira de Letras (em 1929, 1931 e 1932), era membro da Academia Nacional de Medicina, do Conselho Nacional de Ensino; da Sociedade de Medicina e Cirurgia; do Instituto Histórico Geográfico Brasileiro; da Liga de Defesa Nacional, da Academia das Ciências de Lisboa; da Société Obstétrique de Paris e de inúmeras outras associações médicas, nacionais e estrangeiras. Doutor honoris causa das universidades de Coimbra e de Lisboa; e [recipiente dos] prêmios Alvarenga e Madame Durocher da Academia Nacional de Medicina. (Disponível em: http://www.biblio.com.br/Templates/biografias/fernandomagalhaes.htm. Acesso em: 11 set. 2007). Foi presidente da ABE e liderou o grupo dos católicos.

[7] Euclides Rodrigues Pimenta da Cunha nasceu em Cantagalo (RJ), no dia 20 de janeiro de 1866. Foi escritor, professor, sociólogo, repórter jornalístico e engenheiro, tendo se tornado famoso internacionalmente por sua obra-prima, *Os Sertões*, que retrata a Guerra de Canudos.

heroico dos sertanejos, os sanitaristas descobriram um Brasil de miséria e doença a pedir a atenção do governo. Tornou-se famosa a frase de Miguel Couto: "o Brasil era um vasto hospital" (Carvalho, 2007, p. 93).

Em 1923, já havia grande presença de mulheres no trabalho nas indústrias brasileiras, e isso fez com que os industriais pressionados pelas autoridades governamentais, pouco a pouco, reconhecessem o direito de as trabalhadoras amamentarem. Começaram a surgir as creches nas indústrias, e essa situação, certamente, contribuiu para que, em 1932, o trabalho feminino fosse regulamentado e posteriormente reafirmado na CLT, no governo Vargas, em 1943. O surgimento da creche, na sociedade ocidental, é atribuído ao trinômio mulher-trabalho-criança (Didonet, 2001; Dias, 1997; Castro, 1994).

À margem do direito do trabalho que, com o decorrer dos anos, foi capaz de assegurar os primeiros direitos e garantias aos trabalhadores, criavam-se normas especiais para as mulheres a fim de regulamentar o trabalho feminino, que era tido com preconceito. As mulheres deveriam trabalhar em casa – essa era a moral. A casa era o local das mulheres, o espaço doméstico. O espaço público pertencia aos homens. No entanto, havia mulheres que não podiam se dar o luxo de não trabalhar: seu próprio sustento e, muitas vezes, o de seus filhos dependiam de seu trabalho.

Muito embora as políticas de proteção à maternidade e à infância no Brasil tenham sido realmente formuladas como políticas públicas nas décadas de 1930/1940, a preocupação com a maternidade e a infância não é um fenômeno recente. O discurso médico já tratava de temas como a alimentação de crianças e a mortalidade infantil e discutia os hábitos culturais presentes na criação e na educação dos filhos.

A preocupação com a maternidade e a infância no Brasil vem desde o final do século XIX. O discurso médico da época debatia temas, como a alimentação das crianças e a mortalidade infantil, além de discutir questões educacionais, como os hábitos culturais presentes na criação e na educação dos filhos. Os médicos puericultores acreditavam encontrar nas famílias brasileiras mães ignorantes, descuidadas e até mesmo desinteressadas, que apareciam em seus relatórios como as principais responsáveis pela doença e morte de seus filhos. Esse fato, articulado aos anseios nacionalistas e pressupostos cientificistas que permeavam o saber médico em finais do século XIX e início do século XX, resultou na crença de que os médicos deveriam interferir diretamente em questões de natureza privada – como era o caso da criação dos filhos –, o que se justificava em nome de um bem maior: a preservação da saúde e da vida dos futuros cidadãos brasileiros (Bosco, 2006).

Pelo Decreto nº 19.402, de 14 de novembro de 1930, o Governo Federal criou uma Secretaria de Estado com a denominação de Ministério dos Negócios da Educação e Saúde Pública, e, pelo Decreto nº 19.518, de 22 de dezembro, passaram a ser subordinadas a essa Secretaria as repartições que faziam parte do Ministério da Justiça e Negócios Interiores.

O Ministério criado para tratar dos negócios da Educação e Saúde Pública englobava várias instituições desmembradas do Ministério da Justiça e dos Negócios Interiores. As atividades do órgão tinham uma larga abrangência e o Ministério contava com o Conselho Nacional de Educação como órgão Consultivo do Ministro nos assuntos técnicos e didáticos relativos ao ensino. O atendimento proposto às crianças pequenas voltava-se, prioritariamente, à área médica, com destaque para a medicina preventiva como forma de remediar e socorrer a criança e sua família, a qual era culpabilizada pela situação da criança.

Para Kramer (1982), a culpabilização da família servia para escamotear as relações de classe existentes na sociedade brasileira, bem como fortalecer a responsabilidade e o poder do Estado, que era considerado neutro:

> Historicamente a emergência dos Estados nacionais no decorrer do século XIX foi acompanhada da implantação dos sistemas nacionais de ensino nos diferentes países como via para a erradicação do analfabetismo e universalização da instrução popular. O Brasil foi retardando essa iniciativa e, com isso, foi acumulando um déficit histórico em contraste com os países que instalaram os respectivos sistemas nacionais de ensino (Saviani *et al.*, 2004, p. 51).

Em 1932, o Manifesto dos Pioneiros da Escola Nova[8] previa o "desenvolvimento das instituições de educação e assistência física e psíquica às crianças na idade pré-escolar (creches, escolas maternais e jardins de infân-

---

[8] "O 'Manifesto', elaborado por Fernando Azevedo e assinado por 26 educadores brasileiros, líderes do movimento de 'renovação educacional', inicia-se estabelecendo uma relação dialética que deve existir entre educação e desenvolvimento [...] Pois, como diz o documento, se a evolução orgânica do sistema cultural de um país depende de suas condições econômicas, é impossível desenvolver as forças econômicas ou de produção sem o preparo intensivo das forças culturais e o desenvolvimento das aptidões à invenção e à iniciativa, que são fatores fundamentais do acréscimo de riqueza de uma sociedade" (Romanelli, 1978, p. 145). O manifesto é um documento de política educacional em que, mais do que a defesa da Escola Nova, está a defesa da escola pública (Saviani *et al.*, 2004).

cia)". Aos poucos, a nomenclatura deixou de considerar a escola maternal como aquela dos pobres, em oposição ao jardim de infância (Kuhlmann, 2000).[9] Na perspectiva de Kuhlmann (2000), o pensamento educacional retomou a discussão a respeito da educação pré-escolar como base do sistema escolar, o que havia sido feito no final do Império. O "Manifesto dos Pioneiros" acabou por influenciar o texto da Constituição de 1934, em que ficou definido como competência da União traçar as Diretrizes da Educação Nacional, fixar o Plano Nacional de Educação e criar o Conselho Nacional de Educação, tendo como principal função a de elaborar o Plano Nacional de Educação para todos os graus e ramos do ensino. "O Manifesto dos Pioneiros da Educação Nova pode, pois, ser considerado um importante legado que nos é deixado pelo século XX" (Saviani et al., 2004).

Nos anos iniciais da década de 1930, com o objetivo de concretizar seu projeto nacionalista, que incluía a promoção do bem-estar, da saúde, do desenvolvimento e da educação da criança, na condição de construir uma nação composta de "cidadãos fortes e capazes", Vargas estimulou a realização de uma Conferência Nacional de Proteção à Infância. A mortalidade infantil foi, desde o Brasil-Colônia, um enorme problema social; na opinião de Souza (2000), "responsável por 'cifras desoladoras' em todo o país, constituía-se o grande fantasma a ser exorcizado". A conferência foi realizada com apoio e patrocínio dos poderes públicos, tendo como "um dos resultados mais imediatos dos debates aí realizados a criação da Diretoria de Proteção à Maternidade e à Infância" (Souza, 2000). Foi nessa conferência que Anísio Teixeira chamou a atenção para a importância da criança pré-escolar, quando enfatizou a necessidade de que as crianças com menos de 7 anos fossem vistas não apenas na perspectiva da saúde física, pois seu crescimento, desenvolvimento e formação de hábitos envolveriam o que ele denominou de *facetas pedagógicas, como habilidades mentais, socialização e importância dos brinquedos* (Kuhlmann, 2005).

---

[9] O termo escola maternal passou a especificar as instituições que atendem crianças de 2 a 4 anos e o jardim de infância, crianças de 5 e 6 anos. Mais tarde essas especificações das faixas etárias vão sendo incorporadas pelas instituições que passam a usar os seguintes nomes para as turmas de crianças de 0 a 6 anos: berçário, maternal, jardim e pré. Por muito tempo houve uma associação entre creche/criança pobre e o caráter assistencialista, conforme Didonet (2001); isso resultou de fatores históricos, sociais e econômicos que determinaram as principais características do modelo tradicional de creche. Dias (1997) evidencia que as diferenças entre creches e jardins de infância foram mais um elemento a fortalecer essa associação entre creche/criança pobre e caráter assistencialista no Brasil, pois os jardins de infância já surgiram com o caráter educacional-pedagógico e dirigiam-se ao atendimento dos filhos das famílias de classes médias e altas. Desse modo, desde a criação dos jardins de infância e das primeiras creches, reforçou-se a ideia de que os jardins eram para educar as crianças das classes médias e altas, e as creches, para dar assistência às crianças pobres.

No âmbito da educação, quando se trata da legislação, sobretudo a federal, há uma lenta aparição de referências às crianças menores de 7 anos. Na Constituição de 1891, não há referência sobre a infância. Nas demais Constituições, as expressões que frequentemente aparecem são amparo ou cuidado, como nas Constituições de 1937 e 1946, respectivamente. Apenas com a Constituição Federal de 1967 e a da Junta Militar de 1969 é que se introduziu a noção de que uma lei própria providenciaria a assistência à infância (Cury, 1998b).

Já o Plano Nacional de Educação de 1937, na sua segunda parte, quando trata dos "institutos educativos", fazia menção à educação pré-primária:

> A segunda parte do plano tratava dos "institutos educativos", e aí se desenhava o grande mapa segundo o qual a educação nacional deveria ser organizada. Haveria um "ensino comum", "anterior a qualquer especialização", e que iria do *pré-primário* ao secundário. Ao lado deste, um ensino especializado, que iria do nível elementar ao superior, orientado, até o nível médio, para os que ficassem fora do sistema secundário: seu objetivo era ministrar "cultura de aplicação imediata à vida prática" ou preparar "para as profissões técnicas de artífices, tendo sempre em vista a alta dignidade do trabalho e o respeito devido ao trabalhador". O ensino superior, sempre especializado, se dividia em três grandes ramos: o de "caráter cultural puro", para o desenvolvimento da pesquisa e o "ensino artístico, literário, científico e filosófico de ordem especulativa"; o de "caráter cultural aplicado", que era o de ensino das profissões liberais regulamentadas; e o "de caráter técnico", que era uma forma de aprofundamento de conhecimentos obtidos nos cursos secundário e profissional médio. Segundo o plano, o ensino pré-primário seria uma atribuição da família e de escolas privadas, com participação eventual dos poderes públicos, voltado principalmente para crianças pobres ou cujas mães tenham que trabalhar. O ensino primário ficava como atribuição dos estados, havendo possibilidades de diferentes padrões em diferentes estados. A participação da União seria somente supletiva e regulamentadora, exceto nas zonas de imigração estrangeira, onde a União deveria ter uma ação muito mais direta. Havia, ainda, a exigência de que os diretores de escolas particulares fossem sempre brasileiros, assim como pelo menos a metade dos professores (Schmartzman; Bomeny; Costa, 1984, p. 84).

Pelo Decreto nº 378, de 13 de janeiro de 1937, o Ministério dos Negócios da Educação e Saúde Pública passou a denominar-se Ministério da Educação e Saúde, com atividades relativas a educação escolar, educação extraescolar, saúde pública e assistência médico-social. Por esse mesmo Decreto foram criados vários Institutos no Ministério, entre eles o Instituto Nacional de Pedagogia (INP) e o Instituto Nacional de Puericultura (INP).

No ano seguinte, o Instituto Nacional de Pedagogia, sob a direção de Lourenço Filho, passou a se chamar Instituto Nacional de Estudos e Pesquisas Educacionais (INEP), ano em que começou efetivamente a existir.[10] Seus objetivos eram múltiplos: organizar a documentação relativa à história e ao estudo atual das doutrinas e técnicas pedagógicas e das diferentes instituições educativas; manter intercâmbio em matéria de pedagogia com as instituições educacionais do país e do estrangeiro; promover inquéritos e pesquisas sobre todos os problemas relativos às instituições educacionais do país e do estrangeiro; promover investigação no campo da psicologia aplicada à educação, além dos problemas relacionados à orientação e à seleção profissional; prestar assistência técnica aos serviços estaduais, municipais e particulares de educação; divulgar, pelos diferentes processos de difusão, os conhecimentos relativos à teoria e à prática pedagógica. Ressalte-se que o INEP nasceu com duas atribuições de naturezas diferentes. Por um lado, para o desenvolvimento de estudos e pesquisas no campo da educação, visava subsidiar as políticas desenvolvidas pelo Ministério e, por outro, atribuições executivas, tais como: prestar assistência técnica e fazer a divulgação, por diferentes meios de difusão, do conhecimento pedagógico.[11]

O Instituto Nacional de Puericultura, subordinado ao Departamento de Saúde do Ministério, surgiu com o objetivo de realizar estudos, inquéritos e pesquisas sobre os problemas relativos à maternidade e à saúde da criança. Seu primeiro diretor foi Dr. Martagão Gesteira, professor catedrático de Clínica Pediátrica Médica e Higiene Infantil da Faculdade de Medicina da Bahia. O Instituto teve o adjetivo "nacional" retirado de seu nome no final do ano de 1937, passando a ser subordinado ao Departamento de Educação, por ter como finalidade incentivar as pesquisas sobre o problema da saúde

---

[10] Decreto-Lei n. 580, de 30 de julho de 1938 – O Instituto Nacional de Pedagogia passa a denominar-se Instituto Nacional de Estudos Pedagógicos. Funcionará como o centro de estudos de todas as questões educacionais relacionadas com os trabalhos do Ministério da Educação e Saúde. Será dirigido por um diretor nomeado, em comissão, pelo Presidente da República, dentre pessoas de notória competência em matéria de educação. O INEP é subordinado diretamente ao ministro de Educação e Saúde.

[11] Desde sua fundação, em 1937, até 1964, o INEP teve apenas três diretores: Lourenço Filho (1938-1945), Murilo Braga de Carvalho (1945-1952) e Anísio Teixeira (1952-1964).

da criança e a organização do ensino de puericultura no ensino superior, e a Divisão de Amparo à Maternidade e à Infância ficou subordinada ao Departamento de Saúde (Souza, 2000).

Foi também em 1937 que o Dr. Oscar Clark, médico que havia sido chefe do serviço de inspeção médica dentária escolar na capital (Rio de Janeiro) durante a gestão de Fernando de Azevedo como diretor-geral da Instrução Pública (1927-1930), publicou o livro *O século da criança*. Colocando-se como um advogado da criança pobre, o autor defendia a criação de um conjunto de instituições periescolares, como as escolas-hospitais, as clínicas escolares, as creches e os jardins de infância, em sintonia com as propostas de proteção à infância que vinham sendo difundidas desde o final do século XIX (Rocha, 2005).

Souza (2000), ao analisar documentos da época, fez alusão a uma sugestão que Martagão dera ao ministro Capanema, em 1938: "o Instituto de Puericultura não era, nem jamais pretendera ser, estabelecimento de atividades assistenciais e a um ofício, de 1939, do mesmo diretor do Instituto, apresenta um plano no qual elogia a ideia, que já começava a ganhar força, da futura criação do Departamento da Criança".

Em 1938, pelo Decreto-lei nº 525, foi criado o Conselho Nacional de Serviço Social. Esse Conselho, vinculado à Divisão de Proteção à Maternidade e à Infância, organizou o Serviço Social no país, na perspectiva de concretizar medidas para a solução dos problemas da infância e juventude.

Mas é somente na primeira Lei de Diretrizes e Bases da Educação Nacional (LDB) – Lei Federal nº 4.042/1961 – que se podem destacar dois artigos relativos à educação das crianças menores de 7 anos:

> Art. 23. A educação pré-primária destina-se aos menores de sete anos, e será ministrada em escolas maternais ou em jardins de infância.
> Art. 24. As empresas que tenham a seu serviço mães de menores de 7 anos serão estimuladas a organizar e manter, por iniciativa própria ou cooperação com os poderes públicos, instituições de educação primária.

Havia também, nessa lei, a exigência de que o professor desse nível tivesse completado o curso normal.

Vale registrar, ainda, o fato de que na legislação brasileira que antecedeu os anos 1980 do século XX, momento no qual a educação infantil passou a ser direito da criança brasileira, as referências às crianças menores de 7 anos se davam por meio de palavras que expressam "estímulo", "cooperação" e "zelo", palavras bem distintas de outras como "direito" e "responsabilidade". Nesse sentido, a CLT, de 1943,[12] pode ser considerada o único texto que legislava, até então, sobre a obrigatoriedade do atendimento à criança em creches. A CLT pode ser considerada um marco legal inicial para as creches. A determinação da organização de berçários pelas empresas privadas, para os filhos das trabalhadoras em idade fértil, durante o período de amamentação de seus filhos até os seis meses de idade, inclui-se entre as medidas governamentais de proteção ao trabalhador e, mais especificamente, aos direitos da mulher trabalhadora. A referida lei está em vigência há quase 65 anos, mas seu descumprimento é enorme associado à má qualidade dos serviços prestados, situação essa atrelada às insuficientes fiscalizações do poder público, assim como aos valores irrisórios de suas multas (Silva, 2002).

2.2 Sobre a produção da pesquisa

> *Se nos tornarmos anêmicos em nossa capacidade de rememoração, nossa identidade se torna rarefeita e empobrecemos a compreensão que precisamos ter de nós mesmos.*
> *(L. Konder)*

A precariedade da historiografia da educação infantil no Brasil, no período de 1950/1960, e a necessidade de conhecer e entender o lugar da infância e da educação infantil nas políticas públicas elaboradas no período do *desenvolvimentismo* constituem o eixo desta investigação. Essa precariedade tem, sem dúvida, dificultado um melhor entendimento sobre as políticas públicas para a infância – ontem e hoje. A literatura da área sobre esse período pode ser dividida entre os autores que aprofundaram estudos sobre a infância tutelada, com uma produção de certo modo significativa (Del Piore, 1992; Rizzini, 1997; Pilotti; Rizzini, 1995; Bazílio, 1998; Passetti, 1992), e a de alguns poucos autores que fazem referências históricas, em seus estudos, sobre a educação infantil (Kramer, 1982; Kishimoto, 1988; Kuhlman, 1990, este com trabalhos de cunho predominantemente histórico).

A pesquisa está relacionada diretamente à minha trajetória na universidade e, sobretudo, ao tema que tem sido meu interesse de investigação nos últimos 12 anos: História e Política da Educação Infantil. Depois de exercer, por mais de 15 anos, a docência no ensino superior no curso de Pedagogia

---

[12] Essa consolidação de leis incorpora leis sociais que foram elaboradas na década de 1930.

da Universidade Santa Úrsula, no Rio de Janeiro, tive a oportunidade, no início dos anos 1990, de integrar o corpo docente do Curso de Especialização Lato Sensu em Educação Infantil: Perspectivas do Trabalho em Creches e Pré-Escolas – Departamento de Educação PUC-Rio/Coordenação Central de Extensão da PUC-Rio (CCE). Em seguida, retomei minha formação acadêmica no Mestrado do Programa de Pós-Graduação da PUC-Rio (havia feito, nos anos 1980, o curso de mestrado no Instituto de Estudos Avançados em Educação da Fundação Getúlio Vargas do Rio de Janeiro – IESAE/FGV, não tendo defendido a dissertação). O ingresso no Programa de Pós-Graduação em Educação proporcionou-me não só reflexões epistemológicas e metodológicas sobre como desenvolver pesquisa na área, mas também, fundamentalmente, oportunizou-me vivenciar a prática da pesquisa por meio da incorporação ao grupo "História das Ideias e Instituições Educacionais", coordenado pela professora Zaia Brandão. Na época, o grupo analisava o livro *Educação e Desenvolvimento no Brasil*, de J. R. Moreira, na pesquisa "Do texto à história de uma disciplina: a sociologia da educação que se pode ler no *Educação e Desenvolvimento no Brasil*, de J. R. Moreira" e, posteriormente, numa segunda pesquisa sobre o Centro Brasileiro de Pesquisas Educacionais (CBPE): "A construção de uma tradição intelectual: a pesquisa no campo da educação – o caso do Rio de Janeiro". A produção da investigação que resultou em minha dissertação de mestrado (1997), orientada pela professora Ana Waleska Mendonça – "Educadora de educadoras: trajetória e ideias de Heloísa Marinho. Uma história do Jardim de infância no Rio de Janeiro" –, foi desenvolvida concomitantemente com essas experiências, o que, sem dúvida alguma, trouxe para minhas reflexões sobre a educação infantil na cidade do Rio de Janeiro outras de caráter mais abrangentes a respeito da história da educação brasileira, no período que vai do início da República até os anos 1970. Desde o início de 2003, passei a integrar a equipe da pesquisa "O INEP no contexto das políticas do MEC, nos anos 1950/1960", coordenada pela professora Ana Waleska Pollo Campos Mendonça, retomando, dessa forma, os estudos sobre a História da Educação Brasileira, no período caracterizado como *nacional-desenvolvimentismo*. Permanecem, no entanto, as questões sobre a educação infantil e sua história, objeto que venho construindo, desconstruindo e reconstruindo durante minha trajetória acadêmica. Desta feita, nesse novo cenário e com alguns atores já estudados em pesquisas anteriores.

Ainda são poucos os estudos de História da Educação referentes aos anos 1950/1960, em especial sobre as políticas públicas desenvolvidas na área da Educação durante esse período e mais notadamente quando se referem a cuidado/educação das crianças pequenas. As pesquisas existentes tratam do debate em torno da LDB, de 1961, ou são estudos a respeito dos movimentos de educação popular que marcaram o início dos anos 1960. Sabe-se, no entanto, que esse período foi extremamente rico em experiências no interior do sistema público de ensino, nos diferentes níveis e instâncias, estimuladas e/ou promovidas pelos órgãos da administração pública educacional (Mendonça, 2002b).

A pesquisa que realizei por ocasião do mestrado, no final dos anos 1990, teve como fio condutor a trajetória de uma educadora – Heloísa Marinho. Embora o passo inicial tivesse sido uma instituição – Instituto de Educação do Rio de Janeiro –, ao construir processualmente o objeto de estudo, redirecionei a investigação para a educadora não como uma personagem ou personalidade da educação infantil, mas, muito mais, pela relevância do trabalho que ela realizou, no contexto da época, inter-relacionado com outros educadores. Desta vez, opto por um período – os anos 1950/1960 – como fio condutor desta pesquisa que se propõe, da mesma forma, a estudar a história da educação infantil no Brasil. Tenho aprendido que agentes, agências, projetos, políticas (espaço) e época (tempo) se relacionam e interagem de tal forma que, muitas vezes, constituem um todo que só pode ser compreendido na medida direta de análises macro e micro/micro e macro da realidade.

2.3 Procuram-se atores e questões de estudo

O período estudado foi balizado, a princípio, entre o Estado Novo e o Golpe de 1964.

É esse o cenário desta pesquisa, que visa compreender as experiências desenvolvidas, sobretudo, no Ministério da Educação e Saúde; no Ministério da Educação (INEP, CBPE, Centros Regionais de Pesquisas Educacionais – CRPEs e Instituto Superior de Estudos Brasileiros – ISEB) e no Ministério da Saúde (Departamento Nacional da Criança – DNCr e Departamentos Estaduais da Criança – DECr), nos anos de 1950/1960, na perspectiva de responder às seguintes questões: havia espaço para a educação infantil no projeto desenvolvimentista do Brasil dos anos 1950/1960? Onde estava a educação infantil na ideologia nacional desenvolvimentista? Que lugar a educação infantil (creches, jardins de infância e escolas maternais) ocupou nas políticas públicas desse período da Educação no Brasil? E quais concepções de educação/pedagogia para as crianças pequenas aparecem nessas políticas e/ou estão sendo propostas? Que representações foram produzidas por educadores e médicos brasileiros sobre as crianças pequenas e sua educação? Que órgãos do Estado, mais especificamente dos Ministérios da Educação e da Saúde, elaboraram propostas para as crianças? Que políticas para a educação infantil foram formuladas e/ou propostas e em quais condições? Para quem essas políticas foram pensadas? Quais os educadores/dirigentes que pensavam em propostas para a educação infantil nesse período?

Essas questões se situam tendo como pano de fundo a hipótese inicial de que, com a retomada da industrialização no Brasil, nos anos 1950/1960, o discurso de Vargas a respeito da função de educação/cuidado das crianças pequenas não foi incorporado às políticas educacionais da época. Esse discurso recomendava aos poderes estaduais e municipais o destino de verbas permanentes aos serviços de puericultura e apelava também à iniciativa privada, como forma de complementar o programa nacional de amparo às mães e às crianças, pois entendia que:

> [...] enquanto as mães ganham o pão nas fábricas e oficinas, os filhos pequeninos estejam nas creches, recebendo, com os cuidados higiênicos necessários, alimentação sadia e adequada, e os mais crescidos estudem nos jardins de infância e escolas próprias da idade.[13]

"Nenhum objeto tem movimento na sociedade humana exceto pela significação que os homens lhe atribuem, e são as questões que condicionam os objetos e não o oposto" (Schwarcz, 2001, p. 8). Dessa forma, pretende-se estar em sintonia com o que é proposto por Vilar (1976 *apud* Cardoso, 1983) na delimitação da configuração do objeto de pesquisa: no espaço – um universo de análise dotado de personalidade geográfica, de homogeneidade; no tempo – a definição de um corte temporal que englobe o processo pesquisado, mas também suas condições prévias e suas consequências mais próximas no quadro institucional, entendendo, assim, que a história não é o passado, mas um olhar dirigido a ele: a partir do que esse objeto ficou representado (Borges, 2003): "[...] a questão está em formular o problema com o qual nos defrontamos" (Hobsbawm, 1998, p. 168).

Formuladas as questões que constroem o tema como objeto de pesquisa, a partir de aportes teórico-metodológicos escolhidos, resta, ainda, levantar: como serão trabalhados os rastros, os indícios que chegam desde o passado?

---

[13] Ideias apresentadas na mensagem presidencial natalina de Getúlio Vargas em 1939.

"Os arquivos são o celeiro da história" (Braibant, 1958). No quadro da moderna historiografia do século XX, a documentação seriada, em substituição ao documento único, vem adquirindo cada vez mais importância no conjunto das fontes documentais para a pesquisa. Já em 1903, no célebre ensaio *Método histórico e ciências sociais*, Simiand (2003) insistia que a história não é uma "fotografia do passado", nem "integral", nem "automática", nem realizada "sem escolha". Nesse sentido, o autor faz a seguinte asserção: "O historiador não desaparece por trás dos textos e não registra passivamente o fato como espelho" (Simiand, 2003, p. 20).

No diálogo com as fontes foi mantida a *problematização*, que será contínua: "As fontes só falam utilmente se soubermos fazer-lhes perguntas adequadas" (Cardoso, 1983, p. 47). As fontes *são vozes do passado* que afirmam suas mensagens, expondo à luz seu próprio autoconhecimento como conhecimento:

> O cuidado em sua coleta e seleção, o rigor em sua leitura, a disciplina e a crítica nas perguntas que lhes são feitas são fundamentais para que a investigação deixe expressar as várias vozes do passado, e por elas compreender os conflitos e os antagonismos do processo histórico (Moraes, 1996, p. 271).

A afirmação de Moraes serviu de balizador nos procedimentos de coleta e análise dos dados na pesquisa. O trabalho de interrogar as fontes foi constante. As fontes não revelam nada espontaneamente. O trabalho desenvolvido consistiu, como se pode encontrar na fala de Thompson (1981, p. 55), em ouvir "[...] suas próprias vozes, embora o que sejam capazes de dizer e parte de seu vocabulário seja determinado pelas perguntas... Não podem falar até que se lhes pergunte".

A diversificação dos materiais consultados foi incorporada às fontes de consulta: além de documentos de arquivos públicos, institucionais e pessoais, outras formas de registros, como publicações, livros e periódicos, fotografias, jornais e discursos.

Mais especificamente, foram fontes desta pesquisa:

- os discursos presidenciais de 1951 a 1964;
- a documentação existente no INEP/MEC, em Brasília, referente ao período de 1952/1964;
- a documentação existente no Ministério da Saúde sobre o Departamento Nacional da Criança;

- acervo da Biblioteca Nacional sobre o Ministério da Educação e Saúde, Ministério da Educação e Ministério da Saúde;
- as publicações do INEP: o Boletim, as séries editadas sob forma de livros, a *Revista Brasileira de Estudos Pedagógicos* e a revista *Educação e Ciências Sociais*, editada pelo CBPE;
- o acervo da Biblioteca do CBPE no campus da Urca da Universidade Federal do Rio de Janeiro (UFRJ).

Ainda, como fontes complementares:

- publicações do e sobre o ISEB; Comissão Econômica para a América Latina (CEPAL) e Superintendência de Desenvolvimento do Nordeste (SUDENE);
- a documentação existente no Programa de Estudos Educação e Sociedade (PROEDES) da UFRJ, em especial os arquivos de Anísio Teixeira, Roberto Moreira, Jayme Abreu e Dumerval Trigueiro;
- a documentação existente na Fundação Darcy Ribeiro sobre o INEP, MEC no período em estudo na pesquisa;
- os arquivos de Anísio Teixeira, Lourenço Filho e Clemente Mariani no Centro de Pesquisas e Documentação em História Contemporânea da Fundação Getúlio Vargas (CPDOC/FGV).

TRÊS PONTOS

3.1 Infância: não existiu sempre da mesma maneira

A infância tem sido um conceito, na maioria das vezes, naturalizado e universal, não obstante seja uma concepção histórica, social e, sobretudo, cultural. A ideia universal do conceito naturaliza a infância como se existisse uma única criança: pura, ingênua, inocente.

Etimologicamente, a palavra infância se origina do latim *infante – infans* ãntis – aquele que não fala, aquele que tem pouca idade. No *Dicionário da Língua Portuguesa* (Houaiss; Villar, 2004), encontramos infância como o período da vida da humanidade que vai do nascimento ao início da adolescência, um significado, segundo Kuhlmann (1998), genérico e, como o de qualquer outra fase da vida, que está em função das transformações sociais.

Para Ceccim (2001), se hoje entendemos criança como uma condição especial, pelo fato de estar em fase de intenso crescimento físico e desenvolvimento psíquico, o que lhe assegura garantias morais e legais de preferência no direito à saúde e à educação, vale lembrar que, no século XVI, crescimento e desenvolvimento infantil significavam debelar e rejeitar o estado infantil em que os homens se encontravam nas idades precoces. Era pela luta do que houvesse de infância no indivíduo que se poderia alcançar a humanidade e a cidadania. O modelo de homem predominante no pensamento social do século XVIII era o de que os homens se faziam humanos pela expulsão de tudo que neles houvesse da criança. A infância não era confundida com ingenuidade; identificava-se com animalidade e incapacidade, pela falta da razão, da fala e da consciência moral. Faltavam à criança caráter, inteligência e competência humana (Ceccim, 2001).

Dois pensadores, um do século XVII e o outro do século XVIII, com suas ideias, deixaram marcas na Pedagogia que permanecem até hoje. O primeiro deles foi Locke,[14] no século XVII, que entendia que todo indivíduo,

---

[14] John Locke (1636-1704).

ao nascer, era uma *tabula rasa,* a criança como uma "folha em branco", portanto, maleável, um ser indefeso, como aquela que ainda não é. A infância era vista, nesse sentido, como o período de um vir a ser.

O segundo foi Rousseau, [15] no século XVIII. Inicialmente influenciado pelas ideias de Locke e posteriormente a partir da própria maneira de entender a infância, concebeu que toda criança, ao nascer, é boa e pura. Essa visão vai fundamentar a proposta pedagógica predominante para a infância na modernidade. Aos adultos é atribuída a tarefa de preservar a natureza das crianças de sentimentos e atitudes ruins que estão na sociedade.

Tanto na visão de Locke como na de Rousseau pode-se reconhecer o caráter decisivo da atenção e da intervenção dos adultos na formação das crianças. Para o primeiro, o adulto deveria levar a criança a deixar de ser o que é para se tornar um adulto. Para o segundo, o adulto deveria salvaguardar aquilo que é criança (Pinto, 1997). Ambas as concepções se revestem da ideia da existência de uma natureza infantil.

Embora o sentimento de infância não fosse inexistente em tempos antigos ou na Idade Média[16] (Kuhlmann Jr., 1998), para Ariès (1978), o sentimento moderno de infância corresponde a um duplo sentimento: *paparicação* e *moralização,* atitudes dos adultos em relação às crianças que são contraditórias. O que autor denomina de *paparicação* considera a criança ingênua, inocente e pura, e a outra atitude, *moralização,* considera a criança um ser imperfeito e incompleto que necessita da educação feita pelo adulto. Para Kramer (1996), os estudos de Ariès influenciaram pesquisadores e cientistas sociais do mundo inteiro quanto à mudança do papel da família no decorrer dos séculos, pois, com sua *História social da criança e da família*, descreveu como o processo de socialização das crianças se apresenta a partir da estruturação de seu cotidiano, da consciência da particularidade infantil e da criação de organizações sociais para elas, sobretudo a escola.

No decorrer da história registram-se épocas nas quais a infância foi abandonada e a mortandade das crianças, enorme. Antes da era cristã, as crianças indesejadas eram deixadas à sorte. Empilhadas, largadas nos campos e nas ruas para que fossem recolhidas por algum interessado ou devoradas por insetos e outros animais. Podiam, ainda, ser queimadas ou sacrificadas em rituais místicos ou religiosos, nas sociedades primitivas, para

---

[15] Jean Jacques Rousseau (1712-1778).
[16] Essa ideia se contrapõe à concepção de Ariès, que identifica a ausência de um sentimento da infância até o fim do século XVII.

aplacar a ira dos deuses. O infanticídio, na Antiguidade, era muito comum. Alguns autores citam essa prática como uma proposta política de controle populacional, estratégia de sobrevivência dos grupos humanos, ameaçados constantemente pela escassez de alimentos. Platão e Aristóteles recomendavam, em determinadas circunstâncias, que crianças com anomalias, por exemplo, fossem mortas, para se preservar somente as saudáveis e geradas em boas condições e evitar o excesso de população. A prática do infanticídio, terrível a nossos olhos, coexistia, na época, com a relação de amor e cuidado com os filhos vivos. Em Roma, o pai tinha o direito de decidir sobre a vida do filho (Lopez; Campos Jr., 2007). Todavia, leis de proteção à família e de criação de filhos ilegítimos são muito antigas, o que faz pensar na coexistência de sentimentos e necessidades conflitantes. Registra-se a existência dos primeiros asilos destinados a acolher crianças abandonadas, na Idade Média (Gesteira, 1945). Nessa mesma época, conforme destaca Aguiar (1996), de acordo com o idioma, muitas eram as denominações para esses abrigos: *hospícios, foudindling hospitals, hospices, asylum, speda, albergue* etc. As *rodas dos enjeitados* foram criadas no Hospício do Espírito Santo, em Roma, e depois se espalharam por toda a Europa. A taxa de mortalidade das crianças nessas instituições era tão alta que tais instituições foram chamadas de "obras pias de infanticídio legal".

  Historiadores, como é o caso do estudo emblemático de Ariès (1978), constataram, no século XX, que até o século XII as crianças não constavam nas criações artísticas, nem mesmo a pintura retratava sua imagem corporal. As crianças eram pintadas como adultos, eram adultos em tamanho reduzido, não havia uma figura social para a criança. Pode-se dizer que a criança não existia, era vista como adulto em miniatura. O hábito de entregar um filho a Deus era prática recorrente no século XIII entre as famílias pobres. Frequentemente abandonavam seus filhos nas portas de igrejas, mosteiros e conventos, passando a educação deles à Igreja para se tornarem freis e freiras. Na Renascença, no século XV, a criança ganhou a figura da esperança. Ela passou a ser retratada nas pinturas como anjinhos. Figuras que vão de Eros ao Menino Jesus. Uma representação do ingênuo, do inocente, do bom e do puro. Ser criança é ser ninguém, mas algo que virá a ser; a criança é a alegoria da alma do adulto, da promessa de vir-a-ser (Ceccim, 2001). Com a disseminação dos colégios religiosos e filantrópicos que acolhiam crianças pobres e sem família, no século XVI, com o objetivo de adestramento moral, disciplinamento físico e rigidez de pensamento, surgiram as primeiras propostas de instituições reformadoras e de prevenção da delinquência, como abrigos de polícia social – Casas de Recolhimento.

Na sociedade brasileira, a ideia de criança aponta para sentimentos ambivalentes: por um lado, imagens de ternura familiar e, por outro, a miséria das ruas, o descaso e o abandono. Essa ambivalência é a marca no sentimento de infância na história do Brasil. Seus traços ora são dramáticos, como o descaso do Estado, o abandono de recém-nascidos, a mortalidade infantil, o trabalho infantil; ora inquietantes, como as tradições culturais desencontradas que acabam se cruzando na história de nossas brincadeiras ou no nascimento da literatura infantil, que aos poucos sacode as marcas da tradição europeia e semeia uma consciência crítica (Figueiredo, 2005).

Ao longo do tempo, a ideia de infância tem tido pelo menos duas tônicas: ora expressa um grupamento específico de crianças (órfãs, negras, abandonadas, carente, pobres, de rua etc.), ora, de maneira dissimulada, expressa um grupo homogêneo, universal, uma infância idealizada, abstrata e única, sem considerar as diferentes condições da vida social das crianças. Tais ideias de infância acompanham as ações do Estado ao traçar diferentes políticas sociais para as crianças no Brasil. Pode-se supor que tanto as concepções de infância e criança influenciaram as ações propostas pelo Estado e pela sociedade – políticas[17] – quanto essas ações influenciaram as concepções de criança e infância no Brasil.

Isso se percebe já nos primeiros modelos ideológicos sobre a criança, nos anos de 1500, nos quais os europeus – jesuítas – difundiram duas representações infantis: a criança mística e a criança que imita Jesus: "A infância é percebida como momento oportuno para a catequese e é também momento de unção, iluminação e revelação. Mais além, é também o momento visceral de renúncia, da cultura autóctone das crianças indígenas" (Del Priore, 1992, p. 15). Ou no século XIX, no qual ainda predomina uma conotação angelical tanto para a criança branca como para as negras, ou na curta infância, na qual meninos brancos, de 7 anos, se vestem como homenzinhos (Civiletti, 1991). Ou na segunda metade do século XIX, em que o modelo era de exaltação do progresso e da indústria, quando surgiram creches (asilos) para as crianças pobres e pré-escolas (jardins de infância) para as crianças da elite, ambas como propostas médico-higienistas, assistenciais e educacionais (pedagógicas) (Kuhlmann Jr., 1991). Ou, ainda, no início do século XX, com a preocupação preventiva de livrar as crianças das ruas e, por conseguinte, da criminalidade – menor, pivete – ou de livrá-las do trabalho fabril, evitando o perigo de vida: "São menores em idade variada, alguns de menos de 10 anos, exercendo funções de natureza

---

[17] Na concepção de Julliard (1976, p. 182): "é que não há acontecimentos políticos por natureza na sociedade, ou melhor, pela sua repercussão pública, que precisa ser investigada no longo prazo, e também enfatiza a necessidade de renunciar a ideia de 'continuidade histórica que se desenvolve ao longo de um tempo homogêneo', rompendo com as causas lineares e com a ideia de acontecimento político como produto de determinadas estruturas".

diversa, algumas envolvendo alto grau de periculosidade e/ou insalubridade" (Moura, 1992, p. 121). E no decorrer do século XX, no qual a criança era vista ora como ameaça à sociedade, ora como futuro da nação, e somente no final dos anos de 1980 foi reconhecida como cidadã: "Tem sido produto da grande transformação nos conceitos de infância e criança a reformulação de políticas públicas que as contemplem na área da educação" (Faria, 2005).

A criança, então, é um constructo social que se modifica no decorrer da história, varia entre grupos sociais e étnicos dentro de qualquer sociedade. Para Heywood (2004, p. 21), a ideia de uma criança puramente "natural" se torna difícil de sustentar, uma vez que se compreenda que as crianças se adaptam prontamente a seus ambientes, produto de forças históricas, geográficas, econômicas e culturais diversificadas.

Não existe algo como "criança" ou "infância": "Em vez disso, há muitas crianças e muitas infâncias, cada uma construída por nossos entendimentos da infância e do que as crianças são e devem ser" (Dahlberg; Moss; Pence, 2003). A concepção de criança e infância não existiu sempre da mesma maneira (Kramer, 1982), embora crianças sempre tenham existido, independentemente das concepções que se tenha delas (Muller, 2006). As ideias de criança e infância estão relacionadas a diversos fatores da vida social e expressam diferentes aspectos que constituíram tempos/momentos/instantes históricos desenhados pela organização da sociedade, sua produção, condições sociais e culturais, bem como a inserção das crianças neste mundo construído pelos homens a cada época. Concebe-se, dessa forma, a infância como categoria social e entende-se criança como cidadã, sujeito da história, pessoa que produz cultura ao mesmo tempo em que é produzida na história e na cultura (Kramer, 1996; 2002).[18]

3.2 Pediatria e puericultura

> *Se quereis que conserve sua forma original, conserve-a desde o ponto em que vem ao mundo. Apodere-se dela assim que nasça e só a solteis quando seja homem.*
> *(Rousseau, 1992)*

A ideia da mãe se apoderar do filho deixa marcas tanto na Pediatria como na puericultura e na Pedagogia, que, em suas histórias, terão o *binômio mãe-filho* quase que como uma constante. As concepções naturalistas de Rou-

---

[18] Ver Kramer (1996, p. 13-38), capítulo intitulado "Pesquisando infância e educação: um encontro com Walter Benjamin". A autora discute a criança concebida em sua condição de sujeito histórico que verte e subverte a ordem e a vida social.

sseau, que em seu livro *Emílio ou da Educação*, publicado em 1762, afirmava que a criança nasce pura e que é a sociedade que a deforma, fortaleceram o papel da mãe como fundamental na perspectiva de uma educação natural e vem influenciando pediatras, puericultores e pedagogos a defenderem a manutenção dessa relação, que se sustenta pela força do amor que os une (mãe e filho) e estabelece uma dependência entre eles.

"De cada vinte habitantes, somente um era nascido na cidade". Essa foi a constatação de Melo Franco, em Lisboa, no ano de 1790. Para o autor, na cidade, quase todas as crianças morriam no berço. A Revolução Industrial e a urbanização que ocorreram no século XVIII, na Europa, criaram grandes problemas de saúde nas cidades. Epidemias fizeram com que o índice de mortalidade fosse maior que no campo. No Brasil, na passagem do século XIX para o XX, o crescimento demográfico era negativo. A mortalidade infantil era considerada uma ameaça à sobrevivência da sociedade brasileira.

Tendo esse cenário como pano de fundo, passo, então, a tratar de alguns fragmentos da história da Pediatria e da puericultura. Aqui, no entanto, cabe ressaltar que tanto o binômio mãe-filho quanto a mortalidade infantil vão aparecer durante a história desses conceitos como elementos que os constituíram, de tal maneira que as políticas públicas para as crianças foram, inclusive no Brasil, fortemente marcadas por essas duas ideias.

3.2.1 Pediatria

O primeiro tratado de Pediatria de que se tem notícia é datado do século XII, na China. Na Europa, só apareceram as primeiras obras de Pediatria na França, Itália, Inglaterra e Áustria durante o século XVIII (Martins; Campos Jr., 2007).

Os autores do *Tratado de Pediatria – Sociedade Brasileira de Pediatria*,[19] com o intuito de introduzir uma história da Pediatria brasileira, afirmam que esta "nunca esteve isolada do contexto internacional que plasmou o Brasil como nação de múltiplas etnias, grande diversidade

---

[19] Livro lançado no Congresso Brasileiro de Pediatria, em outubro de 2006, em São Paulo, é um marco importante na história da Pediatria e da SBP. É considerado referência, dirigido a todas as áreas da medicina da criança e do adolescente.

cultural e injustas diferenças regionais ainda não superadas" (Martins; Campos Jr., 2007, p. 1).

A palavra pediatria – de raiz grega: *paidos* (criança) e *iatreias* (medicina) – surgiu pela primeira vez em 1722, no livro do suíço Theodore Zwinger.[20] Nessa publicação o autor faz observações sobre doenças infantis e descreve uma epidemia de coqueluche.

A Pediatria brasileira recebeu uma enorme influência francesa. Após ter ido estudar na França, Carlos Arthur Moncorvo de Figueiredo, em 1881, criou a Policlínica do Rio de Janeiro, nos moldes do que havia conhecido em Montpellier e Havre. Foi ele quem sugeriu, na época, a instalação da cadeira de Clínica das Moléstias de Crianças na Faculdade de Medicina do Rio de Janeiro. O modelo de Policlínica visava evitar as internações e, com isso, as infecções, e no caso específico das crianças, a separação mãe-filho e a interrupção do aleitamento materno. Esse modelo foi utilizado por Luiz Pedro Barbosa,[21] em 1898, quando fundou a Policlínica de Botafogo. Foi nessa instituição que funcionou por muito tempo a cátedra de Pediatria de Luiz Pedro Barbosa, considerada uma verdadeira escola pediátrica no Brasil, por onde passaram Álvaro Aguiar, Rinaldo de Lamare e Azarias de Andrade Carvalho.

Quando José Carlos Rodrigues, diretor do *Jornal do Comércio*, resolveu criar, na cidade do Rio de Janeiro, um serviço para crianças, consultou o pediatra francês Huntinel, que já conhecia Fernandes Figueira e o indicou para criar e dirigir a instituição. "Se Carlos Arthur Moncorvo de Figueiredo é considerado o pai da Pediatria brasileira, Fernandes Figueira pode ser considerado o seu patriarca" (Martins; Campos Jr., 2007, p. 6). Suas ações foram de enorme relevância na área. Publicou o livro *Semiologia Infantil*, que fora traduzido para o francês e o italiano e utilizado como livro-texto em universidades europeias. Convidado por Carlos Chagas, assumiu em

---

[20] Theodore Zwinger era professor de Medicina na Universidade de Basileia, na Suíça.

[21] Luiz Pedro Barbosa nasceu no dia 11 de abril de 1870, em Pernambuco. Graduou-se em Medicina, em 1891, pela Faculdade de Medicina e Farmácia do Rio de Janeiro, atual Faculdade de Medicina da Universidade Federal do Rio de Janeiro. Saúde Pública, Clínica Médica, Magistério, Puericultura e Pediatria foram seus campos de atuação. Em 1898, fundou a Policlínica de Botafogo, onde exerceu a atividade de clínico geral. Em 1908, inaugurou seus primeiros cursos de Clínica Pediátrica Médica e Higiene Infantil. Esses cursos foram organizados também na 25ª Enfermaria da Santa Casa de Misericórdia, no Hospital São Zacharias e, posteriormente, no Hospital São Francisco de Assis. Seu objetivo passou a ser o de estudar e formar bons pediatras. Em 1911, passou a trabalhar como professor de Farmacologia na Faculdade de Medicina do Rio de Janeiro. Em 1920, foi convidado por Carlos Sampaio, prefeito do Distrito Federal à época, a dirigir o Departamento Nacional de Saúde Pública (DNSP). Faleceu no dia 20 de dezembro de 1949. Deixou extensa obra escrita, composta de relatórios, conferências, pareceres, aulas inaugurais e comunicações e discursos.

1921 a Inspetoria de Higiene Infantil do Departamento Nacional de Saúde. Em 1909, assumiu a direção da Policlínica de Crianças e, em 1910, fundou a Sociedade Brasileira de Pediatria. Foi também quem instalou o Abrigo-Hospital Arthur Bernardes, hoje Instituto Fernandes Figueira. Nessa época também havia as enfermarias de Pediatria da Santa Casa de Misericórdia e as crianças podiam ser atendidas na 11ª enfermaria do Asilo-Hospital São Francisco de Assis no Rio de Janeiro:

> A pediatria surgiu, assim, para garantir a sobrevivência de crianças abandonadas pelos pais, submetidas à orientação puramente caritativa. Tratava-se de utilizar os conhecimentos científicos para salvá-las, mas sem abandonar os preceitos de benemerência e caridade. As irmãs de caridade continuaram a participar na administração desses serviços e nos cuidados de enfermagem (Martins; Campos Jr., 2007, p. 6).

3.2.2 Puericultura

Não implicando necessariamente uma ação médica, a puericultura – palavra latina *puer* (criança) e *cultus* (cultura), que significa cuidado com a criança – foi usada pela primeira vez, no século XVIII, pelo suíço Jacques Ballexserd, em 1762 (Gesteira, 1945). Em 1865, o médico francês Caron reafirmou o termo com sua obra *La puériculture ou la science d'élever hygieniquement et phisiologiquement les enfants*. Mas foi somente com a criação dos ambulatórios para lactentes sadios, nos quais trabalharam Budin, Variot e Doufours, que a puericultura se consolidou. Essas instituições desenvolviam um trabalho incentivando o aleitamento materno e a esterilização do leite de vaca para os filhos das mães operárias que não podiam amamentar. Esse trabalho provocou, naquela época, um enorme impacto positivo sobre a mortalidade infantil.

A puericultura representa, em seus primórdios, a consolidação de um projeto iniciado na Europa, no século XVIII, que visava à conservação das crianças, essencial para os grandes Estados modernos, os quais mediam suas forças pelo tamanho de seus mercados e exércitos. Ela pode ser considerada uma prática da sociedade ocidental moderna, pois é na origem da criança moderna que a história social da puericultura encontra seu ponto de partida. Juntos, medicina e Estados, preocupados com suas populações, passaram a privilegiar a infância. Essa preocupação não só enfoca a relação natalidade-mortalidade, mas também a correta "gestão" dessa época da vida (Bonilha; Rivorêdo, 2005).

Bonilha e Rivorêdo (2005, p. 11) explicitam que a puericultura se legitima com o advento da Revolução Pasteuriana e da Doutrina Positivista de meados do século XIX, momento em que:

> a ciência adquire a autoridade necessária para afirmar algo que vinha sendo almejado desde o Renascimento: a capacidade de estabelecer normas capazes de reduzir a mortalidade infantil e a maioria das doenças formando uma nova sociedade, construída por adultos saudáveis.

Na visão de Boltanski (1974), a regulação das famílias no interior dos lares é o grande objetivo da puericultura. Dessa forma, ela é uma continuação dos projetos de medicina de Estado e de conservação das crianças. Suas estratégia de ação – ambulatórios para lactentes sadios, a defesa do aleitamento materno e a esterilização de leite de vaca – são, na opinião de Donzelot (1986), tecnologias necessárias para a filantropia, medidas que se destinam aos pobres com a finalidade de dirigir suas vidas, diminuindo seu custo social e aumentando o contingente de trabalhadores.

O termo puericultura só apareceu no Brasil em 1899. Até meados do século XVIII, não era mais do que um conjunto de noções e técnicas sobre cuidados de higiene, nutrição e disciplina de crianças pequenas, que era passado de mãe para filha ao longo dos tempos; logo, repleto de mitos e tabus. Foi, então, apropriada pela Pediatria, que tratou de transformá-la gradativamente em uma ciência verdadeira, com aplicações muito mais amplas e abrangência etária bem maior. No Brasil, a puericultura chegou incorporada aos avanços da teoria microbiana, a partir da França, por Moncorvo Filho (Marcondes, 1999).

Nos 30 primeiros anos do século XX, a puericultura se institucionalizou. Foi incorporada às leis e às práticas pediátricas e passou a fazer parte das propostas de saúde pública. Influenciada não mais pela França, mas sob forte influência norte-americana, a educação em saúde ganhou força e passou a ser desenvolvida diretamente nos centros de saúde brasileiros. Novas orientações de puericultura começaram a ser criadas e realizadas com pré-escolares e escolares (Bonilha; Rivorêdo, 2005).

Reconhecida como fundamental para a construção de uma grande nação, a puericultura, no Brasil dos anos 1930, teve papel importante na criação de órgãos no Governo Federal, como a Diretoria de Proteção à Maternidade e à Infância, a primeira Cadeira de Puericultura na Faculdade Nacional de Medicina, em 1937 e, logo em seguida, quando foi instituído o

Departamento Nacional da Criança, em 1940. Nesse momento, o conceito de puericultura se ampliou; atrelado à política da época, acompanhou o avanço científico, deixou de se ocupar apenas com a prevenção das doenças e da mortalidade infantil e passou a oferecer um desenvolvimento saudável em todos os aspectos, inclusive os psicológicos. Importa aqui ressaltar a figura de Pedro Alcatra,[22] que destacava os vínculos existentes entre a saúde da criança e a situação socioeconômica da população. No entender dele, a mortalidade infantil estava relacionada a causas sociais que envolvem pobreza, desnutrição, desinformação e carência de atendimento médico, principalmente em lugares mais distantes da capital. Para ele, "A diminuição da mortalidade infantil de todo um povo é sempre proporcional à melhoria das condições de vida desse povo" (Bonilha; Rivorêdo, 2005, p. 11). Apesar de considerar a dimensão social da mortalidade infantil, não deixava de valorizar o trabalho realizado nos Postos de Puericultura. Em seu trabalho, ocupou-se da prevenção das diversas formas de pressões do ambiente, sejam as psicológicas, decorrentes, por exemplo, do desprezo ou do excesso de estimulação por parte da família, sejam as resultantes de uma alimentação inadequada, ou as de ordem social (Bonilha; Rivorêdo, 2005).

3.3 A criança como metáfora do futuro

> *O passado nos cerca e nos preenche; cada cenário, cada declaração, cada ação conserva um conteúdo residual de tempos pretéritos.*
> *(Lowenthal, 1998)*

A criança remete-me inevitavelmente ao desejo de um novo mundo, de um projeto. Seja ela o novo em um mundo previsível de caminhos já traçados, seja pela possibilidade da imprevisibilidade, pelo inesperado, resultado de um ser que é, sobretudo, em construção, em desenvolvimento. A criança, quando pensada como possibilidade e não como o homem do amanhã, o cidadão do futuro, de um mundo já pensado e acabado, deixa de ser vagão em trilhos já traçados e passa a ser o maquinista do trem. Passa a ser projeto de vida, de futuro, de sociedade e de mundo: "As crianças pequenas são do mundo e estão no mundo; suas vidas são construídas por meio da interação com muitas forças e por meio do relacionamento com muitas pessoas e instituições" (Dahlberg; Moss; Pence, 2003, p. 67).

---

[22] Professor catedrático de Pediatria da Faculdade da Universidade de São Paulo.

Tem sido comum pensar o mundo sem criança e criança sem mundo. Muitas discussões sobre criança desconsideram a relação da criança com o contexto social, político, econômico e filosófico, como se as crianças existissem extramundo. Para Arendt (1961), "há educação porque nascem seres humanos novos num mundo velho". Pode-se, dessa forma, entender que esse processo, educação, é o encontro de projetos: o novo e o que já existe. Assim a criança, quando vista como possibilidade, é o novo: para Platão, "néos", recente, que causa uma mudança (Kohan, 2003).

A criança é um constructo social e que vai se modificando ao longo da história, variando entre grupos sociais e étnicos dentro de qualquer sociedade. Para Heywood (2004, p. 21), a ideia de uma criança puramente "natural" se torna difícil de sustentar, uma vez que se compreenda que as crianças se adaptam prontamente a seus ambientes, produto de forças históricas, geográficas, econômicas e culturais diversificadas.

A criança na fala de um governo, a criança como metáfora do desenvolvimentismo – esse foi o objeto desta primeira análise. Escovar a palavra criança. Compreender qual criança e como ela aparece nas Mensagens Presidenciais, enviadas ao Congresso Nacional pelo presidente da República Juscelino Kubitschek de Oliveira (JK), no período de 1956 até 1960. As Mensagens Presidenciais são aqui consideradas como *texto autobiográfico* de um governo; a palavra escrita é entendida, sempre de algum modo, como autobiográfica, o que me permitiu lê-las como textos *memorialísticos*, como suporte de memória.

3.3.1 O tempo

A *arte da memória* teve grande importância na Antiguidade. Era um sofisticado caminho de especialização da memória e de associações criadas com objetos que passavam a povoá-la. Objetos associados a lembranças de algo eram colocados no interior dos espaços imaginários, e a correlação entre sequências de lugares, ordenação de imagens e o que deveria ser rememorado servia de suporte para a memória (Neves, 2001b). Como registra Le Goff (1986), segundo os antigos, a memória artificial tem dois princípios, a saber: a lembrança das imagens, necessárias à memória, e o recurso a uma organização, uma ordem essencial para uma boa memória.

Para Yates (2007) a *arte da memória* não seria apenas uma mnemotécnica, sem dúvida de grande utilidade numa época em que eram raros os que dominavam a escrita e eram escassos os suportes externos de memória. Essa arte se constituiria numa forma de conhecimento específica e diferenciada que fundamenta a tradição hermética (Neves, 2001b).

Como afirma Hutton (1993 *apud* NEVES, 2001b):

> A arte da memória, tal como entendida em sua formulação clássica, significa não só uma habilidade útil, mas também uma forma de compreensão do mundo. Para os iniciados, o desenho da estrutura de seu sistema mneumônico correspondia à concepção da própria estrutura do conhecimento, e implicava, portanto, uma visão do mundo.

Hoje os suportes externos de memória são inúmeros[23] e permitem modernas artes de memória. A fonte usada neste item é constituída das Mensagens Presidenciais enviadas ao Poder Legislativo.[24] As referidas mensagens substituíram, após a Proclamação da República no Brasil, a Fala do Trono. As Mensagens Presidenciais sobre educação, de 1890 até 1986, foram publicadas pelo MEC/INEP, em 1987. Segundo a introdução da publicação, as mensagens são uma prestação de contas do Poder Executivo, apresentadas pelo presidente da República ao Poder Legislativo e, consequentemente, a toda a nação. São uma declaração de intenções do governo para o ano em curso (Hutton, 1993 *apud* Neves, 2001b).

Delimito o período de 1956-1961 justamente por corresponder a um mandato presidencial único. O governo JK encrava-se, pois, num período extremamente crítico, entre o suicídio de Vargas e a renúncia de Jânio Quadros (Benevides, 2002). Esse governo ocupou uma posição singular, no período entre 1930 e 1964. JK foi o único presidente civil da República que conseguiu manter-se até o fim de seu mandato presidencial, por meios constitucionais. Ao contrário do padrão de instabilidade crônica que caracterizava a vida política nacional desde a Revolução de 1930, o governo JK é apontado como um exemplo de estabilidade política (Benevides, 1976).

---

[23] Com as revoluções da escrita, da Imprensa e da Informática cada vez mais temos menos necessidade de retenção da informação.

[24] Tais mensagens são, sem dúvida, uma das fontes primárias (do período republicano) de pesquisa no setor, embora muito pouco conhecidas, especialmente em suas particularidades.

A política econômica do governo JK, que ficou conhecida como "Plano de Metas"[25], previa a substituição de importações,[26] o investimento do Estado no setor público (construção de estradas e de Brasília) e a indústria de base. O Plano procurava atingir seis setores estratégicos da economia: energia, transporte, alimentação, indústria básica, educação e a construção da nova capital, Brasília. Ele foi, concretamente, o símbolo mais visível do governo. "O Plano de Metas constituiu a mais sólida decisão consciente em prol da industrialização na história econômica do País" (Lessa, 2002, p. 34). Das 30 metas, as cinco primeiras eram referentes ao setor de energia; para o setor de transporte eram sete metas, da 6 à 12; da meta 13 à 18, todas eram relacionadas ao setor de alimentação; para o setor de indústrias de base, o plano continha o maior número de metas, eram 11, da 19 à 29, e, por fim, uma única meta, a de número 30, referente ao setor da educação (Maranhão, 1988): "Meta 30: Pessoal técnico: intensificação da formação de pessoal técnico e orientação da educação para o desenvolvimento".

Os anos JK foram fundamentalmente marcados por altas taxas de crescimento econômico e por uma boa dose de otimismo (Faro; Silva, 2002). Para executar o Plano de Metas – simbolizado pelo slogan "50 anos em 5 anos" –, que procurava modernizar amplamente o país, JK implementou a modernização do Estado – derrotar a burocracia – criando órgãos paralelos: Banco Nacional de Desenvolvimento Econômico (BNDE), Superintendência da Moeda e do Crédito (Sumoc) e Carteira de Comércio Exterior do Banco do Brasil (Cacex). Nunca se havia empreendido no país um esforço desse porte. Isso exigiu uma nova forma de gestão – a famosa *administração paralela*[27], que contornava a lentidão da burocracia oficial – e parcerias, também inéditas, entre os setores estatal, privado nacional e estrangeiro (Coutinho, 2002).

Juscelino Kubitschek assumiu a presidência numa situação de legitimidade contestada, oposição radical, queda da taxa de

---

[25] No dia 1º de fevereiro de 1956, às 7 horas da manhã, o presidente Juscelino Kubitschek apresentou, na primeira reunião de seu ministério, o Plano de Metas com 30 propostas.

[26] Nesse período houve mudanças no padrão de acumulação capitalista no Brasil, embora a dinâmica de crescimento industrial ainda seja a do processo de "substituição de importações". O crescimento, dentro desse processo, é bastante visível: de 1940 a 1961 a produção industrial brasileira quase setuplicou e teve um ritmo de crescimento maior do que o dobro do ritmo de crescimento global da economia (Maranhão, 1988). "A industrialização ocorreu aproveitando-se o mercado interno já existente para produtos importados, que eram substituídos por produtos fabricados no país. Tivemos assim uma drástica redução do coeficiente de importações, que baixou de 12,6% no período 50-54 para 8,6% no período 55-61" (Pereira, 1976).

[27] O conceito de administração paralela foi fixado por Lafer (2002). Ver Benevides (1979).

> incremento, crise econômico-financeira gerada pela herança de uma estrutura de produção caótica, de desequilíbrios e graves pontos de estrangulamentos. O agravamento das condições econômicas decorria, em parte, da quase total ausência de racionalidade programadora no processo de formulação de política econômica e na condução dos negócios do Estado, que se constituíram na marca registrada dos governos anteriores (Benevides, 1976, p. 27).

JK aliou ao desenvolvimento acelerado uma experiência bem-sucedida de governo democrático. Foi em seu governo que se consagrou, definitivamente, o vocábulo "desenvolvimentismo" (Callado *apud* Benevides, 1976).

Para Lafer (1970), o governo Kubitschek procurou a conciliação entre o velho e o novo, as elites e as massas, implementando um novo nacionalismo que se diferencia do nacionalismo getulista pela ênfase concedida ao capital estrangeiro. Esse nacionalismo de certa forma confundia-se com o desenvolvimento em termos de mobilização de recursos e de apoio, como também no nível ideológico, graças ao grupo de intelectuais articulados em torno do ISEB. "O projeto não é abstratamente racional, mas é resultado de uma deliberação consciente a partir das circunstâncias, do campo de possibilidades em que está inserido o sujeito" (Velho, 1994, p. 112).

O ISEB foi um dos centros mais importantes de elaboração teórica do projeto que ficou conhecido como "nacional-desenvolvimentismo". Os intelectuais do ISEB, embora não tivessem uma posição única, no início, apoiaram a política de desenvolvimento de JK. Para esses intelectuais, o Brasil só poderia ultrapassar sua fase de subdesenvolvimento pela intensificação da industrialização. Defendiam o desenvolvimento nacionalista como a única política capaz de levar à emancipação e à plena soberania:

> As realizações do governo JK foram, do ponto de vista do nacionalismo "getulista", extremamente discutíveis – a grande penetração do capital estrangeiro, se por um lado aumentou as possibilidades de superação do subdesenvolvimento, por outro lado aumentou as disparidades regionais e contribuiu para o enfraquecimento da já débil "burguesia nacional" (Weffort *apud* Benevides, 1976, p. 47).

A política do governo JK era considerada "entreguista" pela esquerda e pela direita reacionária, "nacionalista". "O que parece pertinente lembrar é que a ideologia nacionalista não era difusa nem muito menos do governo, mas sim a ideologia desenvolvimentista" (Benevides, 1976, p. 51).

3.3.2 O lugar de memória

> *A província natal da criança é o país do sonho e da fantasia.*
> *(Lourenço Filho)*

Identificar a criança e como ela foi lembrada nesse período, nas mensagens sobre educação, significa ver esses registros escritos como narrativas de cunho memorialístico. É vê-los como um *lugar de memória*[28] (Nora, 1993). O tempo é o corpo da história e a memória é a alma do tempo. Falo de um tempo histórico e não apenas cronológico. Refiro-me à temporalidade, a um tempo que é tecido de memórias individuais e coletivas. "A categoria temporal é considerada como elemento estruturante e condicionante da convenção diegética (da narrativa)" (Allegro, s/d). Assim é que entendo que as Mensagens Presidenciais, e, no caso específico, sobre educação, foram escritas como registro autobiográfico de uma gestão governamental. Admito que essas identificações de uma noção ou das noções de criança que aparecem no texto são, na verdade, uma versão possível e que, essa ou outra, podem conviver no campo da ambivalência: ser isso ou aquilo ao mesmo tempo, podendo um fato ter mais de uma versão, dotada cada uma delas da sua lógica própria, sem que uma deva ser, necessariamente, mentirosa. Essa versão situa-se também no campo do simbólico, do cifrado, de um dizer além daquilo que é dito (Pesavento, 2005).

Criança é sempre uma noção polissêmica. Os conceitos de criança e de infância, longe de serem entendidos como noções abstratas, descoladas de contextos sociais, culturais e de diferentes momentos históricos, têm variado no decorrer do tempo, tendo seus contextos como referências, de modo relacional. Como todo conceito, é histórico.

Etimologicamente, criança origina-se de *creantia* do latim *creare*, criar. Significou ato ou efeito de criar, como ainda hoje. Depois, por metonímia, passou a significar "o ser criado, nos primeiros anos de vida" (Nascentes, 1966). "Ser humano de pouca idade" (Cunha, 1996).

Nos cinco anos de governo, JK enviou ao Congresso Nacional cinco Mensagens Presidenciais, uma por ano. Neste trabalho, seleciono apenas os aspectos relacionados à educação. Parto do pressuposto de que as Mensagens Presidenciais são sempre escritas por muitas mãos. Isso significa que o texto é expressão de um contexto político-administrativo.

---

[28] Para Nora (1993), a sociedade contemporânea não tem memória, e, sim, lugares de memória.

Percebe-se que, nessa parte específica sobre educação, muitas ideias expostas expressam o pensamento de educadores e cientistas sociais que estavam atuando no Ministério da Educação e Cultura e em especial no INEP, no CBPE e no ISEB.

Para uma visão dos temas abordados, apresento, a seguir, as temáticas que são desenvolvidas nas cinco Mensagens Presidenciais.

Mensagens apresentadas ao Congresso Nacional pelo Presidente da República Juscelino Kubitschek de Oliveira, nas aberturas da sessão legislativa – assuntos abordados:

1956

Objetivos da Educação Brasileira

A Pesquisa como Base do Planejamento

Ensino Superior

Universidades Ensino Médio

Ensino Técnico-Profissional Ensino Agrícola

Ensino Secundário Colégio Pedro II Ensino Primário Ensino Emendativo Educação Física

Assistência aos Estudantes e ao Estabelecimento de Ensino Bolsas de Estudos

Livro Escolar e Material de Ensino

Merenda Escolar Restaurantes Estudantis

Amparo à Iniciativa Particular e aos Estados Cultura

Institutos de Altos Estudos Estudos Brasileiros

1957

Instituto Nacional de Estudos de Estudos Pedagógicas Centro Brasileiro de Pesquisas Educacionais Educação e Desenvolvimento

Ensino Superior Curso de Geologia Universidades Universidades Rurais Ensino Médio

Fundo Nacional do Ensino Médio Ensino Secundário

Colégio Pedro II Ensino Industrial

Formação do Magistério Industrial Ensino Comercial

Ensino Agrícola e Veterinário Cooperação Técnica e Financeira Hiato Nocivo

Bibliotecas Escolares

Ensino Emendativo e Supletivo Cegos e Surdos-Mudos Educação Rural

Educação de Adultos Educação Física Educação Extraescolar Assistência a Estudantes Bolsas de Estudos

Material Escolar e Didático Alimentação

Merenda Escolar

Centro Técnico de Aeronáutica

Instituto Superior de Estudos Brasileiros

Radiodifusão Educativa Cinema

1958

Ensino Elementar

Metas do Ensino Primário Erradicação do Analfabetismo

Ensino Médio

Metas do Ensino Médio Recursos para o Ensino Médio Ensino Superior

Metas do Ensino Superior

Recursos Destinados ao Ensino Superior Bases e Diretrizes da Educação

Ensino nas Forças Armadas Ciência para o Desenvolvimento

Realizações em 1957 Educação Primária Educação de Nível Médio Ensino Superior

1959

Ensino Elementar Erradicação do Analfabetismo

Ensino Médio Ensino Superior

Diretrizes e Bases da Educação

Realizações de 1958

Educação Elementar e Formação de Pessoal Educação de Nível Médio Ensino Militar

Formação de Servidores Públicos Ciência e Tecnologia

1960

Educação, Ciência e Cultura Ensino Primário
Erradicação do Analfabetismo Ensino Médio
Ensino Superior
Ensino Militar Pesquisas Educacionais Ciência e Tecnologia

Uma primeira leitura que pode ser feita é a identificação da quase inexistência de menção ao que se chama, no Brasil, de educação infantil[29]. No conjunto de mensagens sobre educação, apresentadas por JK, só há uma referência aos jardins de infância, educação para crianças de 5 e 6 anos, na mensagem de 1958. A "idade de jardim de infância", como aparece no texto, é utilizada para reduzir as crianças de 5 e 6 anos do número total da população a ser atendida pela escola primária. A oferta de jardim de infância é apresentada como ainda esporádica.

Não obstante, durante muitos séculos, o cuidado e a educação das crianças pequenas foram entendidos como tarefa e responsabilidade da mãe. No período de 1956 até 1960, já havia nas redes de ensino no Brasil o atendimento das crianças com idade inferior aos 7 anos, em escolas (maternais, creches e pré-primário) públicas e privadas.

Como as mensagens são apresentadas anualmente ao Poder Legislativo pelo Poder Executivo e, em geral, a cada mensagem há uma prestação de contas do que foi feito no ano anterior, vejo-as, portanto, como expressão de um projeto. "O projeto é o instrumento básico de negociação da realidade com outros autores, individuais ou coletivos" (Velho, 1994, p. 118).

A primeira mensagem presidencial (1956)

JK inicia apresentando os Objetivos da Educação:[30]

> O vigoroso e crescente desenvolvimento da estrutura econômica do país vem criando novas condições de vida social. Impõe-se a adoção de novos processos educativos e atualização dos métodos em vigor, a fim de que encaminhem as novas gerações ao estágio de comportamento sociocultural, requerido por esse progressivo e acelerado desenvolvimento.

---

[29] Hoje, no Brasil, a educação infantil é constitucionalmente um direito da criança e dever do Estado. A educação infantil, pela Lei de Diretrizes e Bases da Educação Nacional (Lei nº 9.394/1996), é a primeira etapa da educação básica e será oferecida em creches, para as crianças de até 3 anos, e em pré-escolas para crianças de 4 a 5 anos.

[30] A partir daqui os grifos foram feitos com o objetivo de assinalar os termos referidos à criança nos textos das Mensagens Presidenciais.

O contexto expresso é o de desenvolvimento acelerado, e das novas gerações se exige um novo comportamento sociocultural. O texto menciona novas gerações, e essa é a primeira forma em que têm, são ou estão referidas crianças/infância, entre muitas outras que vão surgindo.

Objetiva, com os novos processos de ensino, educar as novas gerações, esperando um comportamento exigido pelas novas condições sociais: "Só assim, educada, poderá a geração nova, participando do progresso nacional, contribuir para a conquista da grandeza econômica do Brasil".

Propõe a educação integral com a conciliação das perspectivas humanista e técnica como projeto para a educação moderna e, desta vez, expressa uma segunda forma de referência à criança, como quem está para ser formado, modelado, plasmado, no caso, em personalidades socialmente úteis:

> Proveniente da transmissão conjunta da herança cultural e da cultura que está sendo elaborada todos os dias, a formação educacional moderna concretiza, plasmando personalidades socialmente úteis, a harmonia construtiva entre o humanismo e a técnica, os dois componentes da educação integral.
> Urge, pois, que o Governo se empenhe em assistir a todos os tipos de escolas necessárias à formação do homem, seriamente integrado na realidade nacional, quer em termos de cultura humanística, quer de cultura técnica, quer, sobretudo, de cultura técnico-humanística.

Escola como espaço da formação do homem: essa é a terceira forma de referência àqueles que ainda não são. Não são ainda homens, estão em formação. Infante é quem ainda não fala. Quem ainda não é. A infância é o período do estar para ser, do vir-a-ser. Essa concepção atribui à educação e, sobretudo, ao ensino a função predominantemente preparatória: "[...] a urgência de criar ou reestruturar as escolas, em todos os níveis, e fixados os objetivos superiores dessas providências, com o intuito de preparar eficientes construtores da economia e cultura do País".

Deposita-se nas crianças a tarefa de construir com eficiência a economia e a cultura do país. Ora a criança aparece como um projeto – o futuro –, ora como a realidade existente, a identidade de uma situação social – o presente –, aqueles que estão para ser no futuro.

Encontro nessa mensagem (passado – memória) a concepção de criança como o homem do futuro (projeto), em sintonia com as demandas sociais da época (identidade): "O projeto e a memória associam-se e articulam-se ao dar significado à vida e às ações dos indivíduos, em outros termos à própria identidade" (Velho, 1994, p. 99).

Parte do povo, essa é uma outra referência à criança nas mensagens de JK:

> A escola primária, incapaz de atender à crescente procura de mais educação por parte do povo, se multiplica indiscriminadamente ou apenas amplia seu corpo discente pela multiplicação dos turnos de aulas, perdendo por isso em substância e eficiência.

Povo é a categoria ampla que aparece quase sempre associada à falta de vagas ou à qualidade das escolas. Essa *parte do povo, as crianças* e *os jovens* também aparecem nos textos como *corpo discente*, aí quando já incluídas no sistema de ensino. Ambas as formas tratam a criança no coletivo.

As crianças representadas pela ideia das gerações mais novas não deixam de estar contidas quando o texto exprime as concepções de "base", "alicerces" e "elementar", aflorando a visão de que todo adulto foi criança e de que é na infância que tudo começa:

> [...] de sair do estado de subdesenvolvimento que caracteriza o País, tem-se tentado construir nossa civilização, de cima para baixo, como se fosse possível sem alicerces firmes de uma ampla educação de base, tanto de nível elementar quanto de grau médio.

No item específico sobre o ensino primário, a mensagem presidencial de 1956 trata, em primeiro lugar, das estatísticas sobre as matrículas. O texto faz alusão às crianças em idade escolar. Vale registrar que é a primeira vez que surge grafada a palavra *criança*:

> Os dados estatísticos mais recentes, que se referem ao ano de 1954, revelam que a matrícula nas escolas primárias atingiu, aproximadamente, 4.700.000 alunos e que, por conseguinte, dos 8 milhões de crianças em idade escolar, cerca de 40% não recebem instrução.

Nesse trecho, o termo *matrícula* é usado para especificar a quantidade de crianças na escola ou em idade escolar, da mesma forma que o termo *alunos* é usado para especificar o número das crianças que estão matriculadas na escola primária. A taxa de apenas 60% de crianças em idade escolar matriculadas na escola primária mostra o grande déficit a ser enfrentado.

Não bastasse essa situação, a seguir, o texto presidencial pinta um quadro não muito alentador da situação da escola primária no Brasil, afirmando:

> Esse déficit de matrícula apresenta agravantes, por deficiências quantitativas e qualitativas: a escolaridade média da criança brasileira é das mais baixas do mundo, não vai além de um ano e quatro meses, funcionando as aulas em reduzido número de dias por ano e em período diários de curta duração; a evasão escolar é acentuadíssima, bastando mencionar que, em média, de cada 100 alunos que se matriculam na 1a série, apenas 16 atingem a quarta série; as instalações e equipamentos das escolas são muito deficientes; o preparo dos professores é, em geral, bastante precário, e os currículos, programas e métodos de ensino não são ajustados às condições de nossa época e às peculiaridades de cada meio.

A referência à noção de criança nessa mensagem é múltipla: as que não ingressaram no ensino primário e deveriam lá estar – *déficit de matrícula*; as que estão na escola que funciona com deficiências quantitativas e qualitativas – *criança brasileira* ou *alunos*; as que ingressaram na escola, mas a abandonaram – *evasão escolar*.

Novamente aparece uma categoria ampla – a de *população* – para fazer referência a todas as crianças em idade escolar:

> É imperioso, pois, que o Governo Federal intervenha de maneira mais efetiva no ensino de primeiro grau, no sentido de tornar acessíveis as escolas públicas primárias a toda população e melhorar as condições do ensino nelas ministrados.

Apesar de falar para si mesmo, mas na 3ª pessoa, afirmando ser imperioso que ele intervenha no ensino, o governo propõe a democratização da escola primária, entendendo por isso dar acesso a toda a população à escola primária e melhorar as condições.

Ainda identificam-se duas outras utilizações de termos referentes à criança. São eles *pessoas* e *indivíduos*. Interessante notar que estes aparecem no texto quando são abordados no contexto do desenvolvimento, industrialização e escola.

Assim, pode-se ver:

> Com o desenvolvimento das técnicas industriais de trabalho, os países desenvolvidos estenderam a educação comum a maior número de anos e modificaram a escola primária em

> si mesma, a fim de aumentar as oportunidades de educação para as classes menos abastadas, como condição básica da vida econômica e de trabalho da moderna civilização industrial. No Brasil, porém, a evolução das necessidades sociais não foi acompanhada de evolução do sistema escolar. A educação primária é considerada uma ampliação da capacidade normal das pessoas verem e sentirem as coisas. Limita-se, praticamente, aos rudimentos da escrita, da leitura e do cálculo.
>
> Urge, portanto, que o ensino primário eduque também para o trabalho, transmitindo o que o indivíduo precisa aprender para cobrir as necessidades do trabalho em sua variada forma, atendendo, assim a real integração na economia e na sociedade modernas.

Os três parágrafos citados estão no item específico denominado "Ensino Primário". Trata-se, portanto, de crianças de 7 a 11 anos, que aqui aparecem ora como *pessoas* que precisam ampliar suas capacidades de ver e sentir, ora como *indivíduos,* que precisam aprender coisas para dar conta das necessidades do trabalho. A ideia da escola primária, modificada em si mesma a fim de aumentar as oportunidades de educação às classes menos abastadas, está associada ao desenvolvimento industrial e às novas condições de trabalho na moderna civilização.

A segunda mensagem presidencial (1957)

Nesta mensagem, JK não trata do ensino primário em um item específico. A tônica do discurso está em abordar questões relacionadas, sobretudo, ao binômio educação e desenvolvimento. Parece que, no segundo ano de governo JK, a industrialização está a todo vapor e para a escola atribui-se a tarefa de formar jovens com conhecimentos científicos e tecnológicos capazes de instrumentalizá-los para o trabalho, nessa nova etapa de desenvolvimento econômico.

Uma única vez encontra-se a palavra *criança* no texto. É no item "Ensino Emendativo e Supletivo", que trata de cegos e surdos:

> Com uma população que se estima, neste momento, em 12.000 cegos, incluindo 40% de crianças em idade escolar, a União só dispõe de um estabelecimento oficial especializado, com exígua capacidade de 300 alunos.

Nas mensagens desse período, pode-se identificar a recorrência de um discurso diagnóstico, muitas vezes situado mais no campo das denúncias do que do anúncio: a inadequabilidade do sistema de ensino com o estágio de desenvolvimento econômico da sociedade brasileira, depois da política desenvolvimentista iniciada. A escola precisa ser modificada em suas finalidades e em sua maneira de ser e fazer.

A terceira mensagem presidencial (1958)

Diferentemente da anterior, o primeiro item desta mensagem presidencial é o ensino elementar, sendo o primeiro parágrafo emblemático. Pode-se lê-lo como um símbolo. São ideias políticas e educacionais do governo desenvolvimentista:

> Nenhum verdadeiro desenvolvimento se pode operar, em qualquer nação, sem o apoio de vigoroso sistema escolar que forme o homem comum que o prepare para a civilização dos nossos dias, e, ao mesmo tempo, permita selecionar os homens incomuns que, devidamente estimulados, irão conduzir, em todos os setores, as atividades de lideranças, de criação e de inventividade no nível profissional e na pesquisa.

O sistema escolar é colocado como apoio do verdadeiro desenvolvimento e com a função de formar o *homem comum* e selecionar os homens *incomuns*. Os comuns serão preparados para a civilização de nossos dias – desenvolvimento industrial. Os incomuns irão, nessa civilização, conduzir e liderar as atividades de criação e de inventividade em todos os setores. O sistema de ensino é pensado para oferecer essa dupla formação. Formar desde o ensino primário aqueles que serão obreiros de nosso desenvolvimento e aqueles que serão os líderes. Essa concepção esconde e explicita, ao mesmo tempo, dois tipos de criança – dois tipos de vir-a-ser na sociedade desenvolvida. As crianças que serão formadas para serem lideradas e aquelas que serão líderes. Os obreiros e os que irão conduzi-los.

Camada jovem é a referência à população na faixa de 5 a 14 anos, que por vezes pesa como riqueza e por vezes como ônus. Dados estatísticos sobre as populações de alunos matriculados e crianças fora da escola são apresentados com o intuito de dimensionar os problemas da expansão do ensino: "A **camada jovem** de nossa população, na faixa dos cinco aos quatorze, é das maiores do mundo...".

Mais uma vez são apresentados dados estatísticos que denunciam a realidade da escola brasileira, com referências à criança utilizando-se de diversos termos: *população global; habitantes; matriculados; crianças; meninos:*

> A população global, nessa faixa de 5 a 14 anos, que nas nações desenvolvidas normalmente recebe educação comum, é, em nosso país, da ordem de 15 milhões de habitantes.
> [...] dos cinco milhões e quatrocentos mil de matriculados, apenas três milhões se encontram em escolas mantidas pelos estados.
> Se não nos quisermos iludir com as cifras da matrícula, que na aparência se afiguram aceitáveis, temos de reconhecer que, dos 12 milhões de crianças de 7 a 14 anos, ou dos 7 milhões entre 7 e 11 anos, apenas se educam razoavelmente os que chegam à quarta série. Não passam estes de cerca de 480.000 (320.000 de escolas estaduais e 160.000 nas demais escolas), ou seja, menos de 35% dos meninos de 11 anos de idade e menos de 10% dos que se matriculam na escola.

Os dados mostram a gravidade do problema. Não oferecemos escolas, senão a uma parte ainda relativamente pequena de nossa população, e os benefícios da escola primária são modestos. Cabe ressaltar ainda que, na época, o maior atendimento concentrava-se nas escolas estaduais.

A mensagem continua, desta feita com um discurso que demonstra o que vem sendo realizado:

> Somos um País em pleno surgimento, surpreendentemente em sua expansão. Temos de estabelecer definitivamente a nossa escola primária e incrementar a sua difusão e aperfeiçoamento. Embora esse tipo de ensino esteja sob a responsabilidade básica dos governos dos estados, com a colaboração dos governos municipais, a União vem prestando ampla ajuda financeira à sua recuperação e extensão.

No item "Metas do Ensino Primário" encontra-se a referência direta à criança e às crianças, bem como a alunos, pré-adolescentes e menores de 14 anos. As metas são introduzidas a partir da afirmação de que o ensino primário já atingiu razoável extensão, mas ainda se ressente de graves falhas – ausência de sistematização e grave desordem: matrícula de **alunos** de todas as idades escolares em cada série; repetição, várias vezes, de cada série, pelos mesmos **alunos**; desdobramento do dia letivo em turnos; e precariedade de formação do magistério. As metas propostas são:

- grupamento de **alunos**, nas diferentes séries da escola elementar, obedecendo ao critério de idade;
- recomenda-se um regime mais flexível de promoções, com a criação de classes especiais para **pré-adolescentes** analfabetos;
- dia escolar de seis horas para todos os **alunos**, como a escolarização por um período de seis anos, nas áreas urbanas e, de quatro anos, nas áreas rurais, a fim de reter na escola o **menor** de 14 anos;
- prevê-se a instalação da quinta série, a partir de 1958 e da sexta a partir de 1959.

A quarta mensagem presidencial (1959)

> Não mais se acredita, hoje, que basta abrir escolas para semear progresso e desenvolvimento. Tampouco se admite que o desenvolvimento, por si só, espontaneamente, faça surgir o sistema educacional que o sustente e consolide. A ideia dominante, entre educadores do nosso tempo, é de que cumpre criar escolas adequadas, capazes de transmitir as experiências, atitudes e habilidades, requeridas em cada estágio do desenvolvimento.

É com esse parágrafo emblemático que JK abre a mensagem de 1959. Considerando a situação do ensino no Brasil, a educação ministrada pela escola primária apresenta-se como tarefa precípua do governo. Diz o presidente:

> Se não lhe imprimirmos a amplitude e eficácia necessárias, o nosso homem comum não poderá alcançar o grau de produtividade que a sociedade industrial de nossos dias exige, nem será possível descobrir-se, estimar e cultivar-se, devidamente, o elemento mais apto, destinado a compor as elites nacionais.

Reaparece a ideia de uma escola primária para todos, mas com finalidades diferentes para indivíduos diferentes, numa sociedade de diferenças e desigualdades. É recorrente a concepção de uma escola dual: para o *homem comum* e para a *elite*: "Ampliar o sistema educacional do país e colocá-lo a serviço do desenvolvimento tem sido preocupação deste Governo".

Admite, no entanto, o governo, que as consideráveis dificuldades projetam essa preocupação para administrações sucessivas, gerando um processo que seja capaz de assegurar, a cada brasileiro, oportunidades educacionais que efetivamente lhe permitam contribuir para o progresso social, econômico e cultural da Nação:

> Mais da metade da nossa população adulta compõe-se de analfabetos, e o número absoluto destes cresce continuadamente, com o aumento da população. Agrava-se, pois, o problema do analfabetismo, numa época em que a mera alfabetização já não basta para garantir a participação ativa e consciente do indivíduo, na vida nacional.

Ao afirmar essa dura realidade sobre os indivíduos adultos que não sabem ler e escrever, o governo está pensando nas crianças brasileiras. O analfabetismo tem, nesse entendimento, ligação direta com os que nascem e aumentam a população adulta de analfabetos. Estava-se, pois, pensando, sobretudo, nas crianças e na escola primária (primeira), que teriam ou não essas crianças e, por fim, na eficiência e eficácia dessa escola para as poucas que a ela teriam acesso nos próximos anos. Aqui, evidencia-se um texto que trata da *infância*, embora não mencione as *crianças*. Pode-se dizer, então, que criança aqui é o adulto que já foi criança um dia, bem como a criança é o adulto que será um dia.

Ao fixar as tarefas educacionais a serem incorporadas ao Programa de Metas, foi considerada a possibilidade de se promover uma campanha de erradicação do analfabetismo:

> Preferiu o Governo encetar uma experimentação, com o objetivo de determinar a forma e custo de um reajustamento, no sistema educacional brasileiro, que o capacitasse a escolarizar todas as crianças de 7 a 14 anos, na cidade e no campo, estancando o incremento de analfabetos adultos. E, simultaneamente, permitisse estabelecer os métodos mais adequados, não só para elevar o nível do ensino, como para ajustá-lo às condições e aos imperativos do desenvolvimento.

Pensar no homem já formado (futuro) pode ser um esquecimento de que hoje o adulto de amanhã é criança (presente) e amanhã essa criança (passado) será adulta. A criança como metáfora do futuro, essa é a perspectiva desse programa do governo JK.

A quinta mensagem presidencial (1960)

Das cinco mensagens que JK enviou ao Congresso Nacional, a de 1960 é a que mais tem característica de relatório, como se fosse uma prestação de contas das realizações de um governo que imprimiu, desde seu início, velocidade em suas ações. "50 anos em 5" foi o slogan que, na área da educação, não encontrou eco. Já na mensagem de 1959, JK projetava uma enorme demanda educacional para os futuros governos.

"Educação, Ciência e Cultura" é o primeiro item da última mensagem do governo Kubitschek, reforçando a ideia de que muitas carências persistem na área: "A despeito do extraordinário avanço no campo educacional, sobretudo nesses quatro anos, ainda persistem carências que só poderão ser supridas com o esforço perseverante de sucessivas administrações".

A ideia de que a demanda educacional na sociedade é exponencial é reafirmada ao correlacioná-la ao desenvolvimento: "À medida que se vencem novas etapas na marcha do desenvolvimento econômico, mais avultam, entre nós, as tarefas educacionais, culturais e científicas".

Não obstante essa transferência de demanda, sugere a mensagem que foram consideráveis as realizações do governo, em todos os níveis do ensino:

> [...] avivando na consciência nacional as preocupações com a educação, tais empreendimentos por si mesmos estão a provocar outros, ainda mais amplos. Dia a dia a escola vai se tornando mais democrática. O que até há pouco tempo se aceitava, passivamente, como privilégio de alguns, passou a constituir reivindicação de grandes massas que aspiram ao acesso social e cultural.
> Através de toda nossa história republicana, têm-se reconhecido a importância da escolarização universal como requisito básico para dar consistência ao regime representativo.

O direito à educação se inscreve como norma constitucional no Brasil desde 1934. No entanto, apesar dos esforços para assegurá-lo a cada brasileiro, esse direito encontra barreiras que o anulam, pelo menos em parte. Uma das barreiras citadas é o **excepcional contingente de nossa população em idade escolar**: "metade dos brasileiros tem menos de 18 anos – e a escassez de recursos financeiros e de pessoal qualificado para os misteres do ensino".

Com o crescimento da população aumentado em ritmo mais elevado que o da ampliação da rede escolar, aparecem as *crianças condenadas*: "crianças condenadas a acrescer, pela falta de escolas, a massa de adultos marginalizados pelo analfabetismo".

Em um país de população jovem e sem escolas suficientes para atender à demanda, consequência do desenvolvimento industrial e das novas condições de vida por ele criadas, as crianças aparecem, desta vez, sem futuro, sem projeto. São crianças condenadas.

Vale assinalar que, já na primeira mensagem (1956), JK chamou atenção para a gravidade do problema:

> [...] lembrando que urgia passar das enunciações de princípios às normas e programas práticos, suscetíveis de imediata execução. Só quando pudermos oferecer oportunidades efetivas a cada criança, ser-nos-á lícito tornar compulsória a matrícula e proporcionar, a todo brasileiro, o mínimo de educação compatível com as exigências da era industrial em que ingressamos.

Por meio do entendimento de que, com o desenvolvimento industrial e as novas condições de vida por ele criadas, aumentaram as exigências de qualificação técnica e intelectual do homem brasileiro e, portanto, as responsabilidades do poder público no campo da educação, JK, em seu último discurso, deseja que a lei básica sobre a educação nacional, em tramitação no Congresso, permita "acolher todas as crianças, e tão diversificadas em suas direções, que ponha ao alcance dos adolescentes e adultos, de qualquer condição social, os mais variados ramos da cultura e do saber".

No item "Ensino Primário", a mensagem faz um retrato quantitativo da escola primária no Brasil. De 1956 a 1959, houve um aumento da ordem de 1,5 milhões de crianças e a ampliação da rede, nesse mesmo período, foi de 30%. Mantido esse ritmo, esperava-se atingir, em 1960, mais de 8 milhões de matrículas e cerca de 100 mil unidades escolares:

> [...] entretanto, esse incremento, expressivo em si mesmo, longe estará de atender a nossa população de 7 a 14 anos, que deverá orçar, em 1961, por 13 milhões aproximadamente. Um déficit de 4 milhões de alunos se anuncia e impõe medidas de emergência nos próximos anos, para dar cumprimento ao preceito constitucional da obrigatoriedade da escolarização de nível primário.

Havia uma expectativa governamental de que a lei básica da educação responda às demandas existentes. Por outro lado, o governo buscava recursos previstos no Programa de Metas para:

> [...] permitir a escolarização das crianças, de sete a onze anos, em classes primárias elementares comuns e, nas cidades, as

de doze a quatorze, em classes complementares, equivalentes aos dois primeiros anos de ensino médio.

O governo JK termina o item "Ensino Primário", de sua última mensagem aos representantes do povo, da seguinte forma:

> [...] o Governo Federal, em matéria de ensino primário, tem em mira, especialmente, conjugar os esforços públicos, em suas várias esferas, para que se atinja o ideal de uma escola primária pública, gratuita, obrigatória e universal, onde se processe, de modo ativo, o amálgama da nacionalidade, e, no limiar da vida, possa o brasileiro preparar-se para as tarefas do desenvolvimento econômico, e, ao mesmo tempo, habilitar-se para o exercício da cidadania.

A gestão JK estava entrando em seu último ano quando do envio dessa mensagem, com a presença da criança na fala do Trono da República. De um lado a expectativa de uma criança condenada ao analfabetismo e, por outro, uma criança com possibilidades de frequentar uma escola primária, preparando-se para habilitar-se para o exercício da cidadania.

A referência à noção de criança nas mensagens é múltipla. Evidencia-se, no entanto, a concepção de criança somente em sua fase de escolarização (7 anos). Parece que ela não existe antes dessa idade. Percebe-se a intenção de preparar as novas gerações para participar do progresso nacional, contribuindo, dessa forma, para a conquista da grandeza econômica do Brasil. As crianças ora são personalidades socialmente úteis, eficientes construtores da economia e cultura do país, ora são parte do povo, corpo discente, matriculados, evadidos, alunos de uma escola que precisa ser criada e reestruturada para ser capaz de responder à demanda das transformações que a sociedade brasileira está vivendo. As mensagens relacionam criança ao futuro, entendendo, assim, que criança é aquele que ainda não é. A criança e o Brasil como a metáfora do futuro.

4

INICIATIVAS: MARCOS DE IDAS E VINDAS

Criar não é imaginação, é correr o grande risco de se ter a realidade.
(Clarice Lispector)

4.1 O Departamento Nacional da Criança

A Diretoria de Proteção à Maternidade e à Infância foi criada em 1934, diretamente vinculada ao Ministério da Educação e Saúde Pública, pelo Decreto do Governo Provisório nº 24.278, de 22 de maio, que, no mesmo ato, extinguiu a Inspetoria de Higiene Infantil da Saúde Pública. Seu primeiro diretor foi o professor Mário Olinto de Oliveira.[31]

No período que vai de 1937 até 1945, a sociedade brasileira viveu um momento em que o Estado era forte. Foi um período de ditadura – Estado Novo, de fechamento político e de opressão:

> O surgimento de um Estado forte e autoritário acarretava uma maior preocupação com o atendimento da população infantil. Essa valorização da criança seria gradativamente acentuada após 1930, quando a "causa da criança" passaria a mobilizar o interesse de autoridades oficiais e a consolidar iniciativas particulares, num contexto de reforço ao patriotismo (Souza; Kramer, 1988).

No Estado Novo (1937/1945), as políticas públicas para a criança assumiram uma centralidade na história do Brasil. Na década de 1940, constata-se o surgimento de instituições que expressavam as ideias da política pública para as crianças, nesse período, e que compunham o contexto no qual elas foram veiculadas.

---

[31] Mário Olinto de Oliveira nasceu na cidade de Porto Alegre, em 19 de abril de 1898. Ele era filho do médico pediatra Olympio Olinto de Oliveira. Mário Olinto, como Luiz Torres Barbosa e Moncorvo Filho, aprendeu a ser médico observando o dia a dia de seu pai. A referência profissional paterna seguramente influenciou sua opção pela Pediatria. Mário Olinto iniciou seu curso de Medicina na Faculdade de Medicina de Porto Alegre, fundada por seu pai, concluindo-o na Faculdade de Medicina do Rio de Janeiro, em 1920. Como interno, atuou em assistência médica e pediátrica na Policlínica das Crianças, sob a direção do professor Fernandes Figueira. Depois de formado continuou a trabalhar no mesmo local até 1926. Nesse mesmo ano, foi convidado pelo próprio Fernandes Figueira, então inspetor de Higiene Infantil do Departamento Nacional de Saúde Pública, para chefiar a Enfermaria do Abrigo-Hospital Arthur Bernardes. Exerceu essa função por 17 anos ininterruptos. Em 1929, assumiu a direção do mesmo Hospital, seguindo determinação do professor Clementino Fraga Filho – diretor do Departamento Nacional de Saúde Pública. Mário Olinto permaneceu nessa função até 1947.

Ainda em 1940, as atividades relativas à proteção da maternidade, da infância e da adolescência, anteriormente pertencentes ao Departamento Nacional de Saúde Pública, passaram a constituir o DNCr, com a transformação da Divisão de Amparo à Maternidade e à Infância daquele departamento, que havia centralizado o atendimento à infância brasileira durante quase 30 anos. Foi criado como um órgão do Ministério da Educação e Saúde encarregado de organizar, em todo o país, a proteção à maternidade, à infância e à adolescência. Tinha como função buscar, de modo sistemático e permanente, e criar para as mães e para as crianças condições favoráveis que, na medida necessária, permitissem àquelas uma sadia e segura maternidade, desde a concepção até a criação do filho, garantindo a este a satisfação de seus direitos essenciais, no que diz respeito ao desenvolvimento físico, à conservação da saúde, do bem-estar e da alegria, à preservação moral e à preparação para a vida. Mário Olinto, que havia criado o DNCr pelo Decreto-Lei nº 2.021, de 17 de fevereiro, ainda como diretor, procurou estabelecer normas nacionais para o atendimento ao binômio mãe-filho e também se empenhou em combater a mortalidade infantil. Outra ação por ele empreendida foi o planejamento de representações estaduais para esse departamento: os Departamentos Estaduais da Criança. Organizou, ainda, os Cursos de Puericultura e Administração, destinados à formação de puericultores nos serviços regionais. Os profissionais que concluíam o curso, ao retornarem aos estados de origem, assumiam coordenações ou chefias dos Postos de Puericultura. O curso era ministrado no Hospital Artur Bernardes, que fora remodelado e vinculado ao DNCr.

Como se vê, há uma linha de continuidade institucional e de alguns dirigentes no nível federal, o que Kuhlmann (2000, p. 14) chama de "as contiguidades entre as instituições de educação infantil". A Inspetoria de Higiene Infantil, criada em 1923, passou a ser a Diretoria de Proteção à Maternidade e à Infância e, com a mudança do Ministério dos Negócios da Educação e Saúde para Ministério da Educação e Saúde, essa Diretoria trocou de nome, passando a se chamar Divisão de Amparo à Maternidade e à Infância. Mário Olinto esteve sempre à frente dessas instituições (Kuhlmann Jr., 2000). Durante sua gestão no Abrigo-Hospital Arthur Bernardes, transformou-o no Instituto Nacional de Puericultura. Essa mudança institucional materializou seu desejo de construção de um centro de pesquisas voltado para os temas inerentes à maternidade e à infância. Foi nesse instituto que Mário Olinto passou a promover, a partir de 1940, as célebres Reuniões das Quarta-Feiras, com a presença dos mais ilustres pediatras nacionais e estrangeiros. O saber acumulado em anos de gestão e estudos das questões atinentes à criança e ao seu desenvolvimento valeu-lhe a indicação, em 1945, pelo ministro de Educação e Saúde, professor Leitão da Cunha, para o cargo de Chefe de Pesquisa do Instituto Nacional de Puericultura. Sua relação de amizade e confiança com Getúlio Vargas não deve ser negligenciada nesta análise. Mário Olinto era médico particular da família presidencial[32].

Em 1941, foi processada nova reforma da Saúde Pública Federal, orientada por Barros Barreto[33]. A estrutura criada manteve suas linhas gerais estabelecidas àquela época durante vários anos, apesar das amputações sofridas em várias oportunidades. Nesse mesmo ano foi criado o Serviço de Assistência a Menores (SAM), vinculado ao Ministério da Justiça e Negócios Interiores.

Em 1942, o DNCr propôs uma instituição que reunisse várias outras – a Casa da Criança, que agrupava: a creche, a escola maternal, o jardim de infância, a escola primária, o parque infantil, o Posto de Puericultura e um abrigo para menores abandonados. Algumas cidades mantiveram suas Casas das Crianças por muito tempo, ainda que nem todas conseguissem manter os níveis diferenciados de assistência.

Nesse mesmo ano, o Governo Federal criou a Legião Brasileira de Assistência (LBA)[34]. Esta tinha por objetivo promover todas as formas de serviços de assistência social, prestados diretamente ou em colaboração com o poder público e as instituições privadas, principalmente a maternidade e a infância. Sua posição entre as obras assistenciais brasileiras foi consolidada, suplementando a previdência social nos casos em que esta não os cobria, e atuava em casos de emergência, como enchentes, incêndios etc. Durante sua atuação passou por reforma, voltando seu atendimento exclusivamente à maternidade e à infância por meio da família, passando a constituir-se

---

[32] Ver site da Sociedade Brasileira de Pediatria: www.sbp.com.br.

[33] Em 1921, João de Barros Barreto assumiu a chefia do Serviço de Saneamento e Profilaxia Rural do Estado do Paraná, onde formulou uma política de educação sanitária contra as doenças sexualmente transmissíveis, contrapondo-se às políticas "regulamentaristas" para as prostitutas, adotadas por seu antecessor, Heráclides César Souza Araújo. Barros Barreto deixou o posto para estudar, como bolsista da Fundação Rockefeller, entre março de 1924 e fevereiro de 1925, na Escola de Higiene e Saúde Pública da Universidade Johns Hopkins. Mais tarde, foi diretor do Serviço Sanitário paulista, entre março e julho de 1931. Assumiu a direção do Departamento Nacional de Saúde, órgão máximo do Ministério de Educação e Saúde, entre 1935 e 1939 e 1941 e 1945. Durante esse período, organizou vários cursos para formação de profissionais no campo da saúde pública, em vários estados brasileiros. Informações coletadas em *Biography Files*, Rockefeller Archive Center, RAC, EUA.

[34] A LBA foi criada sob a inspiração de D. Darcy Vargas e com o apoio da Federação das Associações Comerciais e da Federação Nacional das Indústrias. A partir de 1974, foi vinculada ao Ministério da Previdência e Assistência Social.

um órgão de consulta do Estado (Kramer, 1992). Nessa época, surgiram os centros de proteção à criança e à mãe, muitos sendo operacionalizados pela própria LBA (creches, Postos de Puericultura, comissões municipais, hospitais infantis e maternidades) e outros com recursos das comunidades, contando com o apoio técnico e financeiro da Legião e outros recursos da comunidade. A política social desenvolvida pelo Estado nos anos de 1940 pode ser entendida como sendo de caráter assistencial.

A criação do primeiro Conselho de Saúde, considerado por William Welch[35] o marco inicial da Saúde Pública moderna, se dá em 1948. Para ele: "a saúde do povo era integralmente reconhecida como importante função administrativa de governo. Quanto melhores as condições de saúde da população, tanto maiores serão as possibilidades econômicas de um país".

Por meio da Lei nº 282, de 24 de maio de 1948, o DNCr foi reorganizado tendo como objetivo a defesa e a proteção da criança, cabendo-lhe, para isso, promover: I - o estímulo de todas as atividades nacionais relativas à maternidade, à infância e à adolescência; II - a coordenação e assistência técnica, no país, de todas as instituições públicas e particulares que se destinam ao exercício de quaisquer atividades concernentes aos problemas da maternidade, infância e adolescência; III - o estudo dos critérios a serem adotados na concessão de auxílios, contribuições ou subvenções federais, para o êxito dessas atividades, e no controle da aplicação de quaisquer recursos para esse fim concedidos pela União ou decorrentes de leis federais; IV - a realização, em combinação com órgãos técnicos apropriados, de inquéritos e estudos sobre o problema social da maternidade, da infância e da adolescência; V - a organização de cursos de aperfeiçoamento e a divulgação de conhecimentos referentes à proteção da maternidade, da infância ou da adolescência; VI - a fiscalização, no país, das atividades particulares que tenham por objeto a proteção da maternidade, da infância ou da adolescência. Mediante acordo entre a União e qualquer dos estados, o Departamento Nacional da Criança podia orientar e fiscalizar os órgãos locais de proteção à maternidade, à infância e à adolescência, ou executar diretamente no estado os serviços que visassem a esse fim.

O programa assistencialista do DNCr foi operacionalizado pela criação, principalmente, dos Postos de Puericultura, onde todas as mães receberiam orientação médica desde o início da gravidez, seguindo-se o acompanhamento da criança até a fase escolar, quando entraria em cena

---

[35] Patologista.

a Casa da Criança, que correspondia a um tipo de escola com orientação médica. Tais estabelecimentos seriam supostamente construídos e mantidos por iniciativa local. Caberia ao Departamento apenas dar a orientação técnica e, eventualmente, algum subsídio em dinheiro. Para Pereira (1992):

> O programa, portanto, dependia da boa vontade de certas figuras sociais que podem ser divididas em três categorias: a) os profissionais: médicos e professoras; b) as autoridades públicas: prefeitos e juízes; c) a "elite moral": os ricos e "especialmente as brasileiras". Outros grupos, como o clero católico, as assistentes sociais, os dentistas etc. eram lembrados, mas sem tanta insistência como os anteriores. Quanto aos últimos, tal esquecimento se deve ao fato de serem "técnicos", que ainda precisavam ser formados e não possuíam grande tradição no campo assistencialista. O clero, por sua vez, era de incorporação mais difícil. Das figuras sociais em destaque sempre se esperava iniciativa, independência e disposição para aceitar as diretrizes vindas da sede do DNCr. O mesmo não se poderia esperar da Igreja. Segue-se um detalhamento da imagem construída para os diferentes atores.

No período que compreende os anos de 1945 até 1964, a sociedade brasileira viveu no pós-guerra um período democrático – Constituinte de 1946 – e de crescimento da indústria nacional. Em relação à educação infantil, foi um período de crescimento das escolas maternais e dos jardins de infância, principalmente nas grandes cidades – capitais dos estados –, mantidos pela iniciativa privada e também por algumas ações do Estado, ajudando as entidades filantrópicas e assistenciais:

> Durante os anos 40/50, desenvolvem-se os trabalhos cuja tônica é a assistência social, sob a orientação do UNICEF. São trabalhos de cunho emergencial que se concretizam, inicialmente, através de campanhas de distribuição de leite em pó. Posteriormente, evoluem para outras formas de assistência, apoiando programas de saúde, nutrição e bem-estar social (Souza; Kramer, 1988).

Na década de 1950, havia uma forte tendência médico-higienista do Departamento Nacional da Criança, desenvolvendo vários programas e campanhas visando ao:

> [...] combate à desnutrição, vacinação e diversos estudos e pesquisas de cunho médico realizadas no Instituto Fernandes Figueira. Era também fornecido auxílio técnico para a

> criação, ampliação ou reformas de obras de proteção materno-infantil do país, basicamente hospitais e maternidades (Kramer, 1982, p. 65).

Estimulado pelo *desenvolvimentismo* durante os anos 1950, o interesse pelo processo de modernização do país contribuiu para problematizar o fenômeno educacional e atribuir-lhe grande importância no processo de transformação social (Martins, 1992).

Em 1952, o DNCr desenvolveu ações de educação sanitária que incluíam cursos populares e exposições, além dos Clubes de Mães, criados a fim de valorizar o trabalho da mulher no lar e seu papel na educação dos filhos (Kramer, 1982).

Em 1953, foi criado o Ministério da Saúde, regulamentado pelo Decreto nº 34.596, em 16 de novembro. Registrou-se, também, em 1953, o início do funcionamento da Organização Mundial para a Educação Pré-Escolar (OMEP) no Brasil, criada em Praga, em 1948, como organização não governamental.

Desde 1940, o Departamento Nacional da Criança foi, se não o mais importante, o maior propositor de uma política de assistência à maternidade e à infância no Brasil. E nessa política, como afirma Vieira (1988), a creche era vista como um mal, porém indispensável, na luta contra a mortalidade infantil. A creche era defendida como elemento da puericultura social, no combate ao comércio das criadeiras. No final da década de 1960, o rigor higiênico exigido para seu funcionamento vai pouco a pouco cedendo lugar a propostas de simplificação do atendimento, com a utilização dos espaços ociosos e pessoal voluntário, na perspectiva do desenvolvimento da comunidade.

Em 1965, o DNCr registrou a existência de 3.320 jardins de infância no Brasil, sendo 1.535 públicos e 1.785 particulares. Estes atendiam cerca de 199.200 crianças de 5 e 6 anos, de uma população estimada em 12.175.294 crianças de 2 a 6 anos. Diante dessa realidade, em 1967, o DNCr publicou um Plano de Assistência ao Pré-escolar, na contramão das ideias apresentadas por Heloísa Marinho que, em 1966, em seu livro *Vida e Educação no Jardim de Infância,* apresentou argumentos sobre a necessidade da expansão da educação infantil com critérios de qualidade, imprescindíveis para o desenvolvimento integral e harmonioso da criança. O Plano do DNCr propôs um programa de emergência, visando à crescente necessidade de ampliação da educação infantil, de baixo custo.

Essa disposição aprofunda a perspectiva apontada desde a criação do jardim de infância republicano, de que este teria a vocação de se incorporar ao sistema de educação primária. Refletia o lento movimento de expansão, que estreitava os vínculos entre o sistema educacional e as instituições de educação infantil que se subordinavam a órgãos assistenciais, de previdência ou de saúde, como a LBA e o DNCr (Kuhlmann, 2000, p. 22).

Foi também em 1965 que Nazira Feres Abi-Sáber publicou a segunda edição do livro *O que é o jardim de infância*, editado pelo Programa de Assistência Brasileiro-Americana ao Ensino Elementar (PABAEE), Belo Horizonte – MG, conjuntamente com o INEP/Ministério da Educação e Cultura, Rio de Janeiro – GB. Recorrendo a fontes bibliográficas predominantemente norte-americanas, Abi-Sáber abordou em seu livro problemas básicos que alicerçam o trabalho da professora no jardim de infância. O alemão Friedrich Froebel, pai do jardim de infância, sequer integrou a bibliografia do livro.

4.2 Caravana de mulheres

Conforme registrado no Diário do Congresso Nacional, no dia 31 de março de 1953, esgotada a matéria constante da ordem do dia, teve a palavra o senador Mozart Lago[36], que fez um pronunciamento, da tribuna, relatando a audiência que teve com o presidente da República, no dia anterior. Desta participou uma caravana por ele levada, de mães funcionárias, componentes de quadros de todos os ministérios e autarquias sediados na Capital Federal, para tratarem da instituição de creches e berçários em todas as repartições públicas.

Narrando o que havia acontecido, o senador afirmou que Vargas "ponderou muito bem que, no seu governo, tem tomado na maior consideração iniciativas que visem a facilitar o ingresso da mulher brasileira nas diversas atividades públicas nacionais" (Brasil, 1953, p. 2.322). Lembrou também que o presidente da República observou que "embora sabendo ser o trabalho daquelas senhoras o mais eficiente, se comprazia em assinalar a louvável preocupação que revela a funcionária brasileira de continuar sendo mãe de família e de zelar pela saúde e educação dos filhos" (Brasil, 1953, p. 2.322). E dando continuidade a seu relato, o senador contou que, após

---

[36] O senador Mozart Brasileiro Pereira do Lago nasceu em 17 de outubro de 1889, no município de Nova Friburgo – RJ, e faleceu em 3 de abril de 1974. Jornalista e professor, exerceu os seguintes mandatos no Legislativo: dois como deputado federal, de 1930 a 1933 e de 1934 a 1935, e um como senador da República, de 1951 a 1955.

receber as mencionadas mães funcionárias, Vargas prometeu recomendar a todos os ministros e presidentes de autarquias que ativassem a instalação de creches e berçários.

Mozart Lago falou ao plenário que havia levado na caravana uma assistente social do Instituto dos Comerciários, onde já existia em pleno funcionamento esse serviço (berçário e creche), para mostrar, de viva voz, o êxito da iniciativa daquela autarquia. A funcionária disse ao presidente que, com a instalação da creche, o rendimento das mães funcionárias do Instituto havia aumentado e, com o intuito de dar exemplo às outras repartições, mostrou também o pouquíssimo custo que tal benefício representava para aquela repartição. Comentando a questão da instalação de creches e berçários, o senador assim se pronunciou:

> Para tanto, não há necessidade de novos créditos especiais, nem é preciso quadro de funcionários extraordinários; tudo se pode fazer, como ficou comprovado, pela instalação no Instituto dos Comerciários, com a prata da casa, como se costuma dizer. É questão apenas de boa vontade. Os comerciários, a princípio, haviam planejado a organização dentro de 900 mil cruzeiros. No entanto com a boa vontade do presidente da autarquia, dos engenheiros, dos médicos, dos assistentes sociais e das enfermeiras, a despesa ficou reduzida a menos de 200 mil cruzeiros (Brasil, 1953, p. 2.322).

O parlamentar terminou sua fala afirmando: "Foi o exemplo que levei ao Senhor Presidente da República, de quem ouvi que mandará ativar a instalação de creches e berçários em todos os centros de atividades onde haja grande número de funcionárias" (Brasil, 1953, p. 2.322).

O que uma caravana de mulheres, mães funcionárias públicas, ao gabinete do presidente Vargas pode nos fazer refletir sobre a educação infantil nos anos de 1950?

As mulheres mães estão no mundo do trabalho e demandam por creches e berçários nas instituições; no caso, nas repartições públicas federais. Na ocasião (1953), havia 20 anos que o primeiro Conselho do Trabalho havia regulamentado o trabalho feminino no Brasil, prevendo creches e salas de amamentação próximas ao ambiente de trabalho das mulheres. O ato reivindicatório, da forma como o senador Mozart Lago narra, não deixa transparecer o conhecimento das leis nem por parte do legislador, nem pelas mulheres. nem sequer, igualmente, pelo presidente da República.

A legislação federal sobre a infância e a maternidade no Brasil tem história, faz história e é história. A temática estava posta na legislação brasileira desde a tentativa frustrada de José Bonifácio[37], na Constituinte de 1819, que propunha direitos para a escrava gestante, o favorecimento da amamentação do recém-nascido e o respeito ao binômio mãe-filho; passando pelo Decreto nº 16.300, de 31 de dezembro de 1923, que reorganizou e regulamentou o Serviço de Saúde Pública e que também interditava o trabalho das mulheres no último mês de gravidez, estabelecia a instalação de salas de aleitamento como obrigação das empresas, regulamentava o funcionamento das creches, a organização do serviço de amas de leite e a proibição das "rodas de enjeitados"; até o Decreto nº 21.417 a, de 17 de maio de 1932, que regulava as condições do trabalho das mulheres nos estabelecimentos industriais e comerciais, determinava a proibição do trabalho das mulheres grávidas durante um período de quatro semanas antes do parto e quatro semanas depois, nos estabelecimentos industriais e comerciais, públicos ou particulares (art. 7º) e que, nos estabelecimentos que trabalhassem mais de 30 mulheres, com mais de 16 anos de idade, deveria haver "local apropriado onde seja permitido às empregadas guardar sob vigilância e assistência os seus filhos em período de amamentação" (art. 12).

Parece que, naquela hora, diante daquelas mulheres, Vargas não reconhecia essa história de regulamentações de direitos das mulheres trabalhadoras, da qual ele e seu governo, nos anos de 1930, foram protagonistas. Embora tenha afirmado haver tomado, em sua gestão, "na maior consideração, iniciativas que visem a facilitar o ingresso da mulher brasileira nas diversas atividades públicas nacionais", não deixou de revelar sua visão sobre a mulher funcionária brasileira: ela deve continuar sendo mãe de família e zelar pela saúde e educação dos filhos, carregando nos ombros femininos, no mínimo, uma *dupla jornada* e trazendo à tona a visão de que a educação da criança pequena é fundamentalmente de responsabilidade da mãe, sendo, portanto, uma questão mais do âmbito privado do que do público.

Havia uma tensão entre a forma como o presidente Vargas se posicionou diante da caravana de mulheres, funcionárias públicas federais, e seu discurso no final da década de 1930. No Natal de 1939, Vargas, em discurso à nação, afirmava:

---

[37] Teve papel fundamental na preparação e consolidação da Independência do Brasil. Era paulista, nascido em Santos, no dia 13 de junho de 1763. Sua família era uma das mais ricas e importantes da cidade. Aos 21 anos, partiu para estudar na Universidade de Coimbra, onde se especializou em Mineralogia. Já em 1822, quando ocupava o cargo de ministro de D. Pedro I, era chamado por seus partidários de "Pai da Pátria", "Timoneiro da Independência", "o Patriarca". Em vários jornais e publicações da época, era reconhecido como um dos primeiros a protestar contra a política recolonizadora das Cortes, além de ser um dos líderes da campanha pela permanência do príncipe no Brasil.

> [...] enquanto as mães ganham o pão nas fábricas e oficinas, os filhos pequeninos estejam nas creches, recebendo, com os cuidados higiênicos necessários, alimentação sadia e adequada, e os mais crescidos estudem nos jardins de infância e escolas próprias da idade.

Essa fala de 1939, como tudo indica, estava direcionada a trabalhadores e empresários da iniciativa privada. Como chefe do governo, o posicionamento de Vargas não passou de uma resposta que permitisse que aquelas mulheres e o senador da República não saíssem dali sem alguma esperança. Ficou de mandar "ativar a instalação de creches e berçários em todos os centros de atividades onde haja grande número de funcionárias".

A forma como transcorreu a audiência pode nos fazer crer que o atendimento às crianças, filhas de trabalhadoras públicas no Governo Federal, dependia exclusivamente da vontade de os dirigentes públicos instalarem berçários e creches em suas repartições, uma vez que "não há necessidade de novos créditos especiais nem é preciso quadro de funcionários extraordinários; tudo se pode fazer...".

Fica a questão que está subjacente aos avanços e retrocessos do atendimento à criança pequena no Brasil – a creche como um mal necessário. Fortes foram, naquela época, as argumentações que concebiam a maternidade como algo natural e insubstituível para a criança. Argumentos estes que se potencializavam com a ideia de que o Estado só deveria entrar em cena na total incapacidade de a mãe atuar com a criança. Mesmo diante de mulheres trabalhadoras, que passam mais de um terço de seu dia empenhadas em suas atividades laborais fora de casa, como pode ser visto, reaparecem posicionamentos antigos em relação ao cuidado/educação da criança nos primeiros anos de vida.

4.3 A sutileza de Gesteira

Da mesma maneira que havia acontecido na Europa nos anos 1700, 1800 e 1900, a filantropia no Brasil também se dedicou a atender crianças pequenas, sejam elas enjeitadas ou desvalidas:

> A piedade e a filantropia particular souberam engenhar modalidades as mais diversas de amparar as gestantes e parturientes pobres, protegendo e defendendo ao mesmo tempo os recém-nascidos, em todas as nações cultas do mundo (Gesteira, 1945, p. 579).

O professor Gesteira faz essa afirmação em um capítulo de seu livro *Puericultura (higiene alimentar e social da criança),* intitulado "Assistência social, amparo econômico e moral a mãe e a criança". Ressalta, desde o início, no referido livro, que não se cogitará obras de amparo às crianças sem mãe, asilos de expostos, colocação familiar etc.

A bibliografia sobre a assistência à criança no Brasil evidencia que a iniciativa privada filantropicamente se voltou à infância pobre desde o Império. A omissão do Estado brasileiro em relação à questão da maternidade e da infância pode ser constatada pela sutileza que Gesteira (1945) utiliza ao relatar o que encontrou em viagens que realizou à Europa, mais notadamente na Holanda, na Itália, na Alemanha, na Áustria e na Inglaterra, e também aos Estados Unidos e vários países sul-americanos, como Argentina, Uruguai e Chile, em 1929[38], com o objetivo de estudar instituições que atendiam mães e crianças. Ele expressa seu maravilhamento com o que encontrou: a existência de um "desenvolvimento estrondoso de tais instituições criadas e entretidas pela iniciativa privada, mas quase sempre orientadas, coordenadas e amparadas pelo poder público" (Gesteira, 1945, p. 579).

Mais adiante, no mesmo capítulo, com um discurso propositivo, Gesteira (1945) conforta-se ao reconhecer que, no Brasil, ele pode proclamar que "dadas a sentimentalidade própria da nossa gente e a grandeza de coração da mulher brasileira – não fica atrás das outras nações Sul Americanas nesse afã de resguardar e amparar os seus pequeninos" (Gesteira, 1945, p. 580). Lamenta, no entanto, a falta de coordenação dessas iniciativas brasileiras, no sentido de orientar-lhes as atividades, evitando a dispersão dos esforços, e propõe que o Departamento Nacional da Criança exerça essa função.

4.4 Como se vê e como se diz, o Estado se faz de morto

A criação do Departamento da Criança no Brasil, em 1919, é a expressão da necessidade da institucionalização de iniciativas particulares, em geral ligadas aos médicos que, mesmo inspirados numa medicina social – Oswaldo Cruz havia criado a Diretoria Geral de Saúde Pública no Ministério da Justiça e Negócios Interiores em 1904; em 1920, Carlos Chagas reorganizou os serviços públicos de saúde –, não encontram amparo do poder público.

---

[38] Gesteira, em missão especial que fora a ele confiada pelo governo da Bahia, visitou esses países em 1929. Seu objetivo era estudar as diversas modalidades de instituições de amparo à gestante e à criança

Havia, sem dúvida, uma insatisfação com a realidade da atenção dada às crianças. O médico Dr. Moncorvo Filho, filho do médico Dr. Carlos Arthur Moncorvo de Figueiredo, pode ser considerado porta-voz dessa posição crítica às instituições de amparo à infância existentes na cidade do Rio de Janeiro. Para esse grupo de médicos, as crianças viviam sem o menor preceito de higiene, atrofiadas pela falta de ar e de luz suficientes e pessimamente alimentadas, contrariando os princípios científicos e sociais que deveriam nortear as instituições de atendimento à infância.

Moncorvo Filho, como defensor da assistência médico-social à criança brasileira pobre, iniciou uma intensa propaganda a favor da higiene infantil e de uma "verdadeira" puericultura. Criou, em 1899, o Instituto de Proteção e Assistência à Infância, do Rio de Janeiro. Este funcionou, logo no início de sua história, na residência dele, mesmo local em que seu pai criara, em 1881, a Policlínica Geral do Rio de Janeiro. Dois anos depois, o Instituto foi instalado em prédio alugado, à Rua Visconde do Rio Branco, 22. Em 1914, o então presidente da República, Marechal Hermes da Fonseca, doou um terreno onde foi construída a sede própria do Instituto, na antiga Rua do Areal, hoje Rua Moncorvo Filho.

O Instituto de Proteção e Assistência à Infância do Rio de Janeiro foi uma instituição filantrópica, reconhecida como de utilidade pública em 1909. Nela, a assistência médico-social à infância se fez valer dos princípios de seu fundador em relação ao desenvolvimento saudável da criança. Aos poucos passou a ser um polo irradiador de ideias, denúncias, projetos, influenciando o campo da proteção à infância. Em 20 anos, foram instalados 17 institutos similares, espalhados por outros estados brasileiros.

Com seus próprios recursos financeiros, Moncorvo Filho fundou o Departamento da Criança do Brasil, no início de 1919, instalando-o no mesmo prédio do Instituto de Proteção e Assistência à Infância do Rio de Janeiro. A partir de 1922, o Departamento realizou os Congressos Brasileiros de Proteção à Infância. Outra atividade proposta no programa do Departamento da Criança do Brasil era a organização do Museu da Infância que, a exemplo de inúmeras outras iniciativas dele, não recebeu apoio da iniciativa pública. Como se vê, nessa época, o Estado *se faz de morto*, como se diz popularmente.

4.5 Estado brasileiro aparece para a criança: dois institutos com a mesma sigla (INP), no mesmo ministério

Sem fazer do Movimento de 1930 uma sombra, a ponto de tornar opacas as análises dos aspectos diretamente relacionados às políticas públicas voltadas para a infância no Brasil que nos interessam, deve-se considerar que são as mudanças decorrentes de uma nova estrutura econômica, política, social e cultural e, consequentemente, o novo desenho que passa a configurar o Estado brasileiro o contexto no qual surge a ação do poder público nos problemas da proteção, da educação e da saúde da infância, preocupado com sua atuação política em âmbito nacional.

A década de 1930 representou um marco na política social brasileira. Independentemente das diferentes razões que teriam levado a política de Vargas a interferir na problemática social, sem dúvida, podem ser verificados grandes avanços em termos de legislação social no Brasil nessa época.

A promoção do bem-estar, a saúde, o desenvolvimento e a educação da criança, na condição de construir uma nação composta de "cidadãos fortes e capazes", integram as ações de um Programa de Reconstrução Nacional, em que a educação escolar, a saúde e a cultura apareciam como prioridades políticas e ideológicas. A questão que se coloca é: qual o ponto de partida da execução desse Programa? Com essa intenção, Vargas criou, pelo Decreto nº 19.402, de 14 de novembro de 1930, o Ministério dos Negócios da Educação e Saúde, um dos primeiros atos do Governo Provisório após a posse em 3 de novembro.

Os três primeiros ministros do Ministério da Educação e Saúde foram mineiros. O primeiro foi Francisco Campos[39]. Em 16 de setembro de 1932, outro mineiro assumiu o ministério: Washington Pires. Em 25 de julho de 1934, este seria substituído por Gustavo Capanema, igualmente representante de Minas Gerais, que fez uma longa gestão na pasta até 1945.

---

[39] Francisco Luís da Silva Campos nasceu em Dores do Indaiá (MG), em 1891. Advogado e jurista, formou-se pela Faculdade Livre de Direito de Belo Horizonte, em 1914. Em 1919, iniciou sua carreira política elegendo-se deputado estadual em Minas Gerais, na legenda do Partido Republicano Mineiro (PRM). Dois anos depois, chegou à Câmara Federal, reelegendo-se em 1924. Nessa época já defendia as posições antiliberais que o projetariam anos mais tarde e manifestou-se firmemente contra a atuação da jovem oficialidade militar, os "tenentes", que combatiam o Governo Federal pelas armas. Em 1930, participou das articulações que levaram ao movimento armado de outubro daquele ano, que pôs fim à República Velha. Com a posse do novo regime, assumiu a direção do recém-criado Ministério da Educação e Saúde, credenciado por sua atuação à frente dos assuntos educacionais de Minas. Promoveu, então, a reforma do ensino secundário e universitário no país. Deixou o ministério em setembro de 1932. No ano seguinte, disputou sem sucesso, como candidato avulso, uma cadeira na Assembleia Nacional Constituinte por Minas Gerais. Transferiu-se em seguida para o Rio de Janeiro, sendo nomeado consultor-geral da República, em novembro de 1933. Ver www.cpdoc.fgv.br/nav_historia/htm/biografias/ev_bio_franciscocampos.htm.

É no início da gestão de Gustavo Capanema, em 1934, que, como se afirmou antes, foi criada a Divisão de Proteção à Maternidade e à Infância, diretamente ligada ao Ministério da Educação e Saúde Pública, extinguindo-se, assim, a antiga Inspetoria de Higiene Infantil (Decreto nº 24.278, de 22 de maio de 1934).

"O grande fantasma a ser exorcizado" (Souza, 2000, p. 222) foi a mortalidade infantil. Para concretizar o projeto nacionalista, o poder público, com a cooperação da iniciativa particular, passou a assumir como sua meta social a tarefa de zelar pela saúde e pelo desenvolvimento físico e mental das gerações futuras.

Mas o que ficou de emblemático para a história da educação infantil foi o ordenamento legal, aprovado entre 1937 e 1940. O Ministério da Educação e Saúde Pública se reorganizou, criando o Instituto Nacional de Pedagogia e o Instituto Nacional de Puericultura; e, mais à frente, em 1940, foi criado o DNCr, como já se disse anteriormente, desta feita como órgão público. Embora a criação desses órgãos possa representar algo de novo na propositura do Estado em relação às políticas públicas para a infância no Brasil, percebe-se certa continuidade na história das políticas tanto no que diz respeito às diretrizes como na permanência de determinados dirigentes públicos que permaneceram no poder desses órgãos.

No contexto inicial do Estado Novo, por meio de uma única lei, em conjunto com o ministro da Educação e Saúde Pública, Gustavo Capanema, e o ministro da Fazenda, Arthur de Souza Costa, Vargas assinou, em 13 de janeiro de 1937, a Lei nº 378, que dava nova organização ao Ministério da Educação e Saúde Pública, que passou a denominar-se Ministério da Educação e Saúde, sendo estruturado em dois órgãos de administração especial: o Departamento Nacional de Educação e o Departamento Nacional de Saúde, que têm as seguintes divisões a eles subordinados:

Quadro 1 – DEPARTAMENTO NACIONAL DE EDUCAÇÃO

DEPARTAMENTO NACIONAL DE EDUCAÇÃO
Divisão de Ensino Primário
Divisão de Ensino Industrial
Divisão de Ensino Comercial
Divisão de Ensino Doméstico
Divisão de Ensino Secundário

DEPARTAMENTO NACIONAL DE EDUCAÇÃO
Divisão de Educação Extraescolar
Divisão de Educação Physica
DEPARTAMENTO NACIONAL DE SAÚDE
Divisão de Saúde Pública
Divisão de Assistência Hospitalar
Divisão de Assistência Psychopatas
Divisão de Amparo à Maternidade e à Infância

Fonte: o autor

A referida lei, no Capítulo III, que tratava dos órgãos de execução do Ministério, criou, no art. 39, o Instituto Nacional de Pedagogia – destinado a realizar pesquisas sobre os problemas do ensino, em seus diferentes aspectos – e, no art. 54, o Instituto Nacional de Puericultura – destinado a realizar estudos, inquéritos e pesquisas sobre problemas relativos à maternidade e à saúde da criança. O art. 60 da mesma lei criou, ainda, o serviço de Puericultura do Distrito Federal para atender às necessidades relativas ao amparo à maternidade e à saúde da criança.

Em 1940, pelo Decreto-Lei nº 2.024, de 17 de fevereiro, foram fixadas as bases da organização da proteção à maternidade, à infância e à adolescência em todo o país, sendo criado o DNCr como órgão do Ministério da Educação e Saúde e diretamente subordinado ao ministro de Estado (art. 4º), extinguindo a Divisão de Amparo à Maternidade e à Infância do Departamento Nacional de Saúde (art. 22). O DNCr tinha o objetivo de normatizar nacionalmente o atendimento ao binômio mãe-filho e combater a mortalidade infantil. Mário Olinto, seu primeiro diretor, projetou para o Departamento representações nos diversos estados da federação: os Departamentos Estaduais da Criança. Planejou e organizou os Cursos de Puericultura e Administração, destinados à formação de puericultores nos serviços regionais. Os profissionais que concluíam o curso, ao retornarem aos estados de origem, assumiam coordenações ou chefias dos Postos de Puericultura. Esse curso era ministrado no Hospital Artur Bernardes, atual Instituto Fernandes Figueira, da Fundação Oswaldo Cruz. Nessa mesma época, Mário Olinto remodelou esse Hospital, vinculando-o ao próprio DNCr.

"Será o Departamento Nacional da Criança o supremo órgão de coordenação de todas as atividades nacionais relativas à maternidade, à infância e à adolescência" (art. 5º do Decreto-Lei nº 2.024/1940). De 1940 a 1953, o DNCr foi órgão integrante do Ministério da Educação e Saúde. Em 1953, com a criação do Ministério da Saúde, passou para esse novo Ministério.

Em sua trajetória, o DNCr configurou-se de diferentes maneiras para atingir seus objetivos. Em 1940 funcionava com a seguinte estrutura:

- Divisão de Cooperação Federal (DCF)
- Divisão de Proteção Social da Infância (DPSI)
- Cursos do DNCr (CDNCr)
- Instituto Fernades Filgueiras (IFF)
- Serviço de Administração (AS)

Em 1941, o DNCr passou a incorporar em sua estrutura o Instituto Nacional de Puericultura, o Hospital Artur Bernardes e o Instituto de Puericultura da Universidade do Brasil (Decreto-Lei nº 3.775, de 30 de outubro de 1941). Nessa ocasião, pelo mesmo Decreto, ficou legalmente instituída a Conferência Nacional de Proteção da Infância, a ser realizada periodicamente por convocação do presidente da República (art. 10).

Em 24 de maio de 1948, pela Lei nº 282, o DNCr passou a possuir a seguinte estrutura:

I. Divisão de Organização e Cooperação (DOC), que compreende:

   a. Seção de Higiene da Maternidade e da Infância (SHMI);

   b. Seção de Auxílio e Fiscalização (SAF);

II. Divisão de Proteção Social (DPS), que compreende:

   a. Seção de Orientação Social (SOS)

   b. Seção de Auxílio às Obras Sociais (SAOS)

III. Instituto Fernandes Figueiras (IFF);

IV. Cursos do Departamento Nacional Criança (CDNCr); V – Serviço de Educação e Divulgação (SED);

V. Serviço de Estatística (SE);

POLÍTICAS PARA A EDUCAÇÃO DA INFÂNCIA NO BRASIL NOS ANOS 1950/1960

VI. Delegacias Federais da Criança (DFCr); VIII - Serviço de Administração, que compreende:

a. Seção de Pessoa (SP);

b. Seção de Material (AM);

c. Seção de Orçamento (SO);

d. Seção de Comunicações (SC);

e. Biblioteca (B);

f. Portaria (P).

Desde sua criação, o DNCr previa uma rede de atuação em todo o país, para a proteção à maternidade, à infância e à adolescência. Aos estados cabia a organização, em seu território, com recursos próprios e com o auxílio federal, de um sistema de serviços destinado à realização das diferentes modalidades de proteção a crianças, adolescentes e suas mães. Da mesma forma aos municípios, com os recursos de que podiam dispor, cabia a organização dos serviços de proteção à maternidade, à infância e à adolescência. Aqui cabe repetir o que já afirmei no capítulo anterior: o Departamento Nacional da Criança foi, se não o mais importante, o mais propositor de uma política de assistência à maternidade e à infância no Brasil.

Atuando em rede, o DNCr funcionava nos anos de 1950 com seis Delegacias Federais da Criança, com sede nas seguintes capitais: 1ª Região – Belém, 2ª Região – Fortaleza, 3ª Região – Recife, 4ª Região – Salvador, 5ª Região – São Paulo, 6ª Região – Porto Alegre.

Entre as ações desenvolvidas pelo DNCr merecem destaque suas publicações; em especial, as que integram a denominada *Coleção DNCr*, que são usadas nesta pesquisa como fontes primárias para uma compreensão do que foi proposto como política pública para as crianças no Brasil nos anos de 1950/1960. Mais especificamente, os números[40]:

143 – *Livro das mães,* de 1962, 6ª edição;

---

[40] Vale observar que, na pesquisa que fiz na biblioteca do Ministério da Saúde, em Brasília, em 2007, não encontrei grande parte da *Coleção DNCr*. Como os números encontrados são todos centesimais (143; 150; 151 e 161), suponho que nessa coleção integravam-se inúmeras outras publicações. "O livro é um instrumento e, portanto se gasta, como todo instrumento" (Azevedo 1945, p. 17) que se usa. Esses livros possivelmente foram gastos; suponho que ou pelo tempo ou pelo uso, ou simplesmente foram extraviados como, aliás, se pode conjeturar, uma vez que a referida biblioteca se transferiu do Rio de Janeiro para Brasília, certamente no início dos anos 1960.

147– *Escolas maternais e Jardins de Infância,* de 1954; 150 – *Objetivo e Prática da Colocação Familiar,* de 1956; 151 – *Creches,* de 1956; 161 – *Clubes de Mães da Campanha Educativa,* de 1960.

Em 1942, por iniciativa do ministro Gustavo Capanema, foram realizadas modificações nos vários segmentos do ensino – a Reforma Capanema – que receberam o nome de Leis Orgânicas do Ensino, sendo compostas dos seguintes Decretos-Lei, durante o Estado Novo:

- Decreto-Lei nº 4.048, de 22 de janeiro, que criou o Serviço Nacional de Aprendizagem Industrial (SENAI);
- Decreto-Lei nº 4.073, de 30 de janeiro, que regulamentou o ensino industrial;
- Decreto-Lei nº 4.244, de 9 de abril, que regulamentou o ensino secundário;
- Decreto-Lei nº 4.481, de 16 de julho, que dispôs sobre a obrigatoriedade de os estabelecimentos industriais empregarem um total de 8% correspondente ao número de operários e matriculá-los nas escolas do SENAI;
- Decreto-Lei nº 4.436, de 7 de novembro, que ampliou o âmbito do SENAI, atingindo também o setor de transportes, das comunicações e da pesca;
- O Decreto-Lei nº 4.984, de 21 de novembro, que compeliu as empresas oficiais com mais de 100 empregados a manterem, por conta própria, uma escola de aprendizagem destinada à formação profissional de seus aprendizes.

Nesse período, o ensino ficou estruturado da seguinte forma: cinco anos de curso primário, quatro de curso ginasial e três de colegial, podendo ser na modalidade clássica ou científica (Piletti, 1996).

A Reforma Capanema, por meio do Decreto-Lei nº 6.141, de 28 de dezembro de 1943, regulamentou o ensino comercial. Ressalte-se, aqui, no entanto, que o Serviço Nacional de Aprendizagem Comercial (SENAC) só foi criado em 1946, após, portanto, o período do Estado Novo, época em que, pelo Decreto-Lei nº 8.530, de 2 de janeiro 1946, foi aprovada também a Lei Orgânica do Ensino Normal.

Em 1944, começou a ser publicada a *Revista Brasileira de Estudos Pedagógicos*, órgão de divulgação do INEP.

Constato que a conhecida Reforma Capanema, por meio de suas Leis Orgânicas, não contemplou a educação infantil (creches, escolas maternais, jardins de infância), que já existia nas redes escolares públicas e privadas, mesmo que timidamente. Nem mesmo na lei que trata especificamente da formação de professores, a Lei Orgânica do Ensino Normal, é mencionada a formação de professores, recreadoras ou quaisquer outros profissionais para atuarem com as crianças pequenas.

4.6 Campanha Educativa

Assim denominava-se o programa de educação do Departamento Nacional da Criança do Ministério da Saúde, que fora operacionalizado pela Divisão de Proteção Social. Este estabelecia um conjunto de ações, com Clubes de Mães e paralelamente a outros programas do ministério, entre eles o Programa Alimentar, que distribuía leite para as mães/filhos, mas não desenvolvia uma ação educativa com aquelas que eram beneficiadas. O que para muitos técnicos do DNCr teria um efeito limitado, se essas mães não fossem orientadas a utilizarem, de modo adequado, a alimentação recebida e a cercarem os filhos dos cuidados necessários (Lima Junior, 1962)[41].

Essa ideia de complementaridade era a opinião de Getúlio Lima Junior, diretor-geral do DNCr, no governo João Goulart, expressa no relatório de 1961-1962, que mostra que a Campanha Educativa do departamento se justificava a partir de diferentes pontos de vista. Muito embora o pensamento de que o baixo nível socioeconômico das mães exigia que fossem desenvolvidas outras ações de saúde e puericultura, concomitantemente, com as ações educativas, com o intuito de lhes proporcionar melhoria em suas condições de vida (uma tônica nas políticas do setor desde os anos de 1940), verifica-se nos documentos que para alguns técnicos, dirigentes do Ministério da Educação e Saúde, a Campanha Educativa era uma ação complementar a outras ações e, para outros, os diferentes programas do DNCr é que seriam um complemento, o que, nesse caso, dava uma certa centralidade à Campanha Educativa.

---

[41] Já em 1943, na primeira edição do livro *Puericultura (higiene alimentar e social da criança)*, o professor Gesteira dedicou um capítulo com o título "A luta contra a ignorância. Campanha Educativa". A tônica era a difusão em larga escala das noções de puericultura, na educação das mães e futuras mães para ajudá-las a criar bem os filhos.

Nos anos 1950/1960, o termo Campanha foi largamente utilizado pelos órgãos públicos do Governo Federal ao elaborarem programas e projetos na área de educação e saúde.[42] A Campanha Educativa do DNCr, iniciada em 1951, foi parte integrante de um programa desse órgão, por meio de sua Divisão de Proteção Social e de Delegacias Regionais com a colaboração do Fundo Internacional de Socorro à Infância (FISI)[43].

A supervisão da Campanha Educativa cabia à Divisão de Proteção Social e sua direção às Delegacias Federais da Criança. Nos estados do Rio Grande do Norte, Paraíba e Alagoas, a administração estava sob a responsabilidade dos executores DNCr – FISI. As Delegacias tinham uma coordenadora regional e a Divisão de Proteção Social, uma supervisora geral. Em cada estado existia uma equipe composta de coordenadoras e educadoras. As equipes, em geral, eram formadas por pessoal selecionado entre portadores de títulos que mais se ajustassem ao que iam realizar na Campanha (Brasil, 1960).

O objetivo da Campanha Educativa do DNCr era o de formar uma mentalidade voltada para o bem-estar da criança, evitar a mortalidade infantil e materna, fortalecer a vida familiar, elevar o nível social e despertar e estimular o amor à terra. De acordo com o documento "Clube de Mães da Campanha Educativa" (Brasil, 1960), a inclusão da Campanha Educativa nas ações do DNCr se justificava pelo reconhecimento de que o bem-estar da criança depende de sua situação global, tornando-se, por conseguinte, indispensável que, ao lado da assistência médica e alimentar, se cuidasse também de esclarecer as mães quanto aos cuidados da criança e se proporcionassem meios para melhorar as condições sociais das populações beneficiadas. Essa concepção de que o bem-estar da criança depende de

---

[42] No caso específico da educação, ver www.inep.gov.br: Campanha de Inquéritos e Levantamentos do Ensino Médio e Elementar (CILEME) e Campanha do Livro Didático e Manuais de Ensino (CALDEME) – 1953; Campanha de Aperfeiçoamento e Difusão do Ensino secundário – 1953; Campanha Nacional de Merenda Escolar – 1955; Campanha Nacional de Erradicação do Analfabetismo – 1958; Campanha de Educação Popular – 1962; Campanha Nacional de Educação Rural – 1963; Campanha de Educação de Adultos e Adolescentes – 1963, entre outras. As "campanhas" tinham um caráter emergencial e buscavam superar a morosidade da burocracia do Estado no que tange estrutura, gerenciamento, alocação de verbas e aparelhamento político partidário. Destaca-se que esse caráter emergencial não impossibilitou o prolongamento de várias campanhas, tendo por fim sua incorporação a outras estruturas ou sua elevação a categorias com caráter mais duradouro.

[43] O FISI foi a agência das Nações Unidas que teve como objetivo promover a defesa dos direitos das crianças, ajudar a dar resposta às suas necessidades básicas e contribuir para seu pleno desenvolvimento. Foi fundado em dezembro de 1946 e criado para ajudar as crianças que viviam na Europa e que sofreram com a Segunda Guerra Mundial. Em 1949, coube à Divisão de Proteção Social do Departamento Nacional da Criança elaborar o programa para a assistência do FISI no Brasil – o Plano DNCr/FISI. O programa original compreendia sete partes: nutrição; medicamentos; equipamentos de obras de proteção à maternidade e à infância; vacinação; conservação de leite em pó; treinamento de pessoal auxiliar e Campanha Educativa.

sua *situação global*, que vai além da assistência médica e alimentar, já estava presente nas ações do DNCr durante os anos que antecederam a separação da saúde do antigo Ministério da Educação e Saúde, até 1953, e tem sua continuidade no Ministério da Saúde durante as décadas de 1950 e 1960. As ações educativas aparecem sempre como estratégias dos programas de saúde para a infância e a maternidade nesse período, mesmo depois da separação do Ministério da Educação e Saúde em dois ministérios específicos para cada área.

Dois tipos de trabalho foram planejados para que a Campanha Educativa do DNCr atingisse sua finalidade: um voltado para toda a comunidade e outro, de âmbito mais restrito, que funcionaria com entidades de proteção à maternidade e à infância.

No primeiro, a Campanha Educativa se concretizava pela divulgação de preceitos de higiene, puericultura etc. e era realizada por equipes volantes devidamente aparelhadas. No segundo, a concretização das ações se dava pelos Clubes de Mães.

Ambas as ações baseavam-se nos seguintes fundamentos: 1 – reconhecimento do direito que tem o ser humano de desfrutar condições de vida compatíveis com a sua natureza (em linguagem de Serviço Social, respeito à dignidade humana); 2 – reconhecimento da capacidade que tem o ser humano de modificar-se, de aperfeiçoar-se, se lhe forem oferecidas oportunidades para isso; 3 – reconhecimento de que o bem-estar da criança depende de sua situação global, que envolve aspectos morais, médicos, sanitários, econômicos e sociais; 4 – reconhecimento de que somente pela família, e pelo fortalecimento desta, esse bem-estar pode ser assegurado; 5 – reconhecimento de que todo programa que não for alicerçado em forças da própria comunidade onde atua será artificial, terá vida limitada e resultados duvidosos (Brasil, 1960). Além do próprio nome da Campanha, seus fundamentos evidenciam a conotação educativa, embora baseada na prática do Serviço Social. Como pode ser constatado no texto do documento do DNCr (Brasil, 1960, p. 6), que assim consigna:

> Pela modalidade do trabalho desenvolvido, a Campanha Educativa fundamenta-se, pois, na filosofia do Serviço Social e procura utilizar na execução de suas atividades os princípios técnicos de Serviço Social de Grupo e da Comunidade. Utiliza-se dos princípios do Serviço Social de Grupo porque o campo de realização social do homem é o grupo e o seu aperfeiçoamento só se realiza satisfatoriamente subordinado à adaptação ao meio.

Por demandar equipamento adequado e vultosas somas de recursos, o primeiro tipo de trabalho demorou a ser concretizado e suas ações ficaram, muitas vezes, atreladas às do Programa Clube de Mães, que foi a ação de maior importância da Campanha Educativa do DNCr.

4.6.1 Clube de Mães

O presidente Juscelino Kubitschek, em mensagem ao Congresso Nacional por ocasião da abertura da sessão legislativa de 1956, no item "Ação do Estado no Setor da Saúde", assim escreve sobre o DNCr: "Mantiveram-se, em 1955, no mesmo ritmo de progresso, as atividades deste setor da administração pública, que tem a seu cargo a importante tarefa de orientar os trabalhos de proteção à maternidade e à infância".

Continuou o DNCr desenvolvendo sua Campanha Educativa, tendo introduzido um fator mais objetivo e dinâmico em suas atividades, com a organização de Clubes de Mães, com estas finalidades: formar no país uma mentalidade voltada para o bem da criança; evitar a mortalidade materno-infantil; fortalecer a vida familiar; elevar o nível social e estimular a fixação do homem à terra (Kubitschek, 1956).

Para JK, a organização do Clube de Mães é o fator mais objetivo e dinâmico da Campanha Educativa do DNCr.

O Clube de Mães se revestia de características próprias, embora fundamentadas nas bases da Campanha Educativa. Destacam-se, entre outras, as atividades que visavam ministrar conhecimentos e habilidades novas, servindo como instrumento de valorização e de desenvolvimento da personalidade de seus membros, e a participação ativa da comunidade e dos próprios membros do Clube no planejamento, organização e seu funcionamento (Brasil, 1960).

O Clube de Mães era compreendido como um instrumento básico de proteção à maternidade e à infância da Campanha Educativa do DNCr. Tinha por finalidade imediata garantir o melhor aproveitamento dos serviços médicos assistenciais oferecidos e, por meio da vida em grupo, desenvolver a personalidade das mães, com base no reconhecimento da capacidade que tem o indivíduo e o grupo de melhorarem e se aperfeiçoarem contribuindo com a melhoria das condições de vida.

Caracterizava-se como uma ação complementar que aproveitava os recursos locais existentes:

> Uma das características do Clube de Mães da campanha Educativa é que o mesmo não deverá constituir uma entidade isolada, mas que funcione ao lado de instituições já existentes, como Postos de Puericultura, Maternidades, Associações de Proteção à Maternidade e à Infância, Obras Paróquias de Assistência ou outras, complementando os seus serviços de assistência à mãe e à criança (Brasil, 1960, p. 65).

Dos oito objetivos traçados pelo DNCr para o Clube de Mães, dois referiam-se diretamente à família: "despertar nas mães a consciência da responsabilidade social decorrente de sua missão como esposas e mães e orientá-las quanto aos direitos e deveres da família, relação dos seus membros entre si, união na defesa dos direitos da família". Outros dois estavam diretamente ligados a questões da maternidade: "responsabilidade pelos cuidados pré-natais e levá-las a compreender as vantagens da frequência regular ao Posto de Puericultura ou outros serviços materno-infantis e suscitar-lhes o interesse pelos problemas da criança e da sua educação". Os demais eram ligados à formação social daquelas mulheres:

> [...] incentivar-lhes o gosto pelo trabalho e indicar-lhes os meios de realizá-lo de maneira agradável e produtiva; proporcionar-lhes orientação na medida das suas necessidades, considerando casos de desajustamento, encaminhando-as aos Serviços Sociais existentes no Posto de Puericultura ou na Comunidade; estimulá-las à cooperação ativa, despertar-lhes a responsabilidade através do desenvolvimento de atividades práticas e da participação na diretoria dos Clubes, interessá-las pela promoção dos meios necessários à sua manutenção; facilitar-lhes o aproveitamento e criação de recursos sociais na Comunidade, de acordo com as necessidades individuais e coletivas (Brasil, 1960, p. 8).

Pelos documentos encontrados sobre os Clubes de Mães nos arquivos do Ministério da Saúde, constata-se seu caráter de complementaridade a outras ações do Ministério da Saúde e articulação com outras entidades. A Campanha Educativa do DNCr se desenvolveu conseguindo manter entrosamento com várias outras instituições públicas e comunitárias, entre elas: prefeituras, Associação Nordestina de Crédito e Assistência Rural (ANCAR), Bandeirantes, Campanha Nacional de Educação Rural (CNER), Departamento Nacional de Endemias Rurais (DNERu), LBA, Serviço Especial de Saúde Pública (SESP), Serviço Social Rural (SSR), SENAI etc. (Brasil, 1960).

Por meio de representações estaduais[44], utilizando-se de documentos e treinamentos, o DNCr procurava orientar a implantação dos Clubes de Mães na perspectiva de um trabalho educativo comunitário. Sendo a Campanha Educativa orientada pelos princípios e pelas técnicas do Serviço Social, considerava-se indispensável que houvesse receptividade da população com relação ao Programa, o que implicaria a participação ativa na execução das atividades.

O ponto de partida era a mobilização da comunidade e a consequente participação. O Clube de Mães contava com a participação ativa da comunidade, que, por meio de seu envolvimento, daria apoio:

> [...] não só moral, mas também material e financeiro que o Clube receberá das pessoas do lugar, como também as suas atividades assumirão características mais regionais e se constatará melhor desenvolvimento das diversas partes do programa (Brasil, 1960, p. 9).

O Clube deveria funcionar de preferência com obras de proteção à maternidade e à infância, sendo considerado um complemento educativo da referida entidade. Por esse posicionamento, evidencia-se a concepção do DNCr de que as obras de proteção às mães e às crianças eram vistas como educativas e que o Clube de Mães tinha uma função complementar.

O DNCr oferecia um auxílio financeiro para a manutenção do Clube, mas este deveria contar com a colaboração da comunidade, de órgãos oficiais e municipais, de associações de classe e de particulares. "Essa base econômica dependerá em grande parte, como decorrência natural, do grau de receptividade e interesse que o programa tiver conquistado no meio comunitário" (Brasil, 1960, p. 11).

Para implantar um Clube de Mães era necessário um mínimo de oito sócias. A programação do Clube era desenvolvida por atividades educativas e recreativas, as quais eram planejadas em conjunto com as próprias sócias para que viessem a satisfazer suas necessidades, mantendo-as, assim, no grupo pela motivação:

> [...] auscultar as pulsações da comunidade, descobrindo suas necessidades, possibilidades e receptividade oferecidas à organização do Clube de Mães. Nunca expressar opiniões referentes à comunidade antes de ouvir o que dizem sobre sua cidade e sobre si mesmos (Brasil, 1960, p. 12).

---

[44] O DNCr possuía sete Delegacias Federais da Criança: 1ª Região, em Belém; 2ª Região, em Fortaleza; 3ª Região, em Recife; 4ª Região, em Salvador; 5ª Região, em São Paulo; 6ª Região, em Porto Alegre e 7ª Região, em Belo Horizonte.

Na perspectiva de uma educação comunitária que respeitasse a população das comunidades locais antes de instalar um Clube de Mães, a orientação era fazer um estudo do meio. A ênfase dada era conhecer a comunidade, suas necessidades e recursos existentes, observar a cultura local nas múltiplas variações e o grau de receptividade e incentivar o povo para o trabalho.

Ainda nesse sentido, ressalta-se a afirmação constante no documento do DNCr de que "não é necessário ao povo ser bastante instruído para poder participar conscientemente nas discussões comunitárias" (Brasil, 1960, p. 14).

A ideia-força que merece destaque era a de que o Clube de Mães *será delas e não para elas* (Brasil, 1960). Reforçava-se a visão de que as mães teriam a oportunidade de realizar coisas que desejassem e que "sozinhas não podem levar a efeito, mas que a colaboração mútua lhes vai proporcionar, o ensejo de trocar de experiências e de adquirirem novos conhecimentos e habilidades" (Brasil, 1960, p. 19).

A Igreja Católica, talvez, tenha sido a maior parceira do DNCr no Programa do Clube de Mães em muitos estados e municípios. Isso fica exposto nos relatórios que o DNCr recebia dos Clubes, descrevendo a situação local e o envolvimento de órgão nas ações do Programa desde sua implantação, como aparece no relatório a seguir, ao tratar do contexto de uma cidade que, após a mobilização dos técnicos do Ministério da Saúde por meio da sua Delegacia Regional, planejava a implantação de um Clube de Mães:

> No setor educacional, dispõe de um Colégio para moças, dirigido por irmãs, e, para rapazes, um pertencente à Paróquia, que, apesar de ainda não concluído, já está em funcionamento. O ensino primário é ministrado através de uma escola paroquial.
> A situação médico-assistencial é precária, pois havendo fechado o Posto de Puericultura, a classe pobre conta apenas, neste setor, com uma farmácia- ambulatório e três lactários, localizados em diversos pontos da cidade.
> A Igreja constitui o centro de interesse do lugar e as atividades religiosas resumem a vida da cidade, cujo progresso, parece haver paralisado há dezenas de anos. Seus habitantes, embora se revelem conservadores, sem podermos deduzir se, por conformismo, displicência ou comodismo, demonstram uma boa vontade a toda prova e estão prontos a colaborar com as iniciativas do Padre, que atua na comunidade como verdadeiro líder. Graças ao seu espírito empreendedor, estão se mantendo as instituições que citamos acima e outras vão surgindo.

> Tendo em vista todas estas considerações, podemos concluir que a criação de um Clube de Mães em cidade desta natureza só poderá trazer benefícios incalculáveis às classes menos favorecidas e mais abastadas do lugar.
> A primeira, através da assistência material e educacional ali dispensada e a segunda, estimulando sua participação em empreendimentos que visem o progresso local. Vale ressaltar o fato de que a cidade acima mencionada, a fase de preparação foi executada pelo vigário local, que recebera, anteriormente, em entrevistas na Sede da Campanha educativa, orientação devida (Brasil, 1960, p. 23).

No texto anterior, aparecem elementos que podem ser esclarecedores sobre os Clubes de Mães como uma proposta de educação comunitária e desenvolvimento local do DNCr. Em primeiro lugar, a importância da Igreja na operacionalização do Programa. O DNCr recrutava párocos como líderes comunitários capazes de implementar os Clubes em suas paróquias. Nota-se pelo relato que a Igreja constituía o centro de interesse local da cidade em questão, situação muito comum à época. A descrição citada registra a precariedade do atendimento médico-assistencial na cidade, outro lugar comum naquele momento da história brasileira. Pode-se inferir que as classes menos favorecidas ocupavam o lugar de beneficiárias dos Clubes de Mães e as classes mais abastadas eram conclamadas a participar na perspectiva de sua contribuição com o progresso local. Na breve análise que é feita no relatório sobre o progresso da cidade, constata-se que este está paralisado há anos. Ressalta-se, todavia, a boa vontade da população que, embora conservadora, conformista, displicente ou comodista por vezes, em conformidade com o texto, se colocava apta a criar um Clube de Mães com o apoio do pároco da cidade.

Diferentemente do que o DNCr propunha para as creches, nos Clubes de Mães da Campanha Educativa estava prevista a participação de voluntários[45]. Eram considerados voluntários todos os que direta ou indiretamente se prontificavam a colaborar, que contribuíam ou financeiramente para a manutenção do Clube ou prestigiavam o trabalho, com apoio moral, estimulavam e incentivavam sua continuidade, participando das festividades ou outras realizações. Eram elementos que se responsabilizavam pela continuidade do trabalho:

---

[45] O DNCr em 1956, por meio do livro *Creches: Organização e Funcionamento*, propôs uma equipe de profissionais para trabalhar nas creches (médico, enfermeira, assistente social, entre outros).

> Tanto nas cidades, onde as autoridades colaboram, como nas outras em que se lança mão de pequenos grupos, a técnica visa ao recrutamento de voluntários, interessados pelo Clube de Mães e, consequentemente, pelo desenvolvimento de sua cidade, estabelecendo-se o inter-relacionamento de grupos, organizando-se comissões de representantes dos diversos grupos da comunidade, o que denominamos de Comissão Patrocinadora (Brasil, 1960, p. 18).

Há nesse trecho do documento, além da instituição do voluntariado como uma técnica, uma correlação entre esse voluntariado e o desenvolvimento da cidade, o que qualifica a participação no trabalho com as mães como uma questão de desenvolvimento local.

Os voluntários eram orientados e treinados pelos técnicos da Campanha Educativa, que visava "principalmente à formação de uma mentalidade social, baseada no reconhecimento das possibilidades humanas e no maior desenvolvimento das comunidades" (Brasil, 1960, p. 51).

Os Clubes de Mães do interior recebiam visitas de supervisão, feitas por uma técnica da capital que era chamada de educadora. A frequência das supervisões era determinada pelas necessidades ou situações de cada clube. Nas viagens, a educadora realizava reuniões com as sócias beneficiadas, Comissão Patrocinadora e colaboradores. Nessas visitas de supervisão, a educadora aproveitava para visitar sócias puérperas.

Havia no DNCr a seguinte estrutura hierárquica para a Campanha Educativa que comportava os Clubes de Mães: Supervisão Geral, Coordenação Regional, Coordenação Estadual, Equipes de Educadoras, Voluntários e Sócias (Brasil, 1960). Para os cargos de Supervisão Geral, Coordenadoras Regionais e Estaduais, o DNCr exigia o título de assistente social. Eram requisitos indispensáveis à natureza do trabalho: boa saúde, idoneidade moral, possibilidade de viajar constantemente, facilidade de relacionamento e adaptação ao meio, equilíbrio emocional, preparo intelectual – um mínimo de cultura geral, capacidade de falar em público, boa redação e otimismo. As candidatas passavam por um estágio que consistia em visitas aos Clubes de Mães; somente depois faziam uma prova de seleção e uma entrevista para avaliação. Não há registro nos documentos encontrados sobre quem eram as educadoras, mas pelos relatórios dessas técnicas supõe-se que eram assistentes sociais e/ou enfermeiras. Toda a equipe, desde o nível nacional até os voluntários dos Clubes de Mães, era treinada e orientada pelos técnicos do DNCr.

O trabalho desenvolvido pelos muitos clubes implantados pelo país consistia em atividades variadas, tornando-se um centro de interesse das sócias.

Em reuniões semanais, atraídas por atividades de seu interesse imediato, como corte e costura, arte culinária etc., as sócias dos clubes recebiam noções de puericultura, higiene, educação sanitária, alimentação, economia doméstica, atividades rurais (horticultura, avicultura, criação de pequenos animais); recreação; socializavam-se; exerciam o espírito de iniciativa; tomavam consciência de seus deveres e direitos; em suma, desenvolviam suas potencialidades, alargavam suas possibilidades (Lima Jr., 1962).

De acordo com as possibilidades e circunstâncias locais, o Programa compreendia três partes: Educativa, Recreativa e Orientação, divididas em dois planos, teórico e prático, constantes de (Lima Jr., 1962):

1. Puericultura
2. Higiene
3. Alimentação
4. Economia doméstica
5. Horticultura
6. Avicultura
7. Educação familiar, social e cívica
8. Recreação

Nos anos 1960, essas atividades foram agrupadas em: práticas médico-higiênicas, práticas educativas e práticas sociais.

Os Clubes de Mães da Campanha Educativa do DNCr se espalharam por todo o país no final dos anos 1950 e início dos anos 1960 e funcionaram em colaboração com os estados por meio das Delegacias Regionais do DNCr. Nas capitais dos estados surgiu o maior número de clubes. Cada clube contava com uma estrutura mínima estabelecida pelo DNCr, que exigia receptividade da comunidade em relação ao Programa; uma sede, local adequado com o equipamento necessário para o bom desenvolvimento do trabalho; um número mínimo de sócias para que fosse organizado o clube; e a participação das associadas no planejamento (Lima Jr., 1962). Dava-se ênfase às atividades desenvolvidas como resposta a desejos e necessidades das sócias. Era considerada imprescindível na organização a existência de um elemento dirigente capaz de conduzir o grupo e orientá-lo, liderando-o de maneira mais democrática possível. Os clubes contavam com fichas individuais com dados pessoais e da família de cada sócia, dando visão geral de sua situação socioeconômica; fichas de chamada destinadas a documentar a frequência das sócias em cada reunião; mapas diários com dados referentes ao movimento de cada reunião: sócias presentes, novas admissões, cancelamentos, total de matrículas e atividades desenvolvidas no dia; livro-caixa com o movimento financeiro do clube; relatórios mensais. Todos os clubes remetiam às Sedes da Campanha em cada estado relatório mensal baseado nos apontamentos dos mapas diários, que, além da parte estatística, continha anotações sobre dificuldades e sugestões apresentadas pela dirigente do clube, submetidas à consideração da coordenação estadual (Lima Jr., 1962).

Com esse Programa, o DNCr e sua DPS, órgãos do Ministério da Saúde, fizeram funcionar uma verdadeira rede – Campanha Educativa do DNCr, que articulava as Coordenadorias Estaduais, Delegacias Regionais e os Clubes de Mães. A Campanha, utilizando-se da estrutura do Ministério, teve sedes nos estados e nas Delegacias Regionais. No final de 1965, o DNCr havia implantado 950 Clubes de Mães e contabilizava 22.946 mães matriculadas (Brasil, 1965).

Em 1967, o DNCr realizou, no Rio de Janeiro, o Primeiro Congresso Interamericano de Educação Pré-Escolar, do qual retirou as ideias necessárias para elaboração do Plano de Assistência ao Pré-Escolar, documento que apresentou propostas de educação em massa de crianças e que marcou as diretrizes elaboradas pelo MEC durante as décadas de 1970 e 1980 para a educação pré-escolar (Rosemberg, 1992a).

4.7 Instituição escolar é uma coisa. Pré-escolar será outra

A *Revista Brasileira de Estudos Pedagógicos*, do INEP, v. XXXVIII, n. 38, de 1962, publicou na íntegra a palestra proferida pelo professor Lourenço Filho (1945) no encerramento da Semana de Estudos em preparação à 9ª Assembleia Geral da OMEP, realizada no Instituto de Educação de Belo Horizonte, em maio daquele ano. Dessa Semana de Estudos participaram "eminentes administradores, sábios pesquisadores do comportamento infantil e didatas tão pacientes como amorosos do seu trabalho" (Lourenço Filho, 1945, p. 2).

A questão que é levantada pelo palestrante nesse encerramento trata da relação dos jardins de infância e a organização escolar. "Devemos examinar as instituições pré-escolares e, em especial, os jardins de infância nos quadros da organização escolar corrente" (Lourenço Filho, 1945).

A fala dele é didática, objetiva e esclarecedora. "Pré-escolar" significa o que antecede a escola, o que está antes dela. "Escolar", não será preciso dizê-lo, refere-se às escolas, tais como temos, às instituições que assim usualmente designamos.

Lourenço Filho afirma que *ainda que da partícula pré não resulte completa antinomia lógica, não se poderá deixar de reconhecer que, no caso, ela estabelece uma distinção muito nítida entre as duas expressões. Essa distinção existe em todas as línguas, influindo na sistemática pedagogia universal.* "Instituição *escolar* é uma coisa. *Pré-escolar* será outra" (Lourenço Filho, 1945).

A palestra se desenvolve abordando temas que foram ventilados pelos diferentes palestrantes ao longo da reunião de estudos desenvolvida naquela semana. O primeiro tema retomado é de ordem histórica. Refere-se à evolução das práticas educativas e à própria concepção geral do processo da educação. Resume o palestrante que *ao se desenvolverem os sistemas de ensino públicos no final do século XVIII e no decorrer do século XIX, o nome escola passou a ser utilizado para designar o que hoje chamamos de "escola pública primária".* Para as crianças, em geral, a partir dos 7 anos. Isso se justifica porque, nessa idade, segundo o palestrante, *as crianças podem ir e vir sozinhas; dispõem de certa maturidade média para aprender a ler e escrever; de vocabulário de razoável extensão; de certo nível mental e estabilidade emocional, reclamando pelo trabalho coletivo das classes de ensino.* "A idade da razão", também denominada de "segunda infância", corresponderia ao dever da "obrigatoriedade escolar". Idade da maturidade didática, correlativa ao dever dos pais de enviarem a criança à escola. Tudo que fosse anterior aos 7 anos viria a ser *ante-escolar* ou *pré-escolar*.

Na escola ministra-se ensino, graduado e sistemático, suscetível de ser verificado por certo rendimento médio. *A aquisição da leitura, escrita e cálculo, era, sobretudo, aferida pelo aspecto intelectual, senão mesmo pelas formas verbais que assume.* Em resumo, em sua fala Lourenço Filho deixa claro que "escola significa obrigação dos pais e trabalho das crianças". Chama atenção, no entanto, que em sua origem a palavra grega *escola* não sugeria tais ideias, mas, precisamente, o contrário. "*Escola* queria dizer ócio, distração, ocupação livre e desinteressada". Só frequentavam as escolas as crianças que não trabalhavam em suas casas ou nos campos. Com a obrigação escolar houve uma inversão do sentido. Associa-se a palavra escola à ideia de disciplina, tanto no sentido de objeto ou matéria de ensino quanto de infração às regras da vida escolar, o que leva aos castigos. Ao citar o provérbio: "Quem dá o pão, dá o ensino", mostra que neste a palavra ensino significa o direito de castigar. E, nesse sentido, comenta que a "escola de jogo", holandesa de 1770, recorre a essa nomenclatura para falar da "escola de brincar", o que seria etimologicamente redundante se não fosse o caminho que o termo escola tomou. Meio século depois, Froebel, na Alemanha, iria mudar tal denominação inventando a palavra *Kindergarten*. Uma nova frutuosa ideia. A vida infantil passa a ser compreendida como processo de desenvolvimento – desenvolvimento a ser respeitado em suas formas naturais como as plantas num horto ou jardim. "O mandamento central da pedagogia moderna, o de reverência e respeito pela personalidade dos educandos, surgiu dessa atitude". O palestrante faz o público ver como Froebel, ao pensar seu jardim de crianças, mais do que desejar que fosse apenas um ambiente propício ao desenvolvimento infantil, desejava que essa instituição exercesse influência esclarecedora sobre as mães e as moças que se preparassem para o matrimônio. "O meio prático que com esse intuito ideou foi a criação de *associações de mães*, para fins de difusão das novas ideias por toda parte" (Lourenço Filho, 1945, p. 9). Como consequências das proposições de Froebel têm-se o desenvolvimento de estudos objetivos da infância e a criação de uma *pedagogia familiar*, "primeira expressão definida de uma compreensão social da tarefa de educar" (Lourenço Filho, 1945, p. 10).

Lourenço Filho (1945, p. 10) refere-se às instituições de educação para as crianças antes da idade da escola obrigatória:

> No sentido educativo geral, havia pois de fazer-se alguma coisa com, anterioridade à escola, à idade escolar, que se iniciava aos 7 anos. Além dos jardins, normalmente, destinados às crianças de 4 a 6 anos, juntaram-se mais tarde, para as de 3 e 4 anos, as casas maternais, e, ainda e também, onde se tornassem necessárias, as pupileiras, para crianças ainda menores.

Em sua opinião, a extensão da educação pré-escolar não decorreria simplesmente da evolução de ideias sobre a criança e sua formação, mas de prementes transformações da vida social. O trabalho nas fábricas, que levava as mães a se ausentarem do lar, foi o que forçou esse movimento. O desenvolvimento industrial passava a criar transformações aos tipos de habitação e no ambiente doméstico. Primeiro com as casas de vila e depois com os apartamentos.

Mas, para o palestrante, o ideal para a criança é o lar constituído de uma casa com quintal e a presença constante dos cuidados maternos pela delicada relação mãe-filho. Esse posicionamento é extremamente forte durante a fala dele. Insiste que não se pode ter dúvidas: a melhor educação pré-escolar é a de uma família bem constituída, em lar dotado das condições indispensáveis a um equilibrado desenvolvimento inicial da vida infantil. Diante da atual impossibilidade de isso acontecer no mundo atual, Lourenço Filho (1945, p. 10) diz: "será preciso que a tudo isto se remedeie com a multiplicação de instituições adequadas de educação dos pré-escolares".

Há, em sua opinião, necessidade de locais adequados, de pessoal capaz e habilitado. "De meios e recursos que recomendem as instituições pré-escolares para a missão *substitutiva, grave* e *séria,* que têm de desempenhar em face de certas condições educativas que aos lares dantes não faltavam" (Lourenço Filho, 1945, p. 11).

Esses pontos constituem um problema de organização que preocupa educadores de vários países. E, nesse sentido, instituições não só nacionais, mas também internacionais vieram a ser criadas para o estudo da matéria. *Entre essas últimas, destaca-se a Organização Mundial de Educação Pré-escolar, que aqui nos reúne. Seus congressos, encontros de especialistas, semanas de estudos, têm sido, e são como agora vemos, dos mais frutuosos.* Para o palestrante, essas reuniões visam a dois fins: *primeiro, desenvolver as delicadas técnicas de uma reta formação das crianças antes que atinjam a idade escolar; depois, estimular nos políticos e administradores a consciência da importância e gravidade do problema, sobretudo nas cidades industriais, mas também nos núcleos urbanos em geral, onde as condições de habitação, as mudanças da vida familiar e outras circunstâncias forçam certo abandono educativo das crianças menores.* E coloca a questão: *até que ponto, por boa organização, as instituições pré-escolares poderão atender a tais deficiências, que reclamem solução?*

Este é o repto, diz Lourenço Filho, que a vida tecnológica de hoje lança a políticos, administradores escolares, pensadores sociais e administradores em geral. Para ele, a resposta a esse desafio é a "organização". E organizar prende-se a instrumentar. Instrumentar compreende bem relacionar meios e fins. O que o leva a dizer que "nenhuma boa organização chega a existir sem que se refira a finalidades bem determinadas. Que se deve desejar? Eis a primeira questão. Que se deve fazer para isso? Eis a segunda questão" (Lourenço Filho, 1945, p. 12).

A primeira questão é descrita pelo palestrante da seguinte forma: o que é que se deve pretender com as instituições de educação pré-escolar? A questão envolve aspectos diversos, entre eles um que foi amplamente abordado nessa semana: a feição empobrecida do ambiente familiar de hoje, por motivos principalmente socioeconômicos, mas outros também, sombrios como esses, ou mais melancólicos que eles. E para exemplificar, faz referência a um anúncio que fora publicado num dos jornais do Rio de Janeiro, no dia em que ele escrevia sua palestra. Para ser fiel à fala do palestrante naquela ocasião, transcrevo a seguir:

> *No dia em que escrevemos estas notas e reflexões, um dos jornais do Rio de Janeiro publica um anúncio com o título "Escola maternal". Eis alguns dizeres: "Vá tranquila a seu cabeleireiro, ou às suas diversões, deixando seus filhos pequenos no endereço tal. Preço por mês tanto. Por dia tanto. Por hora tanto... Para apanhar a criança em casa e reconduzi-la, mais tanto..."*
> *A forma de incitamento aos cuidados maternos não é no anúncio a excelência; da educação que essa chamada escola maternal possa dispensar. Esse seria o segundo aspecto a arguir. De fato, há crianças de lares perfeitamente organizados, as quais carecem, no entanto, de maior convívio com outras crianças, com a natureza, com um ambiente mais amplo do que disponham em seus reduzidos apartamentos. No caso do anúncio, não se trata propriamente de instituições educativas, nesse sentido. Trata-se de uma casa "de guarda", título, aliás, oficializado por instituições de alguns países. A que nem mesmo tem escapado a França, com as suas classes gardiennes. Mas essas classes destinam-se a crianças de mães que deixam o lar para o seu trabalho, não para os institutos de beleza e diversões.*

E prossegue sua palestra dizendo que o Bureau Internacional de Educação havia realizado um estudo especializado sobre a educação pré-escolar em 43 países. Nesse trabalho pode-se ler que é difícil separar o que na pré-escola se relaciona com a proteção das crianças, para fins de higiene social, e as preocupações propriamente pedagógicas. O documento do Bureau diz que essa é a razão que justifica, em vários países, a subordinação das instituições pré-escolares a outros órgãos administrativos que não os da educação. Lourenço Filho fala que há casos em que as instituições dependem da Saúde, do Trabalho e da Previdência Social, ou outros países em que são entregues a agremiações particulares de assistência.

Mas, para ele, os jardins de infância, bem como as classes de programa similar, anexas a escolas primárias, são geralmente regulados pela legislação do ensino e administrados pelos ministérios da Educação, diretamente ou por repartições regionais. Essa circunstância tem concorrido para difundir uma denominação relativamente nova, na opinião de Lourenço Filho, a de *educação pré-primária*, ou, como ele afirma, com menor propriedade, a de *ensino pré-primário* (Lourenço Filho, 1959, p. 13). A seguir ele menciona a LDB[46], à época recém-aprovada no Brasil, que adota a expressão educação pré-primária. Esta aparece na lei, no título dedicado à educação primária: "um pequeno capítulo, de dois artigos apenas, aí se consagra à educação pré-primária, definida como a que se ministra nas escolas maternais e nos jardins de infância" (Lourenço Filho, 1959, p. 13). E uma norma de ordem muito geral regula o assunto, no artigo 24: "As empresas que tenham a seu serviço mães de menores de 7 anos, são estimuladas a organizar e manter, por iniciativa própria ou em cooperação com os poderes públicos, instituições de educação pré-primária".

Lourenço Filho fala, em sua palestra, que os princípios dessa lei podem e devem ser completados pela legislação dos estados e lastima que no capítulo que trata da formação do magistério não haja a menor referência à formação de mestras especializadas, ou professoras jardineiras. Se os estados não legislarem sobre o assunto ficaremos numa situação muito delicada. "Será preciso... que uma ação social mais ativa se exerça, sobretudo nos núcleos urbanos mais densos, em que a educação pré-escolar aparece como remédio social a muitos males.

O discurso enfatiza a posição de educação pré-escolar como panaceia que solucionará muitos males.

Na palestra, Lourenço Filho, ainda, aborda questões relacionadas a cursos de formação de professores para a educação pré-primária, no item *"a formação das mestras"*; programas e técnicas para a educação de pré-escolares com o objetivo de servir como transição entre a família e a escola. Sua fala é permeada de exemplos retirados de experiência realizadas em outros países, como Lituânia, Chile, Suécia, Estados Unidos, Holanda, entre outros. E, por fim, diz que:

> [...] o papel dos educadores, qualquer que seja o campo de seu trabalho, é pregar, crer e esperar. A pregação desta Semana está por concluir-se, com os mais auspiciosos resultados. Que todos agora nos unamos, crendo e esperando sempre (Lourenço Filho, 1945, p. 20).

---

[46] A referência é a Lei nº 4.024/1961.

5

PROPOSTAS DA EDUCAÇÃO INFANTIL NOS ANOS 1950/1960: AS IDEIAS DE ODILON, CELINA, HELOÍSA E NAZIRA

Tanto a creche como o jardim de infância, passando pelas diferentes denominações que as instituições de educação infantil tiveram ao longo da história: salas-asilo; escolas maternais; escolas de jogos; escolas infantis; asilos infantis etc., surgiram como uma necessidade social, sobretudo das mulheres operárias na Europa, no século XVII, e no Brasil, no século XIX. A ideia de que a educação das crianças pequenas fora de casa e longe da mãe foi/é um luxo fica descartada pela própria historiografia, quando nesta são encontradas narrativas sobre as origens dessas instituições.

A discussão muito recorrente entre autores brasileiros de que no Brasil a creche foi destinada inicialmente às crianças das classes populares, e o jardim de infância destinado às camadas mais privilegiadas da sociedade perde seu sentido, pois, como se constata por meio da história, essa concepção de que as creches foram sempre destinadas somente às crianças mais pobres, com caráter assistencial, e que os jardins de infância sempre foram mais caracterizados por sua proposta educacional nem sempre existiu. O que não impede de se pensar como Rosemberg (1992a): o que aconteceu foi que, por muito tempo, se propôs uma educação infantil pobre para as crianças pobres.

Por meio de um levantamento que realizei no acervo bibliográfico, nas bibliotecas de algumas universidades no Brasil, sobre educação infantil[47], constato que, nas décadas de 1950 e 1960, estendendo-se até meados dos anos 1970, a maioria das publicações refere-se a manuais para o pré-primário ou a pré-escola, com um forte predomínio de autores estrangeiros. São livros que enfocam atividades e formas de organizar a educação das crianças pequenas em turmas de creches, jardim de infância, escolas maternais e pré-escola.

Grosso modo, o referencial teórico dessas publicações é composto de abordagens metodológicas fundamentadas em autores clássicos da educação/ pedagogia, tais como Froebel, Johann Heinrich Pestalozzi, Maria Montessori,

---

[47] Esse levantamento foi realizado, inicialmente, nos sites das bibliotecas que constam na bibliografia. Vários deles foram encontrados na Biblioteca do Senado Federal, outros puderam ser consultados nas bibliotecas da PUC-Rio e da UFRJ.

Jean-Ovide Decroly, entre outros. Podem-se encontrar também nesse acervo algumas publicações destinadas às áreas específicas do conhecimento, relacionadas à educação das crianças, como psicomotricidade, música, psicologia do pré-escolar e outras. Em geral, são *manuais*, assim denominados pelo fato de apresentarem um conteúdo composto de justaposições de fragmentos extraídos de diversas teorias, redigidos de forma simplificada para facilitar a leitura, mas que também implicam a dificuldade de posteriores estudos e aprofundamentos teóricos. Podem ser caracterizados como *receituários*, pois quase sempre são sequências de passos, ou de atitudes, que devem ser seguidos para que o trabalho dê certo e, muitas vezes, com raras exceções, está ausente a reflexão teórica a respeito dos motivos e finalidades que justifiquem trabalhar de determinada maneira e não de outra.

Só aparecem autores nacionais com mais frequência nos anos 1980, época em que começaram a surgir livros com ênfase nas questões políticas da educação infantil. Em geral, eles denunciam a ausência da oferta de creches e pré-escolas para atender à crescente demanda por esses serviços, o que os leva a indicar a necessidade de políticas públicas para educação das crianças pequenas, por meio de sugestões de formas alternativas de atendimento.

No final da década de 1940 e no decorrer dos anos 1950, os livros sobre a escola primária e pré-primária foram escritos para as escolas normais e tinham como seus principais interlocutores as normalistas. Na opinião de Adorno (2007, p. 9), visavam "viabilizar o acesso de estudantes, e até de pessoas não especialistas na área da educação, ao conteúdo da literatura reconhecida entre os educadores"[48] Na época, essas publicações se sustentavam na ideia de que as atividades escolares necessitavam de planejamento para garantir sua eficácia e a disciplina. Eles abordavam predominantemente temas como: a prática e metodologia de ensino, o planejamento do trabalho docente, a definição dos objetivos, os modos de transmissão de conhecimentos aos alunos, as atividades a serem desenvolvidas e as estratégias de avaliação dos resultados do rendimento escolar dos alunos (Silva, 2002a). Na opinião de Vidal (2001, p. 201):

> [o] livro assumia, assim, uma nova função: de simples depositário da cultura universal, passava a ser visto como fonte de experiência. A leitura destacava-se na formação intelectual dos educandos: "meio" de acesso à formação e elemento formador [do aluno e do professor].

---

[48] Trabalho apresentado no IV Congresso Brasileiro de História da Educação, realizado de 5 a 8 de novembro de 2006, na Universidade Católica de Goiás-GO.

Ressalte-se que, no Brasil, educadores da Escola Nova difundiram suas ideias e ideais por meio de publicações, a princípio com traduções[49] de obras de pensadores escolanovistas estrangeiros e posteriormente de autores brasileiros, como foi o caso típico da Coleção Atualidades Pedagógicas[50], organizada por Lourenço Filho. Esses livros, em geral, tratavam das discussões e das concepções pedagógicas mais atuais daquela época e em acordo com as reestruturações curriculares do ensino normal nos diversos estados do Brasil. Havia uma predominância de temas da Psicologia, o que do ponto de vista de Adorno (2007, p. 3):

> [...] refletia uma das prerrogativas do movimento escolanovista no Brasil, porque, ao introduzir a disciplina Psicologia Educacional nas escolas normais, a Escola Nova entendia que tal disciplina "forneceria as bases científicas do desenvolvimento infantil a partir do uso de testes e projetos experimentais". Neste sentido, pensando na leitura como causa da renovação da prática pedagógica, a preocupação em formar professores dotados de saberes da psicologia.

Embora possam ser qualificados, por alguns autores, como manuais e/ou receituários, os livros que passo a analisar são aqui tratados como fontes primárias. Busco lê-los nas entrelinhas. Vejo-os como o estudo de quem, ao estudar, escreveu. Registros que se fazem históricos. Compreendo-os como um meio de uma relação dialógica entre autor e leitor. Tomo os impressos como fonte de pesquisa para compreensão da história das propostas de educação infantil nos anos 1950/1960. A partir da história do livro e da leitura (Chartier, 1990; 1994; 1996), compreendo que o livro é produto de diversas materialidades e pode ser visto como fonte e como objeto de pesquisa[51]. Nesse sentido, procuro identificar seus principais interlocutores, busco em que condições foram produzidos e dou-lhes a contextualização necessária para que possam ser vistos como *lugar de memória* (Nora, 1993), o que igualmente exige a identificação dos autores por meio de suas relações institucionais e de concepções teóricas que possam fundamentá-los.

---

[49] Esses livros foram traduzidos por educadores brasileiros, como: Anísio Teixeira, Fernando de Azevedo, J. B. Damasceno Penna, Monteiro Lobato, Godofredo Rangel e Luiz Damasceno Penna.

[50] Essa coleção foi publicada pela Companhia Editora Nacional, entre 1931 e 1981. Foi fundada e dirigida por Fernando de Azevedo, entre 1931 e 1946; com a saída deste, João Baptista Damasco Penna assumiu a direção da Coleção, imprimindo-lhe novo projeto editorial. A esse respeito ver Toledo (2001).

[51] A materialidade do objeto não implica, todavia, uma possível fratura entre o texto e as formas impressas. Chartier (1990) observa que, contra a representação elaborada pela própria literatura do texto ideal, abstrato, estável porque desligado de qualquer materialidade, é necessário recordar vigorosamente que não existe um texto fora do suporte que o dá a ler, não havendo compreensão de um escrito, qualquer que ele seja, que não dependa das formas pelas quais ele chega ao leitor.

Coerente com a concepção de Simiand (2003), não desapareço por trás dos textos selecionados, mas dialogo com eles mantendo a *problematização*, pois assumo que as fontes não revelam algo espontaneamente; ao contrário, só falam utilmente a partir das perguntas que lhes são feitas.

Quatro são os livros, publicados entre os anos 1952 e 1962, que constituem as principais fontes que elegi para tecer as reflexões sobre os possíveis paradigmas da educação infantil nos anos 1950/1960.

Dois deles são da *Coleção DNCr*, órgão que teve à frente médicos que, a princípio, poderiam expressar o pensamento destes em relação às políticas públicas para as crianças, sejam elas relacionadas às práticas da Pediatria, da puericultura ou da educação, a partir do olhar daqueles que, por décadas, ocuparam cargos técnicos e/ou políticos naquele órgão federal. Todavia, um desses livros – *Escolas maternais e jardins de infância* (1954) – tem como autora a professora Celina Airlie Nina, que fora a primeira diretora do jardim de infância do Instituto de Educação do Rio de Janeiro. Isso demonstra a capilaridade existente entre a saúde e a educação, mesmo depois da separação dessas áreas, quando da criação de um ministério específico para tratar da saúde, em 1953[52]. O outro, *Creches: Organização e Funcionamento* (1956), é de autoria de Odilon de Andrade Filho, Sebastião Barros Filho e Maria Bernadete Pereira Hirth.

Os outros dois livros são publicados por instituições da área educacional, ambos produzidos em Institutos de Educação, no Distrito Federal[53]

---

[52] Educação e saúde estiveram imbricadas em sua história no Brasil não só pela existência de um único ministério que tratava dessas duas áreas, até 1953, mas também pelo fato de médicos e educadores transitarem institucionalmente em ambos os setores. Como exemplo, há a criação da Sociedade Mineira de Pediatria, que teve a posse da sua primeira diretoria em 28 de fevereiro de 1948, no Instituto de Educação de Minas Gerais, juntamente com o Departamento Nacional da Criança. Ver site da Sociedade Mineira de Pediatria: www.smp.org.br.

[53] "Instituição escolar de formação de professores. Criado no Rio de Janeiro, em 19 de março de 1932, pelo Decreto Municipal nº 3.810, que regulou a formação técnica de professores primários, secundários e especializados para o Distrito Federal, com prévia exigência do curso secundário e transformou em Instituto de Educação a antiga Escola Normal. O Decreto leva a assinatura do Dr. Pedro Ernesto, Interventor no Distrito Federal, sendo acompanhado de Exposição de Motivos do Diretor Geral de Instrução Pública, Anísio Spinola Teixeira. Compunha-se, na criação, de uma Escola Secundária com 6 anos de curso, uma Escola de Professores com 2 anos de curso superior e uma Escola de Aplicação composta de Escola primária e Jardim de Infância. Teve como primeiro diretor geral Manuel Bergstrom Lourenço Filho. Apresentava-se como um sistema experimental de educação para formação do professor primário em padrão cultural mais elevado. Recebia alunos de diversos extratos sociais, selecionados por condições especiais de idade, saúde, inteligência e aproveitamento de ensino, medidas em testes e exames. Foi incorporado à Universidade do Distrito Federal (UDF) em 1935, com a Reitoria instalada em seu prédio e sua Escola de Professores passando a denominar-se Escola de Educação. Com a extinção da UDF, em 1939, passou a formar professores primários em nível secundário. Permanece até a atualidade com a atribuição de formar professores de ensino fundamental e ocupando o amplo prédio da Rua Mariz e Barros, próximo à Praça da Bandeira, especialmente construído por Fernando de Azevedo, em 1930, para abrigar a Escola Normal". Disponível em: https://www.histedbr.fe.unicamp.br/navegando/glossario/instituto-de-educacao-do-distrito-federal. Acesso em: 27 ago. 2023.

e em Belo Horizonte[54], respectivamente. O primeiro, *Vida e Educação no Jardim de Infância* (1952), de Heloísa Marinho, foi publicado pela editora A Noite, inicialmente, como Programa de Atividades do Departamento de Educação Primária da Secretaria Geral de Educação e Cultura da Prefeitura do Distrito Federal; o segundo, *O que é o Jardim da Infância* (1962), de Nazira Feres Abi-Sáber, foi publicado pela editora Nacional de Direito, com edição autorizada pelo PABAEE e pelo INEP.

Os livros que passo a analisar podem ser considerados a materialização da expressão do pensamento da Pedagogia ou pedagogias sugeridas à época para as crianças pequenas. Isso na perspectiva de que os discursos, além de simplesmente expressarem as convicções de seus autores ou retratarem as ideias comuns a uma época e um local, instauram realidades (Chartier, 1991).

5.1 A arte de cuidar de crianças. A creche como solução – para as mães que trabalham e para aquelas que querem enfeitar a vida

A publicação oficial de um órgão ministerial é compreendida, por mim, neste item, como uma expressão da concepção de um projeto que se concretiza na proposta da creche do DNCr. Vale lembrar, no entanto, que não havia, à época, um pensamento homogêneo no órgão a respeito das funções da creche, sua organização e funcionamento. O contexto no qual o livro utilizado como uma das fontes foi escrito não esconde embates teóricos e políticos que existiam na época. Contudo, opto por elegê-lo como uma peça fundamental a ser analisada na busca do que poderia ser a proposta de uma política pública para as crianças no Brasil dos anos 1950/1960.

Creches: Organização e Funcionamento (Brasil, 1956c), publicado em 1956 pelo DNCr, no início do governo Juscelino Kubitschek, época em que o ministro da Saúde era Maurício de Medeiros e o diretor-geral do DNCr, Aureliano Brandão, deixa rastros de um tempo, com seus agentes, suas

---

[54] "Em 28 de setembro de 1906, por meio da Lei 439 do governo estadual, era criada a Escola Normal de Belo Horizonte, cidade que não tinha ainda nem uma década de existência. Inicialmente funcionava à Rua Timbiras, 1497, Bairro Funcionários. Em 1909 foi transferido para o prédio onde funcionara o Tribunal da Relação, situado à Rua Pernambuco, 47. O objetivo principal da instituição, naquele momento, era a formação de professores primários. Em 1910 se transforma na Escola Normal Modelo, sendo que o curso passou a ser de quatro anos. Nesse instante opta-se pelo qualitativo, não tanto pelo quantitativo, na formação das professoras. Em 1925 a instituição sofre a Reforma Mello Vianna; em 1928 é criada a Escola de Aperfeiçoamento, baseada nos princípios reformadores da Escola Nova (Reforma Francisco Campos). É criado, paralelamente, um grupo escolar e um jardim de infância. Nesse mesmo ano é extinta a Escola de Aperfeiçoamento Pedagógico e criado o Instituto de Educação de Minas Gerais". (*Revista Multidisciplinar INIESP*, São Paulo, n. 4, dez. 2007. Disponível em: http://www.uniesp.edu.br/revista4/publi-art2.php?codigo=14. Acesso em: 3 mar. 2008.)

agências, suas propostas e concepções, que contribuem com o que posso chamar de propositura para o cuidado/educação das crianças pequenas no Brasil naquela época.

São autores da referida publicação uma trinca composta de dois médicos, Dr. Odilon de Andrade Filho[55] e Dr. Sebastião Barros Filho, e uma arquiteta, Maria Bernadete Pereira Hirth. Segundo os autores, tem "por fim atender uma das atribuições da Divisão de Proteção Social, do Departamento Nacional da Criança: oferecer aos interessados normas para a criação e o funcionamento de creches" (Brasil, 1956c, p. 4).

Logo na *apresentação* do livro encontro que o público ao qual ele se destina é formado pelos interessados em geral sobre o tema. Em seus 17 pequenos capítulos e em suas 69 páginas pode-se reconhecer tal amplitude de interlocução. Por vezes, identifica-se o segmento de profissionais da área da saúde (médicos, enfermeiras, puericultores), em outras ocasiões tem-se a sensação de que os autores falam ao público em geral (mães, empresários, industriais e comerciantes, dirigentes públicos etc.) sem deixar também que se possa identificar, da mesma forma, como seus interlocutores, educadores, assistentes sociais, psicólogas e outros profissionais que trabalham nas creches.

Para eles, a creche, historicamente, é a segunda alternativa ao problema que surge com o ingresso das mulheres no trabalho fora de casa. A primeira solução encontrada pelas mulheres foi a "criadeira" que, na falta de qualquer organização assistencial que cuidasse de seus filhos para que elas pudessem trabalhar, recebia os filhos das mães operárias. Em geral, eram mulheres de mais idade, presumia-se alguém com alguma experiência no trato com crianças. O surgimento da creche é, portanto, consequência do problema que teve início com a era industrial: "o problema do destino a ser dado aos filhos durante o período de trabalho das mães" (Brasil, 1956c, p. 4). A ausência da mãe está relacionada à formação das concentrações operárias e à maior solicitação de mão de obra, que foram atraindo as mulheres para o trabalho fabril. As "criadeiras" no Brasil "eram conhecidas em França como *'gardeuses d'enfants'*. Como em suas mãos as crianças em pouco tempo morriam, foram elas também denominadas *'faiseuses d'anges'*, porque caprichavam em fornecer 'anjinhos' ao céu" (Brasil, 1956c, p. 5).

A partir dessas primeiras ideias sobre o surgimento da creche, os autores do livro introduzem o leitor à compreensão de que as "criadeiras" não ficaram conhecidas como *faiseuses d'anges* por aniquilarem consciente-

---

[55] Médico puericultor do Instituto Fernandes Figueira.

mente a vida das crianças, mas porque isso era consequência de sua ignorância, de seu desconhecimento dos princípios mais rudimentares da arte de cuidar de crianças, do ambiente infecto e miserável em que viviam, do fato de serem elas, quase sempre, portadoras de doenças infectocontagiosas, indiferente ao destino dos que se achavam sob sua guarda. Não obstante "para as mães que trabalhavam os filhos eram, de algum modo, estorvo, que elas afastavam transferindo as outras a responsabilidade de deles cuidar" (Brasil, 1956c, p. 6), não havia a intenção dessas mães em deixarem a criança morrer para resolver o problema. As "criadeiras" recebiam para criar, em maior quantidade, os filhos das uniões ilegítimas, das mães solteiras, das mulheres sós. Os médicos que trabalhavam nos ambulatórios de crianças já identificavam as mulheres sós como uma nova condição da mulher quanto a seu estado civil – "largadas". E diziam "o abandono, mesmo entre os casais legítimos, é uma praga que se alastra na sociedade atual" (Brasil, 1956c, p. 7). O DNCr lutou contra as "criadeiras", consideradas causadoras de doenças pela pobreza, pela falta de condições higiênicas. Estimulou também a amamentação materna e a vigilância dos lactários.

Na construção de uma tipologia de clientes, escrevem que:

> [...] recorrem às creches, igualmente, as mulheres casadas que se veem obrigadas a ajudar os maridos para conseguirem o equilíbrio do orçamento doméstico, que desmorona devido ao elevado preço da vida; **aquelas que trabalham** com o intuito de aumentar a renda do casal para possibilitar um objetivo definido, como a compra de uma habitação; aquelas que visam, apenas, possuindo o necessário, adquirir o supérfluo, aquelas coisas que, sem terem utilidade fundamental, concorrem para **enfeitar a vida** (Brasil, 1956c, p. 7, grifos nossos).

A creche é uma demanda das cidades grandes: "As situações que exigem a creche para a sua solução só existem nas cidades de população mais numerosa, porque, nas cidades pequenas as mães, geralmente, levam os filhos para o trabalho e conseguem vigiá-los" (Brasil, 1956c, p. 7). O crescimento industrial é o motivo da demanda por creches, foi ele que levantou o problema, e o edifício de apartamentos é o elemento que agrava essa necessidade. Sobretudo, porque nos apartamentos não há espaço para os filhos das domésticas, situação que não acontecia nas casas mais espaçosas, em que era possível uma pessoa trabalhar e vigiar o próprio filho.

Diante dos diferentes tipos de clientes, são delineadas várias modalidades de creches (Brasil, 1956c):

- as destinadas a abrigar os filhos das domésticas, que devem ser localizadas, preferencialmente, nos bairros populosos, em que haja concentração de edifícios de habitação coletiva;

- as destinadas aos filhos das operárias, de localização preferencial nas proximidades das fábricas ou nas vilas proletárias;

- as destinadas aos filhos de funcionários, nas dependências das repartições em que trabalham, ou aos filhos de comerciários, quando o tamanho do estabelecimento comportar uma organização desse gênero.

Fica evidente a creche como solução do problema das mães que trabalham fora.

No sintético capítulo denominado "Histórico", os autores, além de descreverem o surgimento das creches na França, em 1844, por Firmin Marbeau, evidenciam que "dois acontecimentos vieram incrementar grandemente o desenvolvimento das creches e demonstrar os grandes benefícios que poderiam prestar: a revolução russa e a 2ª grande guerra" (Brasil, 1956c, p. 9). E, nesse sentido, afirmam ser a Rússia Soviética o paraíso das creches; lá existiam dezenas de milhares dessa organização. O grande desenvolvimento industrial e a ampliação das atividades rurais na União das Repúblicas Soviéticas exigiram um grande contingente de mão de obra feminina, o que tornou imperiosa a criação de creches: "Foi tal o seu desenvolvimento que chegaram a ser criadas creches móveis, sobre rodas de carros, que acompanhavam ao campo as operárias rurais" (Brasil, 1956c, p. 9).

Na Inglaterra, segundo os autores da publicação do DNCr, a Segunda Guerra Mundial é apontada como a grande impulsionadora de uma rede assistencial:

> Em 1939 havia, aproximadamente, 100 creches, na Inglaterra e no País de Gales. Em 1943, 4 anos depois, havia 1.232, destinadas a 52.500 crianças e se construíram 569 estabelecimentos do tipo das escolas maternais e jardins de infância, para acomodar mais 21.000 crianças. Em 1945 as creches haviam aumentado para 1.500 (das quais 113 operavam durante 24 horas) (Brasil, 1956c, p. 9-10).

Por fim, mencionam o Brasil: "somente as grandes capitais dispõem de algumas creches, insuficientes em número e em sua organização" (Brasil, 1956c, p. 10).

O que é uma creche? Essa é a questão que abre o terceiro capítulo do livro – "Definição". De início é feita a distinção entre o que alguns chamam creche, "externatos de lactentes", e as pupileiras, "internatos para lactentes", que recebem crianças nas mesmas idades da creche, mas as conservam, por serem vítimas do abandono ou da orfandade. Cabe a questão sobre o direito à creche (educação infantil): seria a creche, na visão daqueles que estavam à frente do DNCr, um direito das mães ou um direito das crianças pequenas? Quais as mães que tinham direito à creche para seus filhos?

Recorrem os autores ao *Yearbook of Pediatrics*, de 1928, para definir a creche – *"day nursery"* – como o "estabelecimento que tem por propósito cuidar, durante o dia, de crianças que não podem, por motivos econômicos, receber os cuidados devidos por parte dos pais" (Brasil, 1956c, p. 10). A definição não delimita idade para essa "assistência": "A princípio não havia mesmo limite de idade" (Brasil, 1956c, p. 10). A idade de entrada na creche era o momento em que as mães se sentissem capacitadas a retomarem ao trabalho. Lembram que as mulheres não dispunham de qualquer amparo social. Não havia idade máxima para uma criança frequentar a creche, mas acabou por ser aos 7 anos, quando tinha início a vida escolar. A dificuldade de abrigar crianças com idades tão diferentes foi logo sentida pelas creches inglesas. A alimentação era muito diversa, como muito diverso o campo de interesses das crianças. Ficaram entregues às creches, então, crianças de até 2 anos, e as de 2 a 4 anos ficaram entregues às *"nursery schools"*, que no Brasil passaram a ter o nome de maternais:

> Daí até atingirem a idade escolar se encarregavam delas os 'jardins de infância', nos quais se aproveitaria a sua capacidade de aquisição de habilidade motora, se aperfeiçoariam os hábitos já em fase de fixação e a curiosidade natural desse período de conhecimentos básicos (Brasil, 1956c, p. 11).

Certamente foi por essa influência europeia de denominar as instituições e/ou turmas para as crianças bem pequenas de creche, para as de 2 a 4 anos de maternal e para as maiores de 4 anos de jardim de infância que até hoje, mesmo com a nova nomenclatura proposta pela legislação, ainda é comum que se encontre pelo Brasil afora esses nomes, sobretudo para designar as turmas de educação infantil.

"O ideal seria que as crianças somente frequentassem as creches a partir do momento em que se interrompesse a alimentação no seio, porque ficaria unido, até esse momento o filho à mãe que o amamentava" (Brasil,

1956c, p. 11). Como no Brasil as mães operárias, funcionárias ou comerciárias dispunham de institutos de previdência e de leis que as amparavam, seus filhos só seriam admitidos nas creches a partir do momento em que cessasse o período de repouso que as leis lhes facultavam. Na época, pela legislação vigente, era proibido à mulher grávida o trabalho durante o período de seis semanas antes e depois do parto. Esse prazo "podia ser aumentado de mais duas semanas em casos excepcionais, donde a idade mínima de 45 dias ou 2 meses era aceita nesses casos" (Brasil, 1956c, p. 12). As domésticas, como não conseguiram se enquadrar em qualquer tipo de instituição assistencial, sem amparo legal e premidas pela necessidade, eram obrigadas a cuidar de sua subsistência, e as creches, nesse caso, deviam admitir seus filhos a partir de 1 mês de idade.

Ao tratar do horário de funcionamento da creche, o entendimento era de que: "para que elas (creches) preencham as finalidades a que se destinam, necessário se torna que haja uma elasticidade em seu horário, de acordo com a clientela que servem" (Brasil, 1956c, p. 12). Para filhos de operárias, 9 horas por dia; para filhos de funcionárias que só trabalham 6 horas, poderia haver um horário mais curto; para as domésticas, deveriam funcionar das 8h da manhã às 21 horas.

Em relação às *instalações*, foram apresentadas normas gerais: "O mal a evitar são as instalações de fortuna, que, em vez de prestarem serviços úteis, acabam por prejudicar o conceito em que deve ser tido esse tipo de obra assistencial" (Brasil, 1956c, p. 12). Ao normatizar as instalações da creche, o texto apresenta as críticas que comumente são feitas a essa organização. A primeira crítica se refere ao favorecimento de contágios, disseminação de moléstias eruptivas, surtos de impetigo, escabiose, coqueluche etc. Outra crítica muitas vezes feita às creches era a de que favoreceriam o abandono da alimentação no seio. A terceira crítica, feita com muita frequência, era a de que elas favoreciam o aparecimento dos distúrbios nutritivos e do raquitismo.

A proposta de creche do DNCr criticava os espaços físicos improvisados sem critérios mínimos para funcionamento. As normas apresentadas vêm como respostas a essas críticas mais comuns:

1. Necessidade de um serviço de triagem – que não permita que crianças com moléstias atinjam os dormitórios.
2. As mães podem oferecer o seio à criança pela manhã, antes da admissão, e à noite, depois da retirada da criança. Além disso, afirmam os autores: "Hoje em dia já não é o seio quase insubsti-

tuível, que seu abandono prejudique quase irremediavelmente, como aconteceu noutras épocas, a saúde das crianças e diminua as probabilidades de sua sobrevivência" (Brasil, 1956c, p. 13). "Os progressos da dietética, da qualidade dos leites industrializados, dos conhecimentos sobre o mecanismo dos distúrbios digestivos, tornaram esse perigo, atualmente, muito menor que no passado" (Brasil, 1956c, p. 13).

3. As creches que terão seus prédios construídos para a finalidade a que se destinam disporão de solários.

> Educadores, médicos e arquitetos, em estudo comum, solucionaram o problema das mães com o funcionamento da creche, preferencialmente localizada próximo à habitação das crianças; para um conjunto residencial onde há uma grande porcentagem de mães que trabalha fora, prevê-se sempre o estabelecimento de uma creche, cuja situação, via de regra, será em terraço de edifício, em se tratando de habitações coletivas; no caso, entretanto, de conjunto residencial formado por habitações individuais, sua localização deverá ser, de preferência, em praças ou terreno arborizado, construindo edifício isolado (Brasil, 1956c, p. 14).

Essa era a sugestão sobre a localização das creches, que poderiam ser construídas também anexas às oficinas de trabalho das mães, às fábricas, às repartições públicas, aos institutos etc. (Brasil, 1956c). A creche construída junto a uma fábrica deveria ser feita de tal maneira que as crianças não ficassem expostas a fumaças, gases e odores. Entre a fábrica e a creche devia ser prevista uma área verde. Indispensável também se fazia a construção "de uma passagem coberta, que faça a ligação para facilitar e proteger a locomoção da mãe que amamenta o filho" (Brasil, 1956c, p. 14).

Sobre o planejamento do espaço físico, o DNCr projeta uma creche, como exemplo, de 60 leitos para filhos de domésticas, situada em terreno seco e arborizado, arejado e saudável, longe de estábulos, cocheiras, fábricas etc.

Ressalto aqui a importância de o projeto levar em consideração as diversas partes que compõem uma creche e que deveriam variar em função de seu destino. São cinco as partes projetadas:

- destinadas às crianças: espaço verde, pátio, solário, refeitório, sala de estar, berçário – sala de repouso, vestuários – banho e W.C., admissão e isolamento;

- destinada ao público: recepção – hall, serviço social, amamentação e vestuário – banho e W.C.;
- destinada à administração: secretaria;
- destinada ao pessoal: consultório médico, sala do pessoal, vestuário – banho e W.C. e refeitório;
- destinada ao serviço: cozinha (geral e leite), lavanderia, costura, almoxarifado, vestuário – banho e W.C., quarto residente e depósito e rouparia.

As partes são apresentadas com descrição detalhada do tipo de construção que devia ser feito, das especificações do mobiliário de cada dependência e com um conjunto de plantas da arquitetura de cada espaço (Brasil, 1956c).

Havia exigências que eram feitas às mães para matricularem seus filhos nas creches. Nesse ponto, é necessária uma reflexão sobre algumas questões da época, que podem ser identificadas nas exigências para admissão das crianças. O grau de disseminação da infecção tuberculosa nas classes mais humildes fazia com que fosse reforçada a exigência de atestado de vacinação BCG e abreugrafia das crianças. A Certidão de Nascimento era outro item exigido. Isso evidencia uma necessidade da época, sobretudo para as crianças das classes sociais mais pobres: "Essa exigência concorre para estimular o registro civil" (Brasil, 1956c, p. 28).

Outro item obrigatório na admissão da criança que merece destaque é a exigência de um fiador, adotada como uma providência recomendada por dada ao fato de a creche ser um estabelecimento para funcionar durante o dia: "Todos aqueles que estão habituados a trabalhar em hospitais ou creches sabem perfeitamente da frequência com que são as crianças abandonadas nesses serviços" (Brasil, 1956c, p. 28).

Na mesma perspectiva, cabia às creches aproveitarem o período de permanência das crianças para o estabelecimento de diferentes imunizações, caso contrário, "estará perdendo muito de sua utilidade social e cometendo grave erro, passível de censura das autoridades fiscalizadoras" (Brasil, 1956c, p. 28). "Para a admissão são também necessários os seguintes exames: exame clínico, praticado pelo serviço médico e o inquérito social" (Brasil, 1956c, p. 28). O exame deveria ser praticado pelo médico da própria creche, nenhum outro teria condições para atestar:

> O inquérito social torna-se necessário para evitar os casos de abandono, para tentar corrigir as condições do lar, de desajustamento familiar, de miséria. Agindo assim, a creche estará protegendo a criança além de seus limites, dando-lhe proteção integral (Brasil, 1956c, p. 28).

Por fim, dois tipos de atestados deveriam ser abolidos: o de pobreza e o de batismo. Para os autores do documento, o primeiro por ser inútil e humilhante e o segundo por ser discriminatório.

Pelas orientações dadas sobre a equipe de profissionais da creche, fica evidente que essa instituição era vista como um serviço assistencial para crianças sadias enquanto suas mães iam para o trabalho, que funcionava sob a orientação de um médico, auxiliado por uma orientadora, que supervisionaria uma equipe de outros profissionais. Enfim, a proposta apresentada contempla a temática: para que serve a creche? Examina sua rotina, seus procedimentos, as práticas dos adultos com as crianças, a concepção de infância e criança, a formação e o perfil desejado para os profissionais etc.

A creche deveria ter um médico responsável. Entretanto, os médicos trabalhavam graciosamente nas creches. Essa situação implica a descontinuidade do serviço, pois esses profissionais dedicavam somente alguns dias da semana na instituição: "Isto traz uma lamentável confusão no pessoal, que acaba por não saber a que ordem obedecer" (Brasil, 1956c, p. 29). Eram os médicos que davam as ordens para o pessoal que trabalhava na creche, essa é posição expressa no texto: "É preciso, de uma vez por todas, acabar com essa espécie de serviços, que vivem de *boa vontade* e da reconhecida dedicação dos médicos. [...] deve o profissional ser pago para isso. recebe em troca" (Brasil, 1956c, p. 29). A creche era colocada como um estabelecimento dos mais úteis por seu alto rendimento social, desde que bem construída, bem planejada e bem orientada. Cabia ao médico essa orientação.

O quadro de pessoal proposto era o seguinte: médico, orientadora, secretária, assistente social, atendentes, cozinheira, auxiliar de cozinha, encarregada do lactário, serventes, encarregada da rouparia, encarregada da sala de costura e pessoal de lavanderia e devia sempre contar com um homem na equipe para os serviços pesados.

A partir da descrição das tarefas a serem desenvolvidas por esses profissionais, pode-se perceber que a proposta feita para as creches naquela ocasião indicava a concepção de funcionamento da organização – creche – recorrentemente declarada assistencial, o que não descartava, todavia, seu caráter educativo. Ao contrário, a leitura dos documentos do DNCr sobre creche gradativamente traz elementos que confirmam sua proposta de educação, como é o caso dos que fazem referências diretas a atividades lúdicas para as crianças, brinquedos e brincadeiras, além das orientações específicas a respeito de recreação, desenvolvimento infantil e noções disciplinares que eram dadas nos cursos de formação mínima para o pessoal das creches.

Ao médico cabia proceder a um exame meticuloso de todas as crianças candidatas à admissão; encarregar-se da escolha dos modelos de fichas; observar as crianças pelo menos duas vezes por semana e fiscalizar o trabalho de todo o pessoal:

> [...] verificar se a dietética está sendo cumprida, se o pessoal que lida com as crianças está tratando com carinho, se a exposição no solário está se fazendo rotineiramente e se há necessidade de aquisição mais cara ou de alguma providência que exija contatos com a direção geral do serviço (Brasil, 1956c, p. 30).

Como se pode ver, embora não fique especificado, em nenhum momento no documento, de quem seria a direção geral da creche, o médico seria seu profissional mais importante. Entretanto, contraditoriamente, a creche era um serviço para crianças sadias e, por isso, diz o documento, não havia necessidade da presença diária do médico. As crianças doentes não deveriam ser admitidas e as que adoeciam não deveriam ser recebidas: "Torna-se desnecessária, portanto, a permanência do médico no serviço" (Brasil, 1956c, p. 31).

Havia outra profissional a quem cabiam os mais importantes encargos na creche: era a orientadora, ou que outro nome tivesse, afirmam os autores. Devia essa profissional fazer a triagem por ocasião da admissão das crianças. Seu procedimento, com todas as crianças que chegassem, deveria ser desnudá-las, atentamente observá-las e ter a temperatura registrada e, em caso de doença de tipo contagioso, devolvê-las à mãe, que as devia encaminhar, com ajuda do pessoal da creche, para um local em que pudesse ser tratada: "Se for observada qualquer anormalidade de menor importância, ou se a alteração febril se manifestar depois de admitida, deve ser transportada para o isolamento" (Brasil, 1956c, p. 31). Além de observar o comportamento das crianças no dormitório, nas horas de repouso ou em atividade em seus brinquedos, a orientadora era a encarregada da supervisão de todo o serviço, seguindo a orientação do médico.

Mas, afinal, quem é essa profissional descrita na proposta da creche do DNCr? Seria uma professora? Profissional do ensino? Uma enfermeira? Uma psicóloga? Uma assistente social? Quem seria essa auxiliar do médico na creche?

Argumentos, no entanto, são desenvolvidos com o intuito de apontar com precisão quem seria essa orientadora:

> A maneira como uma criança brinca é muito interessante psicologicamente. Nesses momentos a criança mostra muitos aspectos de sua personalidade. Sua observação por pessoa inteligente poderá auxiliar o médico quando tiver de indicar qualquer orientação (Brasil, 1956c, p. 32).

Apesar de o nome dessa profissional ser "orientadora", ela era vista como uma auxiliar do médico, que era quem efetivamente orientava o trabalho. O auxílio que dela era esperado, além de lhe exigir inteligência, demandava que fosse uma pessoa "capaz de compreender bem a criança e saber discernir, em seu comportamento, traços de sua maneira de ser" (Brasil, 1956c, p. 32).

A proposta explicita quem seria essa profissional ao delinear quem seria a boa orientadora:

> Deve, portanto, uma boa orientadora reunir uma série de predicados: ser uma modelar dona de casa, conhecendo bem os problemas disciplinares e econômicos que dificultam o manejo do lar; possuir conhecimentos suficientes dos pequenos problemas de saúde do grupo; ter uma base de conhecimentos psicológicos que a tornem compreensiva a respeito do caráter da criança, capaz de resolver problemas educativos que forem sendo suscitados; ser capaz de agir como uma trabalhadora social, capaz de encaminhar para solução as dificuldades e os desajustamentos ligados à vida familiar da criança (Brasil, 1956c, p. 32).

Interessante é o posicionamento que os autores têm logo a seguir da afirmação citada anteriormente:

> Agora, nos dirão: mulheres assim são difíceis de encontrar. Entretanto, se passarmos os olhos em torno, rememorando pessoas de nossas relações, veremos que muitas *mães* que conhecemos seriam capazes de exercer esse mister (Brasil, 1956c, p. 32).

E complementam: "as assistentes sociais se preparam para o exercício de funções semelhantes. Se a remuneração for adequada, não hão de faltar candidatas aceitáveis (Brasil, 1956c, p. 32).

Cabe aqui a pergunta: a boa mãe seria a boa orientadora ou a boa orientadora seria uma boa mãe? A proposta em nenhum momento abre brechas para a boa vontade, para o trabalho voluntário, o que ela sugere é o profissionalismo – o trabalho remunerado do médico e do restante da equipe. Não deixa de ser no mínimo curioso que a resposta, diante dessa postura contra o trabalho não remunerado e de tamanha exigência feita ao perfil da orientadora, seja restrita à assistente social, ou quem sabe a uma boa mãe.

Destaco que, na opinião dos autores, outras figuras essenciais, além do médico e da orientadora, deveriam integrar a equipe. O quadro variava de acordo com o tamanho da creche. São citadas também a secretária; a assistente social, que se encarregaria dos inquéritos sociais, estudos de cada família e seu ambiente; e uma atendente, para cada oito crianças, para vigilância, banhos, ministração de alimentos, tomada de estatura, pesagem, administração de vitaminas e ferro, arrumação das camas, mudanças de fraldas, orientação na hora da evacuação etc. E, ainda, as figuras de grande importância, na opinião deles, como a cozinheira e a auxiliar de cozinha; a encarregada do lactário; serventes, que cuidariam da limpeza geral; a encarregada da rouparia, da costura e da lavanderia.

Pelos indícios da descrição dos serviços propostos para o pessoal da creche posso inferir, a princípio, que não havia profissional que tivesse a tarefa de brincar com as crianças, muito embora seja admitida a observação das crianças em seus brinquedos. Brinquedos, da forma como a palavra está grafada, no masculino, leva-me a pensar que as crianças brincavam e também brincavam com seus brinquedos. Havia brinquedos na creche? Como as crianças brincavam? De que brincavam? Com quê? Quando? Com quem? Ficam as questões.

Outro aspecto que merece destaque refere-se ao posicionamento de que a capacidade de trabalho e o amor à criança não são suficientes para que a creche atinja sua finalidade: esta é a ideia introdutória do capítulo 9 da proposta, que trata especificamente da *formação de pessoal* para as creches. Defendia-se a ideia de que era preciso encarregar desse serviço pessoas que tivessem recebido uma preparação prévia, "capazes de compreender a importância e a significação desse período da vida, as suas características fundamentais, do ponto de vista somático e psíquico" (Brasil, 1956c, p. 33). E nessa direção eram propostos pequenos cursos para o preparo do pessoal que iria constituir as equipes de trabalho. Enfatizava-se que "esses cursos devem ser singelos, objetivos, estritamente práticos e a orientação psicológica dos mesmos deve partir do princípio que gente mais humilde tem muito pouca capacidade de abstração" (Brasil, 1956c, p. 33). O curso era denominado de *Curso Mínimo para o Pessoal*, em que se apresentava um esboço do programa mínimo, com algumas noções essenciais que deveriam ser ensinadas às pessoas que se destinariam a lidar com crianças nas creches. O Programa estava dividido em três partes: Teórica, Prática e Dietética, com os seguintes temas:

I. Parte teórica:

1. Criança até 1 ano de idade. Aquisições posturais. Marcha do peso. Alterações na alimentação. Desenvolvimento mental.

2. Criança de 1 a 2 anos de idade. Seu desenvolvimento físico e mental.

3. Formação de hábitos. Sua significação. Eliminação. Asseio.

4. Atitudes a tomar com a criança sadia que recusa alimentos. Práticas condenáveis.

5. Como orientar a recreação das crianças de acordo com a idade.

6. Noções disciplinares. Idade em que começam a ser aceitas.

II. Parte prática:

1. Preparo de material necessário à higiene da criança: algodão, gaze, saco de papel.

2. Bandeja com o material necessário ao banho da criança. Demonstração do banho. Técnica para limpeza da boca, nariz, ouvidos, olhos e órgãos genitais.

3. Como improvisar a caminha da criança. Modo de prepará-la.

4. Demonstrar como lavar a mamadeira, bico de borracha e demais utensílios necessários ao preparo da alimentação. Como conservar o leite em domicílio.

5. Aplicação de injeção intramuscular. Técnica de aplicação de vacinas.

6. Demonstrar como isolar uma criança doente. Técnica de tomada de temperatura, pulso e respiração. Explicação do quadro gráfico.

7. Prática das aplicações terapêuticas: medicamentos líquidos, comprimidos, supositórios.

8. O vestuário. Enxoval. Descrição das peças e das fraldas a escolher.
9. Dentição – como se processa. Cuidados com os dentes.

III. Parte dietética:
1. Material necessário ao preparo dos alimentos. Mucilagem. Decoctos.
2. Leite de vaca ao 1/2, 2/3 e integral. Leite engrossado.
3. Técnica para desengordurar o leite. Leite em pó; preparo.
4. Mingaus de farinha de trigo, de aveia etc.
5. Sopa de legumes. Caldos de vitaminas. Frutas.

O curso era eminentemente prático. O foco principal, como se observa, era na puericultura, que constituía a temática de maior relevância, complementado com a dietética. Interessante perceber que a recreação era um dos itens da parte teórica, e nada de prático está relacionado às brincadeiras e aos brinquedos infantis.

Fica assim demonstrado, no programa desse curso, que a creche tinha como função liberar a mão de obra feminina para o trabalho sem o estorvo – a criança –, sem deixar de expressar, também, a ideia de que cabia à creche a formação de bons hábitos nas crianças, filhas de mães trabalhadoras. Na proposta, os saberes médicos eram indispensáveis para o bom funcionamento da creche – talvez esses fossem os mais importantes e os mais complexos temas a serem assimilados pelos futuros profissionais. Duas eram as palavras-chave: higiene e vigilância. Devemos lembrar que as preocupações no tocante à higiene e à vigilância têm de ser rigorosamente eficientes em consequência da própria natureza das creches: coletividade de menores, vindas de diferentes meios, trazendo cada qual suas mazelas e sendo todos portadores, em potencial, de maus hábitos ou infecções, que rapidamente se difundem caso não encontrem resistência e providências adequadas (Brasil, 1956c). A questão da mortalidade infantil, que esteve na pauta da saúde pública – vigilância sanitária – e da puericultura desde o início da República, é, sem dúvida, o pano de fundo que compõe o cenário da proposta do Curso Mínimo para o Pessoal.

A creche, além de ser a solução do problema surgido com o crescente ingresso da mulher no trabalho fora de casa, tinha o objetivo de ser um espaço no qual as propostas de saúde da criança pudessem ser operacionalizadas.

A creche integrava o rol dos programas do DNCr com: auxílio financeiro; auxílio técnico; fortalecimento da família; combate à desnutrição; educação sanitária; proteção ao pré-escolar; proteção ao adolescente desajustado; combate às infecções; e estudos e pesquisas (Brasil, 1940-1965). Visava educar as crianças e as mães. Uma educação que tinha como pressuposto as mazelas, os maus hábitos e as infecções daquelas mulheres e crianças.

Nos textos que tratam diretamente dos assuntos recreação, desenvolvimento da criança na creche, funcionamento, utilização da creche no programa educacional e educação das mães, aparece com mais objetividade a proposta educativa da creche. A proposta de educação do DNCr, nos anos 1950/1960, é destinada não só às crianças como às mães, e isso fica claro no texto no momento em que os autores afirmam:

> [...] assim como a utilização da creche para o estabelecimento de um princípio de orientação das crianças de muito lhes aumentaria a utilidade, outro objetivo a considerar é o que diz respeito à sua utilização como ponto de educação das mães (Brasil, 1956c, p. 54).

O livro põe o leitor diante das concepções de recreação como prática educativa das crianças: "Pela atividade lúdica, pelo exercício das atividades espontâneas, a criança entra em contacto com o ambiente e se torna mais objetiva e observadora; aprende a manipular os objetos, desenvolve o equilíbrio e habilidade neuromuscular" (Brasil, 1940-1965, p. 34). A compreensão da recreação como exercício não permite vê-la longe do âmbito educativo. A recreação (exercícios) é pensada nos espaços internos da instituição, dentro da área coberta, para as crianças que ainda não andam, ou para todas as crianças "nos dias de chuva ou muito vento", e externos, para as crianças maiores. Os "equipamentos educativos" são sugeridos a partir de alguns preceitos: para dentro de casa deveriam ser escolhidos brinquedos adequados a diferentes idades; as crianças apreciam brinquedos simples,

> [...] podendo ser aproveitados como tais objetos que deixam de ter utilidade para os adultos, como por exemplo, carretéis grandes vazios, de linha ou de tela adesiva, estojos de monitores de lâmina para barbear etc. As crianças não apreciam os brinquedos caros, de molas, animados de vários movimentos (Brasil, 1940-1965, p. 36).

Alfred Adler[56] é citado como referência ao preceito de ordem geral que deve presidir a escolha de bons brinquedos e, de preferência, esses devem estimular o espírito de *construtividade* e cooperação:

> Além de serem de acordo com a idade, porque uma criança no período que passa na creche não dará a mínima atenção a um complicado brinquedo de mola, a um trem, uma piorra, que ela nem consegue manejar, devem ser eles resistentes (Brasil, 1940-1965, p. 36).

Ademais, eram também preceitos da boa recreação na creche: desenvolver nas crianças apego aos seus brinquedos; não acumular grande número de brinquedos, pois, se forem em grande número, levam à saciedade, à inconstância, à indiferença, conduzem ao descaso; devem ser os brinquedos leves e não apresentar quinas cortantes ou agudas (Brasil, 1940-1965).

Na lista de brinquedos apresentados como adequados às diferentes idades: para dentro de casa, são relacionados brinquedos divididos por faixa etária (até 3 meses; até 9 meses; até 12 meses; até 1 ano e 8 meses e 2 anos). Alguns brinquedos têm a seu lado um parêntese onde se podem ver orientações sobre para que servem, como é o caso da bola pequena, que "(estimula a locomoção)" (Brasil, 1940-1965, p. 37). É uma lista rica em sugestões que vão de anéis coloridos, bolas, bonecas, animais de borracha, blocos coloridos, carrinho de boneca, carros, blocos com as figuras geométricas, além de caixas de diferentes tamanhos, carretéis e até cômoda com gavetas.

Do lado de fora da creche deveria existir uma área para que a criança a utilizasse:

> [...] para dar expansão ao seu desejo de movimento e na qual reúnam brinquedos variados, capazes de ocupar a sua atenção voltada para os objetos e outras cousas exteriores. Nessa área, terreiro ou "playground" se disporão alguns objetos que comumente atraem o interesse da criança e com os quais ela irá treinando e aperfeiçoando seus movimentos (Brasil, 1940-1965, p. 37).

---

[56] Nascido em 7 de fevereiro de 1870, em Penzing, na Áustria, falecido em 28 de maio de 1937, em Aberdeen, na Escócia, Adler foi um proeminente psiquiatra, criador da corrente psicológica conhecida como Psicologia Individual. Introduziu conceitos como sentimento de inferioridade ou, mais popularmente, complexo de inferioridade. Desenvolveu uma psicoterapia flexível, de apoio no sentido de conduzir à maturidade emocional, ao bom senso e à integração social aqueles emocionalmente deficientes em razão de sentimentos de inferioridade. Ver COBRA, R. Q. Alfred Adler, fundador da Psicologia Individual. *COBRA PAGES*, Brasília, 2003. Disponível em: www.cobra.pages.nom.br. Acesso em: 27 ago. 2023.

Era sugerido que a área descoberta tivesse uma caixa de areia, munida de materiais para revolvê-la: pás, baldes, peneiras, colheres, moldes etc.

O texto traz, também, o que as crianças pequenas gostam de fazer, seus desejos e os treinamentos pelos quais elas deveriam passar, acompanhados de materiais adequados a seus interesses, por exemplo:

> [...] outra coisa que as crianças gostam de manipular é o barro de olaria, são as massas plásticas, em geral. Blocos de sabão poderão servir para recortar e moldar. Massa de pão umedecida servirá, para igual fim. Giz, para rabiscar, bem como lápis e papel. Uma lousa será útil para dar vazão a essas expressões gráficas (Brasil, 1940-1965, p. 38).

E, por fim:

> [...] um pequeno plano inclinado, para escorregar, é sempre bem apreciado pelas crianças, uma escada pequena, será útil ao treinamento dos movimentos. Pequenos balanços e um pequenino tanque ou lago, bem raso sobre o qual possam flutuar objetos e nos quais a criança possa entrar e dar expansão ao seu desejo de brincar com água (Brasil, 1940-1965, p. 38).

As concepções de Arnold Lucius Gesell[57] são citadas como fundamento do desenvolvimento da criança. Durante o período que a criança passa na creche, processam-se:

> [...] dois dos mais significativos e magnos fenômenos da vida humana: a aquisição da marcha e a aquisição da palavra. Esses dois episódios são, do ponto de vista psicológico, de máxima importância e torna a creche um campo de observação para psicologistas e os observadores da conduta (Brasil, 1940-1965, p. 37).

---

[57] Gesell nasceu em 21 de junho de 1880, em Alma, Estados Unidos, e faleceu em 29 de maio de 1961 em New Haven, Estados Unidos. Foi o psicólogo desenvolvimentista que demonstrou maior interesse pelos aspectos maturacionais em desenvolvimento humano. Estudou na Universidade de Clark (Massachusetts), onde foi influenciado a pesquisar o desenvolvimento infantil. Em 1906, doutorou-se na mesma universidade e, em 1911, dirigiu uma psicoclínica, conhecida como Clínica de Desenvolvimento Infantil. A partir dessa experiência, começou a acreditar que precisava, para prosseguir seus estudos, de treinamento médico, e em 1915 recebeu seu diploma em Medicina, pela Universidade de Yale. Interessou-se pelo retardo mental, concluindo que, para compreender essa realidade, era necessário, primeiro, entender o desenvolvimento normal. Em 1919, iniciou uma série de pesquisas sobre o crescimento mental de bebês. Elaborou um novo método de investigação (metodologia de observação direta) do comportamento pelo uso controlado do ambiente e estímulos precisos. Pesquisou cerca de 12.000 crianças de várias idades e vários estágios de desenvolvimento, por meio da filmagem, registrando o processo de desenvolvimento dessas desde o nascimento até os 13 anos. Em 1938, elaborou uma listagem do desenvolvimento infantil nas primeiras quatro semanas após o nascimento, material usado por vários profissionais. Ver www.claudia.psc.br/arquivos/Gesell.pdf.

Mesmo que sinteticamente, e ressalvado que

> [...] não cabe evidentemente, nos limites deste trabalho, enveredar por assuntos de psicologia infantil, mas, será de utilidade anotar algumas etapas do desenvolvimento, mais marcantes, pois são, em geral, objeto de curiosidade dos pais, e servem, muitas delas, de índice de um normal desenvolvimento mental (Brasil, 1940-1965, p. 37).

Os autores reportam as fases da criança nos 12 primeiros meses de vida. No 1º trimestre de vida, a criança adquire o controle de seus 12 músculos oculomotores. No 2º trimestre, alcança o comando dos músculos que sustentam a cabeça e movem os braços. Faze esforço para alcançar objetos. No 3º trimestre, consegue o domínio do tronco e das mãos. Senta-se, agarra, transfere e manipula objetos. No 4º trimestre, já estendeu seu domínio sobre as pernas e os pés, o indicador e o polegar. Usa uma pinça em que utiliza o polegar e o indicador. No 2º ano, caminha e corre, articula palavras e frases, adquire controle sobre a bexiga e o reto e um princípio rudimentar de identidade pessoal e de posse (Brasil, 1940-1965). A partir dessa descrição das fases da criança, plasmada nas ideias de Gesell, os autores incluem um quadro de aquisições que as crianças obtêm durante seu desenvolvimento, entre 2 meses e 2 anos, idade-limite de frequência às creches, baseado nas fichas de observação elaboradas por Helena Antipoff[58]: "O primeiro trata da observação quanto ao movimento e formação de hábitos gerais; depois trata dos sentidos e percepções, seguido de memória e conhecimento, linguagem e comportamento social" (Brasil,

---

[58] Nascida na Rússia, Helena Antipoff formou-se em São Petersburgo, Paris, Genebra. Em Paris (1910-1911), estagiou no Laboratório Binet-Simon. Entre 1912 e 1916, cursou o Insitut des Sciences de l'Èducacion, em Genebra, e obteve o diploma de psicóloga. Entre 1915 e 1924, voltou à Rússia, tendo trabalhado em estações médico-pedagógicas e no Laboratório de Psicologia Experimental em Petersburgo. Em 1924, deixou a Rússia e foi se encontrar com seu marido, Viktor Iretsky, então exilado em Berlim. Em 1926, publicou numerosos artigos em periódicos especializados. Seu trabalho, nesse período, revela a influência da psicologia sócio-histórica russa e da abordagem interacionista elaborada por Claparède e Piaget. Em 1929, a convite do governo do Estado de Minas Gerais, foi lecionar Psicologia na Escola de Aperfeiçoamento de Professores, onde promoveu extenso programa de pesquisa sobre o desenvolvimento mental, ideais e interesses das crianças mineiras, visando subsidiar a reforma do ensino local. Em 1932, liderou a criação da Sociedade Pestalozzi de Belo Horizonte e, a partir de 1940, da Escola da Fazenda do Rosário, Ibirité, Minas Gerais, com a finalidade de educar e reeducar crianças excepcionais ou abandonadas utilizando os métodos da Escola Ativa. Na mesma época, tornou-se professora fundadora da Cadeira de Psicologia Educacional da Universidade de Minas Gerais. Em 1944 e 1949, no Rio de Janeiro, Antipoff trabalhou com ao Ministério da Saúde na institucionalização do Departamento Nacional da Criança e na criação da Sociedade Pestalozzi no Brasil. Em 1951, obteve a cidadania brasileira e retornou a Minas Gerais. Liderou então extensa obra educativa a partir da Fazenda do Rosário, nas áreas de educação especial, educação rural, educação para a criatividade e de bem dotados, tendo participado ativamente na formação de várias gerações de psicólogos educadores (Campos, 2000).

1940-1965, p. 39). A psicologia do desenvolvimento é usada na proposta da creche da forma como Jobim e Souza (1996, p. 41) se referem ao buscar um ressignificado para essa área da psicologia:

> [...] na medida em que segmenta, classifica, ordena as fases do nosso crescimento, ela engendra um discurso desenvolvimentista que estipula as formas e possibilidades com base nas quais o curso da vida humana pode fazer sentido.

O desenvolvimento da criança é visto na perspectiva do progresso, concebido como etapas ou fases (Jobim; Souza, 1996).

Aqui cabe uma breve reflexão sobre o paralelo que pode ser feito entre conceitos usados na Psicologia, na História, na Economia e na Política. Em todas essas áreas do conhecimento, verifica-se o uso da ideia de desenvolvimento na perspectiva de progresso e nelas recorrentemente aparece a visão *etapista* linear do tempo histórico.

Com base nas normas da puericultura, ao tratar do funcionamento da creche, são mencionadas as precauções a serem tomadas: higiene e vigilância, e é nessa perspectiva que o estabelecimento de uma rotina na creche é indispensável para que as crianças fiquem protegidas das diferentes causas que podem prejudicá-las em seu desenvolvimento:

> Esse tipo de rotina, juntamente com a assistência psicológica individual, necessária ao crescimento e desenvolvimento harmônico da criança, facilitará de muito a direção de uma creche, restringindo as numerosas falhas de base que uma planificação menos rígida pode originar (Brasil, 1940-1965, p. 49).

A rotina proposta tem horário fixo para as atividades das 7 horas – entrada, exame e banho – até as 17 horas, para as creches de filhos de funcionárias; até as 18 horas, nas creches das operárias; e até as 21 horas, para as creches destinadas aos filhos de domésticas (Brasil, 1940-1965). Novamente as orientações focam a necessidade de um enorme cuidado com a admissão das crianças diariamente: "Todo este introito não deve levar mais de 1 hora, da chegada à creche até sua entrada no berçário ou local de brinquedos" (Brasil, 1940-1965, p. 50). Basta uma breve análise para que se perceba que grande parte do dia da criança na rotina da creche a envolverá em atividades de exame e higiene.

Embora no quadro de pessoal da creche não apareça a figura da enfermeira, esta é apresentada no capítulo 12, no qual é tratado o tema funcionamento, como uma profissional importante para dar instruções às mães sobre o modo de cuidar das crianças no lar. É salientado que "devem ser aproveitadas todas as oportunidades para o esclarecimento sobre noções de puericultura, fazendo com que os benefícios recebidos na creche não sejam malbaratados pelo descaso ou ignorância dos familiares" (Brasil, 1940-1965, p. 52). Duas estratégias são sugeridas para o trabalho com as mães: reuniões mensais, nas quais serão desfeitas as dúvidas e ministrados conhecimentos de higiene, psicologia e pedagogia educacionais; e conversas pessoais diárias com os responsáveis para tratar dos mesmos assuntos. Ressalto aqui a primeira e única vez em que aparece no texto do livro a palavra *pedagogia*. Merece reflexão também o fato de, em nenhum momento, o texto fazer referência à figura paterna. Pela primeira e única vez, os autores, nesse capítulo, usam o termo *responsáveis*.

As orientações a respeito do funcionamento têm o seguinte fecho: "persistência e paciência na execução de um programa bem elaborado, são fatores responsáveis ao bom funcionamento de uma creche" (Brasil, 1940-1965, p. 53).

A *utilização da creche no programa educacional* é o item que confirma a existência de um programa educacional para crianças pequenas no Ministério da Saúde/DNCr; configura a pedagogia da creche, por meio de um pequeno e conciso texto. O pressuposto inicial, como já abordado em itens anteriores, é que o "desenvolvimento da criança deve se fazer passo a passo, cada um deles servindo de fundamento ao que se seguir" (Brasil, 1940-1965, p. 53). O que resulta na importância fundamental de "se orientar uma boa formação de hábitos, que disciplinando a vida vegetativa, facultarão um melhor desenvolvimento das funções da vida de relação" (Brasil, 1940-1965, p. 53). O que se espera da criança ao sair da creche? Automatismo, essa é a resposta, estabelecimento de hábitos que preparem as crianças para se ajustarem às dificuldades que encontrarem. Mas o que vem a ser a formação de bons hábitos? Os autores não deixam de explicar que "nas creches deve ser aproveitada a oportunidade para procurar desenvolver uma série de bons hábitos" (Brasil, 1940-1965, p. 53 e 54). Assim, a expectativa é de que, ao sair da creche, aos 2 anos de idade, a criança seja disciplinada, controle sua evacuação e micção, esteja orientada a brincar, tenha disciplinado suas atitudes em relação aos brinquedos, seja capaz de combater seus temores, ciúmes e timidez, além de controlar suas crises de cólera. A creche era vista como uma organização entrosada no sistema de estabelecimentos que visam orientar o desenvolvimento da criança, como se pode identificar na afirmação:

> Se for possível conseguir que esses cuidados de ordem orientadora do ponto de vista psicológico sejam adotados, a creche deixará de ser apenas um depósito de crianças para como que se entrosar no sistema de estabelecimento que, desde tenra infância visam orientar o desenvolvimento infantil (Brasil, 1940-1965, p. 54).

Mas a creche também é proposta como um ponto de educação das mães, o que, na opinião dos autores, ampliaria suas finalidades sociais. Nesse sentido, as orientações dadas no 14º capítulo, "Educação das mães", sugerem que sejam empregados esforços para dar conselhos às mães, sejam eles transmitidos oralmente, pelos médicos e enfermeiras, ou por meio de cartazes sugestivos ou em apresentações bem claras do que se deseja inculcar:

> Ensinamentos de ordem prática, como o adequado preparo dos alimentos, os cuidados higiênicos, os meios de treinamento do controle das funções de alimentação, a defesa contra o frio e o calor, a racionalização do vestuário e outros conselhos apropriados no ponto de vista disciplinar (Brasil, 1940-1965, p. 54).

É nessa perspectiva que as mães seriam educadas e aperfeiçoadas na arte de cuidar dos filhos.

Não se furtam, também, os autores de apresentar, no 15º capítulo, sobre *equipamentos – equipamentos para a cozinha*, uma farta lista elaborada por D. Jacyara Carvalho Guedes, dietista-chefe do Instituto Fernandes Figueira, que contém utensílios necessários para equipar uma creche. Seguem-na desenhos que servem de exemplos do mobiliário, todos com medidas, que deveria haver na creche.

Como manter uma creche? Essa é a questão que vai ser respondida pelo livro das creches para os filhos das mães das categorias profissionais que descontavam de seus ordenados uma contribuição fixa para sua previdência[59]. Esse era o caso das operárias, comerciárias e funcionárias: "O mesmo não acontece, entretanto, com as domésticas, cujo serviço não foi regularizado, não havendo, portanto, um instituto de previdência que as assista" (Brasil, 1940-1965, p. 64). Para as domésticas, as creches seriam de responsabilidade de instituições particulares, que, na opinião dos autores, "lutam com sérias dificuldades" (Brasil, 1940-1965, p. 64).

---

[59] Decreto-Lei nº 5.452, de 1º de maio de 1943: Art. 397 – As instituições de Previdência Social construirão e manterão creches nas vilas operárias de mais de 100 casas e nos centros residenciais, de maior densidade, dos respectivos segurados. Art. 398 – As instituições de Previdência Social, de acordo com instruções expedidas pelo Ministério do Trabalho, Indústria e Comércio, financiarão os serviços de manutenção das creches pelos empregados ou pelas instituições particulares idôneas.

Portanto, a lógica da manutenção (financiamento) das creches era: aquelas destinadas aos filhos de trabalhadoras de categorias que tinham suas previdências regulamentadas seriam mantidas por seus institutos de previdência; aquelas que eram destinadas a filhos de trabalhadoras que não tinham sua previdência regulamentada seriam mantidas pela iniciativa privada.

Embora a creche fosse um direito da mulher – mãe – trabalhadora, os autores argumentam que por uma questão de "ordem social e psicológica, creche alguma deve oferecer seus serviços gratuitamente" (Brasil, 1940-1965, p. 64). Mesmo que o pagamento fosse simbólico, deveria ser sempre exigido, o que daria um maior interesse às mães que a ela recorressem: "Se as mães se sentirem amparadas sem qualquer dispêndio, haverá, nesse amparo, um laivo de esmola, que não agrada a quem recebe" (Brasil, 1940-1965, p. 64). A ideia que predominava a respeito da questão era que, ao pagar a creche, as mães passariam a dar um valor social ao serviço, sentindo-se responsáveis por ele, o que afastava delas a humildade dos que recebem sem dar.

Em relação às creches especificamente destinadas aos filhos das empregadas domésticas, o texto mostra que, nesse caso, as donas de casa – empregadoras – são as pessoas que mais diretamente, depois das mães, lucram com esse serviço. Assim, deveriam concorrer para sua manutenção. Ao DNCr, do Ministério da Saúde, e à LBA caberia garantir verbas de auxílio para a construção e instalação dessas creches, após análise e aprovação das plantas do projeto de construção e o fornecimento de orientações técnicas para seu funcionamento, não se eximindo das inspeções posteriores.

A manutenção dessas creches ficaria a cargo da inventiva dos diretores. Mantê-las exige dispendiosos recursos financeiros. São várias as sugestões apresentadas para a captação de recursos, para que as sociedades privadas possam manter suas creches: "Costumam essas sociedades receber donativos de pessoas que dispõem de bens de fortuna e aplicam os seus sobejos em benefícios de obras assistência social. Muitas têm um corpo de contribuintes, que pagam uma mensalidade" (Brasil, 1940-1965, p. 65). Mais uma vez não estaria o poder público deixando sob a responsabilidade da sociedade civil a proteção e o amparo das crianças e das mães? Fica evidente que o projeto – política pública – da creche proposta, diante das limitações dos direitos trabalhistas, conclama a iniciativa privada a assumir responsabilidades no atendimento da criança pequena[60]: "Qualquer auxílio deve ser bem visto"

---

[60] Decreto-Lei nº 5.452, de 1º de maio de 1943: Art. 399 – O ministro do Trabalho, Indústria e Comércio conferirá diploma de Benemerência aos empregadores que se distinguirem pela organização e manutenção das creches e de instituições de proteção aos menores em idade pré-escolar, desde que tais serviços se recomendem por sua generosidade e pela eficiência das respectivas instituições.

(Brasil, 1940-1965, p. 65). Sugestões antigas e conhecidas para angariar recursos são apresentadas como política de financiamento, tais como: nas cidades pequenas, quermesses com barraquinhas, em que se vendem prendas e se leiloam objetos doados:

> [...] essas festas, que tiveram grande aceitação e davam às praças uma nota pitoresca, são, nas cidades maiores, substituídas por chás de caridade, com desfile de modas, bailes, concursos hábeis, fartamente divulgados, como o que a Cruz Vermelha realiza, com prêmio atraente e inscrições pagas (Brasil, 1940-1965, p. 65).

"Inúmeras sugestões poderão ser apresentadas para a obtenção de dinheiro do povo" (Brasil, 1940-1965, p. 66). Fica explícita a ideia de que é de responsabilidade da direção da creche "a criação de novas modalidades de auxílios para ajudar a manter esses serviços, geralmente dispendiosos, mas que frutificam em benefícios e compensam em satisfação as agruras de sua manutenção" (Brasil, 1940-1965, p. 66).

Por fim, no capítulo "Leis de proteção ao trabalho da mulher", em que são apensados alguns artigos do Decreto-Lei nº 5.452, de 1º de maio de 1943, Consolidação das Leis do Trabalho, são abordados temas diretamente relacionados aos direitos já assegurados em lei e às atitudes patronais. A tensão entre o ordenamento legal e a realidade aparece no processo de implantação das creches, sobretudo aquelas que seriam de responsabilidades dos patrões para os filhos das trabalhadoras, conforme estabelecido na lei[61]: "Alegam muitos patrões que os locais destinados por eles à amamentação dos filhos das empregadas não são frequentados, permanecendo sem candidatos a suas vagas" (Brasil, 1940-1965, p. 68). Essa alegação é usada pelo patronato como justificativa para se eximir de seus deveres. Em contraposição, os autores, compreensivos com a atitude das mães, contra-argumentam que, se por um lado não há atrativos de qualquer espécie nos pretensos locais apropriados, por outro, não fazem os patrões a menor campanha educativa com o objetivo de convencer as mães da utilidade de procurar esses serviços. Para eles, "as operárias são desconfiadas, precisam receber um impulso inicial e ser animadas a se utilizarem do local" (Brasil, 1940-1965, p. 68). E fortemente criticam as fábricas, que mantêm aquele ponto apenas para atender às exigências de uma problemática fiscalização, na qual o local para a amamentação é tão escuso que as próprias operárias não têm noção de sua existência.

---

[61] Decreto-Lei nº 5.452, de 1º de maio de 1943: Art. 400 – Os locais destinados à guarda dos filhos das operárias durante o período de amamentação, deverão possuir, no mínimo, um berçário, uma saleta de amamentação, uma cozinha dietética e uma instalação sanitária.

Outra questão abordada é a exigência relativa à manutenção de creches nas empresas. Sobre esse aspecto esclarecem que o Ministério Nacional do Trabalho estabeleceu que o contrato com instituições idôneas, para o cumprimento das exigências relativas à manutenção de creches, supre perfeitamente a finalidade legal. As fábricas recorrem a esse critério, aproveitando a disponibilidade de creches mantidas por instituições particulares, criadas originalmente para atender a filhos de domésticas, que agora passam a ter menos vagas asseguradas. Essa alternativa, admitida pelas normas, encontrada pelos empregadores, concorre, dessa forma, para retardar a solução real do problema: "Para que os empregadores fiquem exonerados das obrigações que as leis lhes impõem torna-se primeiramente necessário modificar essas leis" (Brasil, 1940-1965, p. 69).

O encaminhamento dado pelos autores acerca de um programa de incentivo à criação de creches vai na direção de que as próprias indústrias, nas zonas de concentração operária, recrutassem seu pessoal para construir creches que atendessem todas as crianças, reservando um número de leitos relativo aos filhos de suas operárias. Essas creches seriam administradas por organizações idôneas, com experiência no assunto, como LBA, Serviço Social do Comércio (SESC), Serviço Social da Indústria (SESI) etc., que se encarregariam de manter, fiscalizar e controlar as despesas e buscar as soluções mais econômicas:

> As autoridades encarregadas desse problema estão, no momento, estudando uma modificação na legislação, para que não continuem as disposições legais figurando letra morta. Esperamos que desse estudo resulte algo que venha favorecer a criança e dar solução ao problema das creches, estacionado até agora (Brasil, 1940-1965, p. 69).

Mediante o exposto, não há como não admitir que o projeto da creche do DNCr foi elaborado como uma proposta assistencial, de educação e saúde, tendo por base concepções da psicologia do desenvolvimento da época e sendo pautado nas práticas educativas para as crianças pequenas, que recorriam às atividades lúdicas como estratégia, associadas aos preceitos da puericultura predominantes no Ministério da Saúde e, mais especificamente, no Departamento Nacional da Criança.

Na década de 1960, o Departamento Nacional da Criança teve um enfraquecimento e acabou transferindo algumas de suas responsabilidades para outros setores. Prevaleceu o caráter médico-assistencialista, que enfocava suas ações na redução da morbimortalidade materna infantil.

Em 1970, as Delegacias Federais da Criança e o próprio Departamento foram extintos, em razão da reforma do Ministério da Saúde, que criou a Coordenação da Proteção Materno-Infantil.

5.2 Escolas maternais e jardins de infância: um prolongamento do lar, e não a antessala da escola primária

O livro *Escolas Maternais e Jardins de Infância*, editado pela primeira vez pelo Ministério da Saúde, em 1954, na *Coleção DNCr*, tem uma característica distintiva: é composto de seis capítulos e a esses são apensados mais de 60 anexos. Celina Airlie Nina, que foi diretora do Jardim de Infância do Instituto de Educação do Rio de Janeiro (IERJ), é a autora. Em sua atuação no serviço público federal, ela transitou tanto pelo INEP como pelo DNCr, trabalhando na DPS.

Nas condições impostas regimentalmente[62] à DPS do DNCr: "empenhada em executar seu grande e humanitário plano de amparo à maternidade, criança e ao adolescente, não pode prescindir de cuidados especiais a todos os aspectos do problema social da infância". Já na apresentação a autora afirma que a publicação "visa, também, a despertar o interesse de jovens patrícias para o trabalho nas instituições destinadas a crianças pré-escolares, colaborando com sua educação" (Nina, 1954, p. 5).

Justificadas a importância e a necessidade do livro, uma explicação necessária é feita. A autora relata que era com certa insistência que chegavam ao DNCr pedidos de informações sobre a construção de prédios para educação pré-primária, instalação, aparelhamento e orientação para a organização e funcionamento dessas instituições. Segundo Nina, eram consultas concretas, que apresentavam problemas reais com os quais se defrontavam os que se dedicavam ao trabalho de proteção e amparo à criança pré-escolar brasileira.

O DNCr vinha distribuindo, desde 1943, cópia datilografada de dois trabalhos organizados com a preocupação de estudar esses problemas, "encarados sob o ponto de vista pedagógico, para o que solicitou, na época, a colaboração do INEP, envidando-se, aí, esforços para dar resposta e solução a essas várias situações reais e vividas" (Nina, 1956, p. 6).

O livro *Escolas Maternais e Jardins de Infância* constitui-se de uma revisão desses dois trabalhos, ora reunidos, "e que se procurou atualizar... no desejo de atender ao grande número de consultas continuamente a nós

---

[62] O Regimento do DNCr, no art. 11, item XII, fixava a competência da Seção de Auxílio às Obras Sociais (SAOS): estudar normas e padrões de funcionamento dos estabelecimentos particulares, destinados a prestar assistência à maternidade, à infância e à adolescência.

dirigidas" (Nina, 1954). Os principais interlocutores da publicação são as obras sociais de proteção à infância, seus familiares e as futuras educadoras e/ou jardineiras das escolas maternais e/ou dos jardins de infância.

Ressalta-se aqui a ação conjunta INEP/DNCr, sugerindo orientações para a educação pré-primária. Nessa ocasião (1954), cada um desses órgãos estava vinculado a um ministério específico: Ministério da Educação e Cultura e Ministério da Saúde, respectivamente.

Nina (1956, p. 7) se coloca do lugar de onde fala e para quem fala com o seguinte parágrafo:

> Com este trabalho, pois, não temos a pretensão de apresentar estudo completo sobre o assunto. Ele representa muito mais a nossa modesta colaboração aos esforços empregados por tantos interessados, visando ao bem-estar da criança que, no nosso país, atravessa fase tão importante do desenvolvimento infantil – a fase pré-escolar. Representa, ainda, um resumo do estudo, que nos tem sido dado fazer do assunto, através de leituras, cursos em universidades estrangeiras, visitas a estabelecimentos do país e de outras nações, e da nossa experiência pessoal no contato diuturno com esses problemas.

Para ela, dos aspectos da proteção social às crianças, um dos mais importantes é, certamente, o educacional e, em sua opinião, existem três tipos de instituições destinadas a auxiliar a família, na educação das crianças, até atingirem a idade escolar: *a creche* (em alguns casos denominada pupileira); *a escola maternal* e o *jardim de infância*.

Nas considerações introdutórias, Nina (1954, p. 8) pergunta: "Haverá, realmente, necessidade de fundar instituições desse gênero?". Ao responder, focaliza os seguintes pontos: "Têm, todas as mães, *capacidade* para desempenhar a sua missão? Têm, todas as mães, *interesse* para desempenhar a sua missão? Têm, todas as mães, *possibilidades* para desempenhar a sua missão?". E lembra: "neste particular, somente as que **trabalham fora de casa**, encarando as necessidades financeiras, que as levam a se afastarem de seus filhos, na idade em que elas mais precisam delas" (Nina, 1954, p. 8, grifos nossos). Ela faz alusão a várias situações que havia encontrado: *a mulher que, por seu estado de viuvez, ou abandono, se vê na contingência de trabalhar fora de casa, para manter o lar; a mulher que é obrigada, muitas vezes, a ajudar o marido, no equilíbrio do orçamento doméstico; a mulher que trabalha fora do lar buscando um bem-estar material – a compra de uma casa; a mulher que trabalha fora do lar, para atender a dificuldades futuras e problemáticas – viuvez e consequente falta de recursos; e* *a mulher que trabalha fora do lar, apenas para adquirir futilidades*. Reconhece a absoluta necessidade das primeiras e, sem querer criticar as últimas, pede permissão para salientar um único aspecto do problema: "A necessidade que o filho tem de melhor alimentação e vestuário mais completo deve levar a esquecer, inteiramente, a necessidade que tem ele, de uma atenção mais cuidadosa e, até mesmo, a necessidade de afeição e de carinho?" (Nina, 1954, p. 8). Frisa que, como fez um grande educador[63], ao lado da *fome biológica*, a criança tem *fome de companhia*. E por fim declara: "poderíamos concluir com Kergormard[64], educadora francesa, cuja vida foi dedicada à educação dos pré-escolares, serem as instituições desse gênero – *um mal necessário*" (Nina, 1954, p. 10). Essa concepção marcará por muitos anos as ideias de creche, escola maternal e jardim de infância veiculadas e/ou propostas pelo DNCr.[65]

Assim diz Nina (1954, p. 10): "se sabem que seus filhos estão bem assistidos, enquanto se entregam às tarefas fora do lar, as mães poderão trabalhar mais sossegadas e produzir mais".

Passa a abordar as definições de pupileira, escola maternal e jardim de infância, sem antes deixar de explicar que em várias obras são encontradas definições formais sobre esses termos, mas que se dedicará a fazer definições simples, baseadas em reflexões em torno dos próprios nomes. Lembra a ideia central de Froebel, ao criar os jardins de infância: "que os pré-escolares devem crescer em situação idêntica à que se proporciona às plantas" (Nina, 1954, p. 10).

Para ela, a finalidade primordial da escola maternal e do jardim de infância é *auxiliar as famílias na educação de seus filhos em idade pré-escolar*. E enumera os seguintes objetivos gerais para essas instituições: *oferecer às crianças ambiente para experiências; desenvolver-lhes hábitos, capacidade, atitudes corretas; levá-las a verificar e sentir o que realizam; apresentar-lhes meio idêntico de vida e educação, no lar e na instituição, promovendo melhor entendimento entre os dois; promover aproximações entre elas a fim de obter cidadãos mais bem formados e facilitar melhor "compreensão internacional"*. Isso tudo para conseguir a formação integral da criança, para o que se deve: *estimular a saúde e o crescimento físico; encorajar o desenvolvimento mental; firmar o desenvolvimento moral; encaminhar o desenvolvimento cívico; guiar a visão espiritual da vida; desabrochar a apreciação e capacidade estética, artística; orientar a personalidade e o desenvolvimento social e estabelecer o equilíbrio emocional* (Nina, 1954).

---

[63] Por essa razão, o citado educador, diz a autora, "tem como um dos seus trabalhos mais importantes persuadir os pais a passarem com os seus filhos, pelo menos 15 minutos por dia". No livro não há referência sobre quem seria esse educador.

[64] Publicou *L'educacion maternalle dans l'ecole*, que consta no anexo 36 do livro – Bibliografia para as educadoras (p. 183), sem editora, local e data.

[65] Ver Vieira (1986, 1988).

Como objetivos específicos são apresentados os seguintes: *educação das crianças; educação dos pais; pesquisa: tendo em vista os resultados, para beneficiar as pessoas que lidam com crianças e a organização dos estudos e seus resultados; assistência a crianças abandonadas; auxílio às mães que trabalham fora; auxílio às mães que têm obrigações momentâneas: dentista, médico, compras; educação das crianças cujos pais repousam durante o dia*[66]; *desenvolvimento artístico das crianças; assistência à criança convalescente, em hospitais; assistência a crianças com alguma deficiência (surdas, mudas e cegas); assistência a crianças em clínicas e hospitais, durante o tempo em que esperam ser atendidas para consultas ou tratamentos; meio de nacionalização dos filhos de colonos; meio para civilizar, o mais cedo possível, os filhos nacionais, não excluindo os índios* (Nina, 1954).

Nina (1954, p. 13) defende a ideia de que "a escola maternal e o jardim de infância são o principal auxiliar dos lares que, por uma razão ou por outra, se achem impossibilitados de velar integralmente pelas crianças em idade pré-escolar". Como pode ser visto, a escola maternal e o jardim de infância, propostos por ela, têm objetivos específicos bastante amplos. Diferentemente da proposta da creche do DNCr, que não era um local para as crianças doentes, comporta até crianças convalescentes em hospitais. Ressalta-se também a pesquisa e a educação dos pais entre suas finalidades.

Ainda a respeito dos objetivos da escola maternal e do jardim de infância, a autora comenta:

> E foi visando essa finalidade, que Maria Guilhermina Loureiro de Andrade[67], pioneira desse trabalho, entre nós, não só fundou, em 1887 o jardim de infância particular que pode

---

[66] Em relação a este objetivo, a autora comenta que, em 1944, durante a Guerra, visitou uma instituição desse gênero, cujas crianças eram filhas de operárias que trabalhavam à noite e dormiam durante o dia.

[67] "A professora Maria Guilhermina Loureiro de Andrade que foi buscar nos Estados Unidos, na década de 1880, o aperfeiçoamento de sua formação intelectual e profissional, assim como os preceitos de civilização, desmistificando o eurocentrismo inexorável, transcendendo o ideal ultramar. A partir da segunda metade do século XIX o ideário arraigado no pensamento da elite letrada do Brasil de que o Velho Mundo era a única referência de progresso começou a se modificar, e os intelectuais brasileiros começaram a 'descobrir' a nação norte-americana no que tange ao sistema educacional, pois passou a definir seu modelo de ensino como um dos mais consistentes e com considerável distribuição pela população" (SOUZA, F. B. de; PINHO, P. "Formal-as na sciencia da direcção do lar": análise de uma proposta de ensino secundário para o sexo feminino no século XIX. *In*: CONGRESSO BRASILEIRO DE HISTÓRIA DA EDUCAÇÃO - A EDUCAÇÃO E SEUS SUJEITOS NA HISTÓRIA, 4., 2006, Goiânia. Goiânia: Editora da UCG; Ed. Vieira, 2006). Para Frade (2002) e Maciel (2001), foi uma mulher, possivelmente uma das primeiras autoras de cartilhas no século XIX, que teve sua maior atuação como professora no Rio de Janeiro. Seu livro didático não foi utilizado em larga escala em Minas, se comparado com outros títulos. Publicou, no final do século XIX, pela editora americana American Book Company, seu *Primeiro Livro de Leitura*, também mais conhecido como o método do gato. Ver *A história da alfabetização: contribuições para o estudo das fontes*. Trabalho apresentado na 29ª Reunião da ANPED, GT 10, Caxambu - MG. Ver também Chamon (2005).

ser considerado o primeiro do Brasil, como estabeleceu, também, o primeiro curso de formação de Jardineiras, em 1889 (Nina, 1954, p. 13).

Após essa informação a respeito do que foi para ela o primeiro jardim de infância particular no Brasil[68], Nina mostra que o progresso da educação para pré-escolares tem sido muito lento. Mas não é para desanimar, diz ela. E, nesse sentido, descreve inúmeras medidas que o DNCr, por meio da Seção de Auxílio às Obras

Sociais, vinha executando, entre elas:

- a Lei Federal nº 282, de 24 de maio de 1948, que reorganizou o DNCr, para facilitar o desenvolvimento de suas atividades. Nessa ocasião começaram a funcionar, nas diversas regiões, as sete Delegacias do departamento, criadas como seus prolongamentos. O DNCr tinha uma atuação das mais extensas e profundas no estímulo e na supervisão das obras oficiais e particulares;
- a Campanha Nacional da Criança, que congregou muitas instituições e conseguiu angariar vultosos recursos;
- a LBA, que criou, manteve ou ajudou a manter diversos serviços;
- o FISI que, desde 1949, por meio de convênios de cooperação com o DNCr e governos estaduais, equipava maternidades, hospitais infantis, Postos de Puericultura, preparava pessoal para essas instituições, distribuía grande quantidade de leite em pó e medicamentos; instalou um laboratório destinado a preparar vacinas contra coqueluche e difteria, no Instituto Oswaldo Cruz, e realizou campanhas de educação popular. Em 1954, o FISI estendeu sua atuação a um maior número de estados, do Amazonas até a Bahia, com a possibilidade de atingir, ainda, Goiás e Mato Grosso, e elaborou também plano para construção de duas fábricas de leite em pó, uma em Leopoldina, MG, e outra em Pelotas, RS;
- o convênio que o DNCr celebrou com a LBA, com o objetivo de lutar pela solução de seus difíceis problemas de assistência à maternidade, à criança e à adolescência. A mortalidade materna, a mortalidade infantil e o abandono de menores foram as maiores preocupações. Essa cooperação aumentou sensivelmente de 1943

---

[68] A autora não faz referência ao jardim de infância do Colégio Menezes Vieira, fundado em 1875, portanto, 12 anos antes.

a 1954. Com ela foi possível sistematizar esforços que até então estavam dispersos, como os auxílios federais distribuídos nos últimos anos, parte por intermédio do DNCr e parte em razão de pareceres dados por esse órgão, mostram: 1943 – Cr$ 2.000.000,00; 1948 – Cr$ 62.152.500,00 e 1954 – Cr$105.000.000,00. Em 1948, os recursos destinados à Campanha de Assistência à Infância foram aumentados para Cr$30.000.000,00. Foram distribuídos, de acordo com os planos e plantas organizadas pelo DNCr, Cr$21.750.000,00 da verba de Obras e Equipamentos para realizações específicas de maternidades e infância. Além de Cr$10.402.500,00 de subvenções para o Conselho de Assistência Social;

- os recursos consignados no orçamento federal: Cr$30.000.000,00 para o desenvolvimento da Campanha Nacional da Criança, verba aplicada por intermédio do DNCr na construção, ampliação, reforma e equipamento de obras médico-sociais de proteção e assistência à maternidade, à infância e à adolescência, tais como maternidades, Postos de Puericultura, creches, Casas da Criança, jardins de infância, educandários (orfanatos), hospitais infantis, de acordo com os planos estaduais elaborados com cada estado; Cr$150.000,00 para a organização de exposições e mostruários educacionais destinados ao público – essa dotação pertencente ao DNCr;

- os cursos estimulados, patrocinados ou organizados pela DPS do DNCr, tais como: "Recreação Infantil", realizado em colaboração com a LBA, na Sociedade Pestalozzi do Brasil; "Introdução à educação pré-primária", realizado em colaboração com a Ação Social Arquidiocesana do Rio de Janeiro; "Aperfeiçoamento sobre educação pré-primária", realizado em colaboração com o Centro de Pesquisas e Orientação Educacional de Educação e Cultura de Porto Alegre; "A educadora do pré-escolar e as suas relações com as crianças, com o ambiente de trabalho, com os pais e com as instituições congêneres, do país e do estrangeiro", realizado em colaboração com a Sociedade Pestalozzi do Brasil; "Introdução à educação pré-primária", realizado em colaboração com a Campanha Nacional da Criança e Liga pela Infância; "Curso de Férias para educadoras de jardim de infância", realizado em colaboração com a Diretoria de Educação do Estado do Maranhão; "Recreação

Infantil", realizado em Alagoas por solicitação da Sra. Presidente da LBA local e "A criança e a recreação", realizado em colaboração com a Ação Social Arquidiocesana de Belo Horizonte.

Além disso, cita a realização de planos para fiscalizar a alimentação das crianças em instituições de regime de internato; estudar normas e diretrizes para estabelecimentos que abrigam crianças; assistir às instituições particulares de amparo à criança, por meio de reuniões de seus dirigentes com técnicos do DNCr; sem esquecer das publicações do DNCr, largamente distribuídas, tais como: *A Casa da Criança* – Mário Olinto de Oliveira; *Livro das Mães* – J. Freire de Vasconcelos e Carlos Augusto Lopes; *Estudos sobre Recreação Infantil* – Elisa Dias Velloso; e *O Registro das Crianças Internadas* – Gustavo Lessa (Nina, 1954).

Ao enumerar as ações do DNCr, Nina faz quase que um relatório do órgão. Para ela, esses empreendimentos não foram, no entanto, suficientemente divulgados, ao lado de outras ações realizadas por organizações e particulares, em completo anonimato, que se devotavam à causa da maternidade e da infância. E cita algumas modificações que haviam acontecido em relação às crianças, aos educadores e às instituições educacionais, por exemplo: *a maior importância e atenção dadas, entre nós, modernamente, aos primeiros anos de vida da criança; a compreensão mais adequada e sensível da criança como ser humano; a ideia mais esclarecida a respeito do jogo, atividade recreativa, como útil e necessária ao desenvolvimento da criança; a maior exigência quanto ao preparo da educadora de pré-escolares; o entendimento das necessidades de ambiente, mobiliário e material apropriados às instituições que prestam assistência à criança pré-escolar*. Afirma, no entanto, que dois inconvenientes ainda perduram: "a disseminação de jardins de infância, como mero fim comercial e os nomes dados a alguma instituições, certamente com o intuito de parecerem infantis, mas na realidade sendo ridículos" (Nina, 1954, p. 18).

Nina deixa evidente, nas páginas iniciais do seu livro, que o DNCr era o órgão que coordenava as políticas para a infância no Brasil, naquela época, se articulando em cooperação com outros órgãos públicos e privados da área da saúde, da educação e da assistência. Vale registrar que, dos quatro livros analisados nesta pesquisa, *Escolas Maternais e Jardins de Infância* foi o primeiro a ser publicado (1954).

A educação pré-primária proposta por Nina é uma educação familiar e social das crianças de 2 a 6 anos. Para isso, as instituições devem prover um ambiente adequado sem que este faça a criança entrar em choque, ao compará-lo com seu próprio lar. O ambiente, embora alegre, higiênico e aprazível, deverá ser criado e mantido de acordo com as condições sociais das crianças que irão frequentá-lo: "Não nos esquecemos de que uma instituição educacional visa a ajudar a família a desempenhar-se das suas responsabilidades para com os filhos e, substituir o lar, somente quando este, de fato, não existe" (Nina, 1954, p. 19). Dessa forma, sugere que as construções das escolas maternais e jardins de infância sejam simples, sem luxo, e alerta: "o gasto com supérfluos para algumas centenas de crianças tira o necessário a outras tantas" (Nina, 1954, p. 19).

É com o seguinte balizamento que a autora se manifesta em relação à construção de prédios para as escolas maternais ou jardins de infância:

> Deve-se exigir, que o prédio seja construído de modo a atender às necessidades das crianças, em relação a: saúde, segurança, utilidade, eficiência, flexibilidade, espaço, economia, beleza e, ainda, às experiências educativas que se planeja proporcionar-lhes (Nina, 1954, p. 20).

Várias condições têm que ser levadas em consideração, tais como: econômicas, pedagógicas e sanitárias. Para traçar uma planta para a construção de um prédio destinado a estabelecimento de educação pré-primária, deve-se procurar ouvir, previamente, a opinião não só das pessoas encarregadas de executá-la, mas também a das que dele se vão utilizar – crianças, pais, médicos e, principalmente, educadores.

Ao pensar na construção do prédio para instituições de educação pré-primária, de pronto, surgem questões sobre:

a. <u>o local</u>, fator importante na escolha ou construção do mesmo. Exige-se que o local *seja próximo a bairro, onde haja crianças que necessitem de instituições de educação pré-primária; que seja de fácil acesso; longe de ruídos excessivos; confusão de tráfego e lugares perigosos, prejudiciais (fábricas, estábulos, cinemas, estádios, hipódromos, hospitais, quartéis, presídios, hotéis); distante no máximo dois quilômetros das moradias das crianças; circundado por ambiente que proporcione descortinar-se, do prédio, panorama bonito e agradável* (Nina, 1954);

b. <u>o tamanho e a situação do terreno</u>, que devem influir na escolha ou na construção de prédio. *Aconselha-se que o terreno tenha de 200m² a 250 m² para 20 crianças, além do espaço reservado a brinquedos ao ar livre. Existe uma grande necessidade de espaço, não só para as crianças* levarem a efeito certas experiências, mas também, até, para diminuir a tensão nervosa e facilitar melhores ajustamentos entre as pessoas. O terreno deve ser, ainda, enxuto, permeável e exposto ao Sol (Nina, 1954);

c. a área ao ar livre: vários são os problemas que devem entrar em nossas cogitações. Esse espaço deve ser bem maior que o ocupado pelo prédio. É aconselhável que seja ajardinado e arborizado, evitando excesso de Sol nas horas mais quentes, sem facilitar a umidade em demasia. Deve ser revestido, no pátio do recreio, de areia de praia. Deve prover espaço onde haja sombra; espaço suficiente para o equipamento necessário; superfície para brinquedos; superfície cimentada para as crianças andarem de velocípedes ou carrinhos diversos; áreas menores para jogos de bola em grupos pequenos; superfície para as crianças organizarem seus jardins e hortas; superfície para fazerem brinquedos de areia ou terra; superfície para brincarem com água; superfície para criarem animais e superfície que permita à criança apenas correr de um lado para outro (Nina, 1954);

d. a construção: deve ser um pavimento com dependências necessárias ou, pelo menos, imprescindíveis, além do espaço ao ar livre. Devem ser focalizados de maneira particular: as condições climáticas, o tipo de arquitetura, tipos leves e menos permanentes, deve ser alegre, evitando-se estilo pesado, triste, sombrio, nada indicado para os pequeninos, convindo que apresente a aparência de casa de moradia, isto é, que o estilo de arquitetura conserve atmosfera de lar, proporcionando às crianças a sensação de estarem em casa. Jardineiras floridas nas janelas concorrem para alegrá-las. O pé direito deve ser, nas cidades maiores, de 3,20m a 4,0m, podendo baixar para 3,0m no interior do país. Deve ser um único pavimento, com rampas de acesso. O material para a construção depende das condições da região, pode ser de tijolo e em outras regiões é mais aconselhado que seja de madeira. As coberturas podem ser de cimento armado ou telhas, sempre com isolamento térmico. Devem ser tomadas medidas quanto ao abastecimento de água, gás e eletricidade. Terá necessidade de água para beber e asseio. Possuirá filtros, bebedouros, lavatórios, depósito de água quente, pequenas piscinas ou tanques de vadear. Em lugares onde há rios, lagos etc. não devem descurar do problema da esquistossomose. Onde não há água encanada, é necessário conservá-la na moringa. Os lavatórios poderão ser providos de sabão líquido; onde não for possível essa comodidade, é preciso velar para o uso de sabonetes individuais. Se houver necessidade de aquecedores, esses devem ser protegidos em caixas *de madeira, evitando perigo para as crianças. Onde houver luz elétrica, os interruptores ficarão em altura adequada a possibilitar que sejam manipulados pelas próprias crianças. As portas dos banheiros devem ser baixas e abertas na parte inferior, a fim de se poder vê-los, discretamente. A altura dos aparelhos sanitários deve variar entre 0,20m e 0,28m, mais ou menos, na escola maternal e 0,25m e 0,32m nos jardins de infância. Onde houver rede de esgoto, não deverá existir recipiente para papéis higiênicos, esses devem obrigatoriamente ser jogados no vaso. Aconselha-se extintores e número suficiente de saídas* (Nina, 1954).

Na opinião de Nina (1954, p. 26-27), as salas devem ser claras, alegres, grandes, a fim de proverem espaço para atividades adequadas ao desenvolvimento dos grandes músculos: "Bem arejadas e banhadas pelo sol, para o que concorrem as janelas baixas, que trazem, além disso, a vantagem de permitir às crianças satisfazer a sua natural curiosidade, vendo o que se passa fora". O revestimento interno ideal é o que impede acúmulo de poeira e permite lavagem com água e sabão – pintura lavável ou cerâmica (ladrilhos, azulejos). A caiadura é revestimento barato e higiênico, diz a autora. O chão deve ser liso e de fácil asseio. A acústica também deve ser considerada.

"O mundo das crianças é um mundo de cor, alegria, imaginação, luz e ar. São essas qualidades que desejamos trazer para a instituição e desenvolver na sua vida" (Nina, 1954, p. 28). Assim, a autora estabelece que as paredes da sala de *estar, trabalhar ou brincar* devem ser de cor clara (creme, amarelo, verde ou azul). Para ela merece grande consideração o efeito psicológico das cores usadas. O azul acalma as crianças. As cores alegres, acentuadamente vivas, são desaconselhadas:

> O ambiente necessita ser alegrado por flores, plantas, aquários, gravuras, quadros de avisos, trabalhos executados pelas próprias crianças, que, assim, trazem para o meio as mais variadas cores. Evitem-se, entretanto, flores artificiais a menos que tenham sido feitas pelas crianças, de acordo, com seus interesses e capacidades, e não sejam, aí, conservadas, permanentemente. Aproveitem-se as de campo, pois que mesmo estas, dispostas de maneira artística, tornam um interior agradável e sem grandes dispêndios (Nina, 1954, p. 28).

Com essas palavras, Nina deixa transparecer que as salas devem ter aspecto de jardim nos jardins de infância.

As salas devem ser arrumadas, para as atividades infantis, com aspecto atraente e, ao mesmo tempo, de acordo com o meio social das crianças que frequentam a instituição. A sala destinada ao trabalho e brinquedo das crianças deve ser um lugar que permita a adaptação às necessidades físicas, psicológicas, de trabalho, do mesmo modo que as crianças mudam e se adaptam à vida, quando de suas experiências. A sala deve favorecer as condições de se crescer física, emocional, intelectual, estética, moral, cívica, espiritual e socialmente. Será, portanto, flexível em tamanho, forma e organização, apresentando possibilidades de modificações. Daí a vantagem de algumas das paredes serem móveis, sanfonadas ou, pelo menos, de se usarem biombos de madeira, pequenos e leves, de altura suficiente para dividir a sala, sem prejudicar a observação permanente que a educadora deve às crianças: "A variedade de experiências das crianças depende da variedade e flexibilidade do ambiente no qual o seu desenvolvimento se processa" (Nina, 1954, p. 29).

"As crianças, as suas necessidades, atividades e experiências variarão com os dias e os anos. A sala das crianças, na escola maternal e no jardim de infância, deve estar pronta a atender de modo adequado a essas variações" (Nina, 1954, p. 29). A atmosfera das salas das crianças deve ser infantil, de intimidade, amiga, agradável, despertando sentimento de segurança, tranquilidade, calma, para o que concorrem a arrumação e a limpeza. Em nenhum momento Nina fala em *sala de aula;* faz sempre referência a *sala das crianças, sala de trabalho, sala de brinquedo* ou *sala de estar.*

As instalações sugeridas no livro são:

a. para as crianças – *sala de trabalho* (onde é feito também o repouso); *vestiário; banheiros; refeitório* (nas instituições do tipo externato, onde as condições financeiras não forem muito propícias, é dispensável essa dependência, podendo a merenda ser feita na sala); *dormitório* (o DNCr recomenda uma área de 4m^2 por criança e um espaço de, no mínimo, 0,60 m^2 entre um leito e outro, além de telas nas janelas, para evitar mosquitos) e uma *sala pequena destinada às atividades especiais*, que demandem mais cuidados, tais como pintura, modelagem, trabalhos em madeira;

b. *gabinete médico-dentário, sala de isolamento* para crianças doentes;

c. *sala para a diretora*, uma *salinha de espera* para os pais cada uma com *toilette* anexo;

d. *vestiário para servente com sanitário privado*;

e. *sala para as educadoras*;

f. *copa e cozinha*;

g. *despensa*;

h. *depósito para material* (Nina, 1954).

Para cada uma dessas dependências do prédio, Nina apresenta, com riqueza de detalhes, sugestões de materiais a serem usados na construção, no revestimento, além das medidas das salas e a relação do número de crianças com os lavatórios, bebedouros, sanitários, chuveiros etc. E termina com a seguinte assertiva:

> Ficam, aqui, pois, estas indicações, que julgamos úteis encarar, ou que procuram responder a consultas dirigidas ao DNCr, relativas a prédios destinados a instituições pré-primárias. Esses pedidos de esclarecimentos demonstram ter já passado a época em que aos jardins de infância se destinavam os piores cômodos do prédio, quando não instalados no porão da casa (Nina, 1954, p. 37).

Ao iniciar outro item do livro, denominado de "Esboço de organização, administração e funcionamento", Nina (1954, p. 39) ressalta que, se é importante cuidar de todos os requisitos para a construção dos prédios para instituições de educação pré-primária, "muito mais ainda se torna atentar no espírito do trabalho, que nelas se desenvolvem".

Inicialmente, a autora levanta a questão: "o que distingue a escola maternal do jardim de infância?". E responde:

> [...] na verdade, em essência não existem diferenças. Ambas dedicam-se a cuidar do desenvolvimento físico da criança, da sua saúde, da aquisição de bons hábitos e atitudes corretas, do processo adequado ao seu desenvolvimento intelectual, da sua aprendizagem, da melhor maneira de viver bem com as outras pessoas (Nina, 1954, p. 41).

Comenta, no entanto, que no jardim de infância já é comum encontrar-se certa preocupação de educar a criança de modo integral. Na escola maternal, porém, não é bem compreendida essa necessidade e, menos ainda, como processá-la. Para ela a educação integral da criança precisa ser feita sobre bases sólidas. Sobretudo no início, "pois ela tem necessidade de ser guiada, porque esse período da vida vai servir de base a todo o edifício da sua educação" (Nina, 1954, p. 39).

> Na prática, porém, certas medidas oferecem aspectos diversificados. Assim, em primeiro lugar, a escola maternal recebe crianças de 2 a 3 anos em geral, enquanto que o jardim de infância as aceita de 4 a 6 anos. A escola maternal, mais que o jardim de infância, tem necessidade de acentuar os cuidados físicos com as crianças, cuidados pela sua saúde e desenvolvimento completo e harmônico, atendendo, porém, no máximo possível às diferenças individuais. A escola maternal e o jardim de infância diferenciam-se, ainda, principalmente, por maior importância dada, neste último, ao que executam as crianças, em conseguir sejam persistentes, isto é, levem ao fim uma obra encetada, e nas oportunidades de se exercitarem em atividades de grupos e cooperação. Na escola maternal, isto não pode ser inteiramente desejado, ou não se verifica de maneira acentuada (Nina, 1954, p. 41).

Convém notar que Nina, com muita objetividade, distingue as instituições de educação pré-primária. Para ela, a divisão etária não é suficiente, devendo ser acrescida da capacidade de execução das crianças.

Ela demonstra uma preocupação com os estabelecimentos de amparo e proteção à criança pobre – asilos, orfanatos, abrigos etc. Neles existe um grande número crianças em idade de escola maternal. Chama atenção para que essas instituições não sejam apenas os locais onde as crianças, órfãs e abandonadas, sejam depositadas, simplesmente para recreio e divertimento, ou, quando muito, local onde se lhes ofereça oportunidade de receber boa alimentação. E insiste:

> Ninguém desconhece a necessidade primordial, que têm de alimento, sobretudo grande número dessas criancinhas. O que não se pode, porém, é parar nos cuidados físicos. É necessário que, simultaneamente, outros cuidados lhes sejam dispensados, pois de que vale, por exemplo, criar para a Pátria, um cidadão bem nutrido se, emocionalmente desajustado, não puder ele, como adulto, integrar-se na sua coletividade? (Nina, 1954, p. 40).

É interessante como Nina faz referência a mais de um cuidado. Para ela, a escola maternal deve *cuidar dos cuidados* de que a criança necessita. E, entre eles, dos que não são diretamente ligados aos cuidados físicos, como equilíbrio emocional e integração na coletividade, entre outros.

Por isso, a escola maternal deve, na opinião dela, alimentar bem as crianças e oferecer material para trabalho e brinquedo e atividades adequadas, "Que não deixam de ser alimentos para outro tipo de necessidades infantis" (Nina, 1954, p. 40).

A escola maternal deve planejar seu ambiente a partir de seus objetivos, e nesse sentido a autora sugere: *espaço suficiente, nas salas e recreios; temperatura adequada; grande quantidade de sol e ar fresco; alimentação própria; oportunidade de repouso e sono; proteção contra moléstias contagiosas; tratamento médico-dentário; oportunidade de treino de várias espécies para a aquisição de hábitos de higiene pessoal, incluindo hábitos de eliminação; alimentação; sono; atitudes desejáveis para com os companheiros; ordem; independência; respeito aos direitos dos outros; estabilidade emocional e provisão de material para brinquedo que encoraje, por exemplo: expressão espontânea e aquisição de informações úteis.*

Essas condições dizem que grandes são as vantagens proporcionadas às crianças:

> A criança que, com carinho, compreensão e vigilância assim inicia a sua vida, ao deixar a escola, dispõe de elementos para progredir e está mais aparelhada, mais apta, a conhecer os assuntos, cuja aprendizagem iniciou. E a melhor desembaraçar-se das situações difíceis, que por ventura, se lhe apresentem na sua vida (Nina, 1954, p. 44).

Convém notar que Nina pensa a escola maternal para a vida e não para a escola[69]. Para ela, a criança na escola maternal adquire, desde cedo, hábitos de comer, falar, vestir-se e vai, naturalmente, aprendendo a ter independência. A tônica está na independência e na capacidade da criança em se desembaraçar de situações difíceis. E afirma: "não devemos, jamais, considerar as crianças muito pequenas para serem ensinadas, ou muito jovens para entender, porque, desse modo, contribuiremos para fazê-las encontrar grandes dissabores no futuro". "Muitas vezes, tratamos as crianças como objetos, porque é muito mais fácil fazer para elas, que treiná-las para fazerem por si mesmas". "Lembremo-nos, porém, de que a criança não aprende se é o adulto que pratica" (Nina, 1954, p. 44).

Ao tratar de alguns problemas de orientação geral do trabalho, a autora inicia pelo pessoal da escola maternal e se posiciona assim sobre a educadora:

> Para a consecução dos objetivos já apontados, e orientação geral do trabalho, o fator mais importante é, certamente, a educadora, pois que, sobretudo na escola maternal, ela precisa ser mãe, enfermeira, professora, assistente social. Necessita ainda ser artista capaz, observadora atenta, ouvinte compassiva, informante segura, inspiradora, conselheira,

---

[69] Essa visão de uma escola preparatória para a escola só aparece como tônica nos anos 1960.

> cooperadora, participante, instrutora, dirigente, juiz imparcial – qualquer coisa, enfim, que a situação exija, para o benefício da criança (Nina, 1954, p. 44).

Diante dessa multiplicidade de atribuições, não dá para deixar de comentar que Nina propõe uma educadora[70] para a escola maternal cheia de responsabilidades e com uma missão impossível de ser realizada.

A autora reforça o perfil da profissional que deve ser escolhido para trabalhar nessas instituições:

> A escolha da educadora é, de fato, problema da mais alta relevância, visto que ela tem de cooperar com a criança no seu desenvolvimento, ajudando-a a ajustar-se às várias situações, reagindo satisfatória e adequadamente. É necessário, portanto, que, além de várias qualidades – físicas, morais, culturais – goste, sobretudo, de crianças e tenha natural aptidão para lidar com os pequeninos, qualidades humanas de suma importância. É bem verdadeira, aliás, a assertiva de que *se aprendem técnicas, mas se é educador* (Nina, 1954, p. 45).

Tece comentários, também, sobre o fato de que, por muito tempo, veiculava-se a ideia de que *professora para crianças tão pequenas não precisa de muita coisa*. Mas, ao mesmo tempo, chama atenção de que em muitos países, nos quais a escola maternal já ocupa o lugar e a consideração merecida, as educadoras dos pré-escolares têm condições de trabalho e salário de acordo com a importância da missão a que são chamadas. Em alguns, os salários dessas educadoras são superiores aos das professoras primárias e, às vezes, aos de nível secundário, por serem reconhecidas por seu trabalho no preparo de futuras gerações da pátria.

Em seguida, Nina faz duas citações, com o intuito de fortalecer seus argumentos a respeito do perfil e da importância da educadora da escola maternal. Assim, cita *Wadell Seeds and White*, no livro *Major Units in the Social Studies*:

> Acreditamos que somente aquelas capazes de bem compreender e assumir as responsabilidades de tais "social servants", somente aquelas que têm visão do que significa um céu na terra, e a fé para acreditar que o mútuo auxílio à Fraternidade entre os Homens viria a ser mais do que uma realidade; somente aquelas que, sinceramente, podem dizer: — Meu ensino é a minha vida. Nele encontro as maiores satisfações,

---

[70] Termo mais usado por ela para designar a profissional da escola maternal.

alegrias e felicidades – somente aquelas caberia entrar nesta profissão, cujos membros deveriam ser sempre profetas de Deus verdadeiro e anunciadores do verdadeiro reino de Deus (Nina, 1954, p. 46).

E para completar, cita L. Lê Guillant e outros, no livro *Les maisons d'enfants*: "O educador distingue-se do vigilante, pelo fato de que não é apenas zelador da vida material e da disciplina de um grupo de crianças, mas compete-lhe a 'guarda de almas'" (Nina, 1954, p. 46).

As atribuições da educadora, nesse sentido, são messiânicas. Nina não para por aí e continua o rol de atribuições: "Quando as crianças vêm para a escola maternal pela primeira vez, é preciso fazê-las sentir que ela é sua" (Nina, 1954, p. 46). A educadora atinge esse objetivo sendo carinhosa sem exageros, agradável, usando vocabulário acessível às crianças e despertando-lhes interesse por alguma coisa. A educadora, igualmente, terá que fazer esforços para se manter simpática e compreensiva. Deve observar as crianças, conhecê-las e educá-las, além de estudar cada criança, suas tendências, aptidões, gostos, interesses, capacidades, necessidades, seus problemas, dificuldades, preocupações e desejos.

Diante da enormidade de atribuições, Nina (1954, p. 47) reconhece que "essa tarefa não é fácil de levar a cabo, com um grupo muito grande". A educadora é, ainda, quem distribui as atividades do dia e precisa ter a capacidade de tomar decisões rápidas, resolver situações de emergência, assumir responsabilidades, ter senso de organização, capacidade de zelar pelo mobiliário e material e procurar conservar, em dia, as fichas com informações sobre as crianças. Para o desenvolvimento e a melhoria de seu trabalho, cabe à educadora a realização de inquéritos e pesquisa, cujos resultados a habilitem a exercer com mais eficiência suas obrigações.

Não obstante se possa visualizar a Mulher-Maravilha como representação da educadora sugerida, interessante é, quando acostado a todas essas atribuições e obrigações, Nina (1954, p. 48) diz ser preciso cuidar da preparação profissional da educadora:

> É preciso, além do cuidado no recrutamento, velar pelo preparo profissional da educadora. É indispensável transmitir-lhes conhecimentos, que lhe proporcionem meios de desempenhar-se da sua missão, principalmente: pedagogia, psicologia, incluindo observação infantil, higiene e nutrição infantil, higiene mental, fundamentos da educação pré-primária, técnicas de trabalho, orientação pedagógica

> de pais e relações familiares. Esse preparo especializado permitirá atender às necessidades do pré-escolar hodierno. Vemos, portanto, além da cultura geral, há necessidade de preparo especializado, que lhe esclareça como se processa o desenvolvimento da criança pré-escolar e a sua aprendizagem, e como exercem influência sobre a vida infantil o meio familiar e o da instituição que, por isso, devem manter as mais estreitas relações.

No texto anterior, pode-se verificar a preocupação da autora com a formação da educadora. Vale lembrar que Nina havia trabalhado no Instituto de Educação do Rio de Janeiro, participado de atividades no INEP e de curso de especialização no exterior. O preparo de recursos humanos para o trabalho de amparo e proteção à infância esteve sempre presente também nas propostas do DNCr.

Ao tratar dos outros profissionais da escola maternal, como diretora, secretária, médico, enfermeira, dentista, psicólogo, assistente social (servente, jardineiro e cozinheira), o livro é extremamente sintético. Faz referência que, em sua quase totalidade, as instituições de educação pré-primária são parte integrante de outras instituições com cursos de outros níveis, dispondo, portanto, de todo o pessoal necessário.

Para Nina (1954, p. 48) "a vida da educadora não deve ficar enclausurada entre as paredes da sala de trabalho, mas projetar-se para o meio, para a comunidade, em que trabalha". Aqui a autora evidencia o que parece ter sido, por muitos anos, uma política de atuação dos programas do DNCr.

Ainda sobre a formação da educadora, assinala que o problema tem duas vertentes: as ações que se destinam à formação das educadoras das escolas maternais e aquelas voltadas ao aperfeiçoamento das que já exercem sua atividade. Para a primeira, sugere como solução a organização de cursos regulares nas Escolas Normais e Institutos de Educação. Lembra que a Lei Orgânica do Ensino Normal – Decreto-Lei nº 8.530, de 2 de janeiro de 1946, inclui, nos cursos de especialização, o de educação pré-primária[71]. Para a segunda, relativa ao aperfeiçoamento das que já exercem sua atividade, sugere que isso seja conseguido por meio de leituras, conferências, grupo de estudos, reuniões de educadoras, consultas a especialistas, visitas a instituições, estágios em instituições de educação pré-primária e, principalmente, por cursos intensivos e rápidos (Nina, 1954). Sua preocupação,

---

[71] Nina faz aqui menção à sua atuação no INEP. "Ao tratarmos do assunto em parecer dado, há tempos, no Instituto Nacional de Estudos Pedagógicos, tivemos oportunidade de apresentar a este respeito algumas sugestões, aqui, anexadas" (anexo 5, p. 49).

sobretudo com o modelo de cursos de aperfeiçoamento das educadoras já em exercício, é patente. Para evitar o que nesses cursos se corre o perigo de fazer, apenas transmissão de conhecimentos teóricos, Nina anexa documentos já utilizados por ela, nos cursos do DNCr: Sugestões para a organização de cursos para educadoras de pré-escolares (anexo 5 do livro); Programa de atividades de cursos realizados sob os auspícios do DNCr (anexo 6 do livro); Relação de material distribuído em alguns cursos (anexo 7 do livro).

Focaliza, ainda, dois esclarecimentos, sempre solicitados ao DNCr. O primeiro refere-se à conveniência ou não de guardiãs ou vigilantes ou inspetoras nas instituições de educação pré-escolares. Para ela, o melhor seria aumentar o número de educadoras e suprimir as guardiãs, que não têm curso de especialização, notadamente de Psicologia; são pouco capazes de colaborar com as educadoras, na educação das crianças, perturbando, por vezes, o trabalho. O segundo diz respeito às profissionais de música, desenho, educação física etc. Por não estarem as educadoras preparadas nesses assuntos, surge sempre esse problema: colocar ou não especialistas atuando nessas áreas com as crianças? Descarta essa possibilidade de outros profissionais, preferindo incentivar as educadoras a assumirem todo o trabalho e, para isso, sugere que elas ampliem seus conhecimentos nessas disciplinas, ainda que paulatinamente. Justifica sua posição ao afirmar que as atividades infantis na instituição de educação pré-primária são intimamente ligadas, tornando difícil diferenciar quando se está fazendo música ou desenho ou educação física. Em qualquer atividade, elas aparecem associadas.

Em seguida, passa a tratar de outros assuntos atinentes ao modo de funcionamento da escola maternal. O primeiro mencionado é a seleção das crianças e a organização das turmas, no qual é explicitado que a matrícula dos pré-escolares deve obedecer a alguns critérios. São aconselháveis as seguintes condições: 2 ou 3 anos de idade cronológica, comprovados com a certidão do Registro Civil; atestado de saúde ou exame médico; histórico de saúde; atestados de vacina antivariólica BCG; abreugrafia; atestado de imunização contra difteria, tétano e coqueluche; exames de laboratório: sangue, fezes e urina; desenvolvimento motor suficiente de modo a não exigir atenção demasiada da educadora; capacidade de controle e independência, nos cuidados com atividades de "toilette", eliminação; desenvolvimento social suficiente, isto é, maturidade para educação em grupo. Nina comenta que diversas instituições incluem entre essas exigências a de os pais terem feito, ou estarem fazendo, curso de educação infantil. Outras requerem que eles prestem serviços à instituição, o que não só traz vantagens a esta como também lhes enriquece os princípios educativos.

Aos poucos fica evidenciado que a autora expressa, em seu livro, ideias muito recorrentes nas propostas do DNCr, à época. Certamente é nesse sentido que o comentário citado, acerca da participação dos pais, se encaixa. A escola maternal deveria ser também uma escola para os pais. Destaco, ainda, a proposta de algumas escolas maternais que solicitavam o trabalho dos pais na instituição como condição para a matrícula de seus filhos. Essa prática permaneceu por muitos anos no Brasil, embora a educação infantil fosse um direito da mulher trabalhadora. Nos anos 1970/1980, os programas de expansão da educação pré-escolar[72], nas Secretarias Estaduais de Educação, também assim procediam.

A turma da escola maternal deveria ser constituída por crianças de 2 e 3 anos; caso houvesse mais de uma turma, sugeria-se separar as crianças de 2 anos das de 3 anos. Recomendava-se que a turma deveria ter, no máximo, 12 crianças: "Quanto menor a criança, mais atenções especiais exige. Daí, a importância de grupos pequenos, que possibilitem à educadora observar e educar cada qual de modo adequado" (Nina, 1954, p. 52). Se a sala fosse suficientemente grande, poder-se-ia ter 20 crianças com 2 educadoras.

Outra questão tratada é o horário, questão essa sempre apresentada como pergunta das instituições ao DNCr. Para Nina, nos internatos, deve--se pensar na melhor maneira de as crianças empregarem o tempo, nos domingos e feriados e diariamente após o jantar e antes da hora de dormir, sem se esquecer do período de férias, pois as crianças sem família, que não são poucas, permanecem nos educandários. Nos externatos o período de permanência das crianças deve considerar a ocupação das mães, pois suas necessidades diferem:

> O horário para filhos de operárias fabris deverá atender a todo o período de trabalho nas fábricas, O de empregadas domésticas exigirá período mais longo, que resolva o seu problema. O de funcionárias públicas não exige permanência tão demorada (Nina, 1954, p. 54).

Com o parágrafo citado, Nina deixa claro que a escola maternal que está sendo proposta tem como função liberar as mães para o mercado de trabalho.

---

[72] Como é o caso do Programa de Ampliação da Educação Pré-Escolar (PAEPE), desenvolvido pela Secretaria Estadual de Educação do Estado do Rio de Janeiro; Centro de Educação e Alimentação do Pré-Escolar (CEAPE), desenvolvido no interior do Estado de São Paulo; e do Projeto de Atendimento ao Pré-Escolar (PROAPE), desenvolvido pela Secretaria Estadual de Educação de Pernambuco em convênio com o Instituto Nacional de Alimentação e Nutrição (INAN).

A autora faz alusão a uma determinada ordem de atividades que tem de ser considerada na escola maternal. Esta, porém, está longe de ser encarada e seguida como *medida escolar*, mas como indicação de rotina da vida diária da criança. Algumas atividades exigem horário fixo, por exemplo, a alimentação e o repouso. Mas na opinião da autora:

> O desenrolar de atividades na escola maternal deve permitir à educadora liberdade para empregar o seu tempo em estar com as crianças, observá-las, auxiliá-las, orientá-las, fazendo modificações no processo da vida diária, sempre, e somente, quando necessárias (Nina, 1954, p. 55).

A preocupação dela é de que não haja padronização das atividades. Do ponto de vista de Nina (1954, p. 56), "a educadora nunca é uma escrava da rotina e, consequentemente, pesa os valores e as necessidades das medidas que toma".

Ao tratar do mobiliário da escola maternal, especifica-os com suas devidas medidas. Eles devem ser simples e sem qualquer aparência luxuosa, podem ser feitos na própria instituição com material tosco, barato ou aproveitado de peças de mobiliário das casas das crianças. Além disso, devem ser leves, facilmente manejáveis pelas crianças, de modo que elas possam transportá-los. Não há necessidade de cadeira e mesas com lugares correspondentes ao número de crianças, a não ser no caso que a merenda seja feita na própria sala.

Os armários destinados ao material apropriado às atividades infantis devem ser de altura adequada às crianças, de modo que elas possam retirá-los e guardá-los sem dificuldades, adquirindo hábitos de independência, responsabilidade e ordem.

Todo o material não só necessita estar de acordo com o desenvolvimento físico da criança, mas também despertar atividades que facilitem esse desenvolvimento. Deve haver uma quantidade de material próprio para o pátio, que permita à criança empurrar, puxar, pular, trepar, balançar-se, subir e descer e entrar em exercício com todo o corpo. O material precisa, ainda, favorecer oportunidade de a criança desenvolver-se intelectualmente, adquirir hábitos sociais e de higiene. O material para brinquedo nas escolas maternais tem papel preponderante.

Nina sugere uma série de materiais por ela denominados de *caseiros*, que têm uma grande significação para as crianças pequenas. Dão margem a preparar divertimentos úteis e de interesse infantil, como uma coleção de colheres de vários tamanhos, cores e quantidades; uma cesta com retalhos de fazenda de várias cores e qualidade; um barbante grosso com carretéis de linha vazios. Com muitos detalhes, a autora descreve minuciosamente os diferentes materiais e mobiliário que uma escola maternal deve ter:

> O programa de atividades de cada escola maternal deve estar de acordo com as exigências e condições de ambientes próprios, e com a vida do lar, para que seja uma continuação deste. Tudo seja sem formalidade e as várias ocupações infantis se processem mais de acordo com o ritmo da vida de um lar do que com o de uma escola. É possível proporcionar às crianças na escola maternal experiências da vida diária, simplificando-as ao extremo, de modo que facilitem a independência de movimentos e atitudes, ao mesmo tempo em que lhes proporcionem ensejo de dispensarem, umas às outras, cuidados necessários (Nina, 1954, p. 72).

Com essas ideias, Nina passa a tratar das atividades. Em primeiro lugar, reforça a concepção de que a escola maternal deve ser a continuação do lar e, em segundo lugar, opõe esse modelo à escola. O ritmo desejado é o do lar e não o da escola, assim como a informalidade do lar e não a formalidade escolar. As atividades realizadas na escola maternal levam a criança à independência dos movimentos e de atitudes. Certamente essas ideias estão marcadas por uma influência montessoriana, que, vez por outra, reaparecem no texto do livro, sem, contudo, serem caracterizadas como tal.

As atividades são classificadas em diferentes gêneros: *atividades de rotina* (inspeção médica, toalete, alimentação, eliminação e repouso); *atividades individuais* e *atividades coletivas* (Nina, 1954). A idade das crianças não comporta o excesso de atividades coletivas. A proporção de tempo gasto em atividades organizadas, de grupo, é muito menor que no jardim de infância.

As atividades sugeridas são relacionadas aos objetivos da escola maternal no livro. As sugestões oferecidas são: *atividades que encorajem o exercício de grande variedade de coordenação muscular, para promover o desenvolvimento motor; atmosfera calma, silenciosa e repousante, para promover ocasiões de repouso adequado; medidas preventivas e cuidados para conservar a saúde; cuidados com a alimentação; controle das emoções; experiências com a natureza, para desenvolver os interesses naturais e manter contínua observação da vida das plantas e dos animais, apreciando as maravilhas que nelas se desenrolam; ter contato com outras crianças da mesma idade e com adultos, para aprender a viver feliz em seu ambiente – vida social; conversas, histórias, versinhos a fim de aumentar o voca-*

bulário e para que aprendam a expressar-se correta e facilmente; ouvir música de vitrola ou instrumento qualquer ou canto, quer pelo ritmo, ou ainda por meio de jogos musicais e instrumentos variados, para desenvolver a capacidade de apreciar experiências artísticas, ou sentir prazer com a harmonia e o belo (Nina, 1954).

Outras atividades podem ser proporcionadas, com trabalho espontâneo e incentivo: desenho; pintura; modelagem, brinquedo dramatizado; jogos; jardinagem etc.:

> Resumindo, vemos que na escola maternal, a criança aprende a falar; a comer, mastigar, engolir, utilizar-se da colher e do garfo, entornar líquido de uma vasilha em outra, ter boas maneiras à mesa, comer alimentos novos; usar as mãos e os pés, isto é, aprende a nadar, pular, saltar, diferentes alturas, trepar, descer e subir escadas; a virar as folhas de um livro, enfiar contas grandes, cortar papel... (Nina, 1954, p. 75).

Para Nina, todas essas atividades parecem muito simples, mas são, na realidade, de grande importância para os pré-escolares. E ressalta com a mesma intensidade a importância do brinquedo nessa faixa etária: "Para a criança, o brinquedo é coisa mais séria do mundo". Infelizmente essa fonte de conhecimento infantil é quase sempre abandonada, diz ela: "no lar, o brinquedo da criança não é tido em consideração e, muitas das vezes, é ridicularizado. No educandário, é demasiadamente organizado". Propõe, então, fazer com que o brinquedo das crianças seja: *apreciado, incentivado, auxiliado e orientado*. E lembra "que o que realmente torna o brinquedo diverso do trabalho não é, propriamente, a sua natureza, mas, antes de tudo, a atitude mental, a disposição interior de quem o executa" (Nina, 1954, p. 76).

Para o controle do trabalho, na escola maternal, sugere que sejam organizadas fichas de matrícula, de frequência, das condições físicas (peso e altura), intelectuais e sociais das crianças, bem como fichas que documentem o progresso da aprendizagem e sirvam de controle, com a finalidade de proporcionar informações úteis à educadora ou às outras pessoas que lidem com as crianças e conservar informações necessárias para questões administrativas.

Faz também referência aos cadernos de observações das educadoras, relatórios e inquéritos que podem ser feitos com o intuito de auxiliar as educadoras no acompanhamento e na avaliação do desenvolvimento das crianças.

Crê que para coroar de pleno êxito o trabalho realizado num estabelecimento de educação pré-primária é imprescindível uma Associação de Mães. Para isso, anexa ao livro sugestões que subsidiam as atividades dessa associação, nos moldes do que era proposto no Programa Educativo do DNCr – Clube de Mães. Declara que essa imprescindível Associação tem como objetivos principais *estabelecer, intensificar e tornar cada vez mais íntima as relações entre mães e educadoras; fazer conhecido e bem interpretado o trabalho realizado na instituição e despertar o interesse por certos problemas relativos ao pré-escolar, em geral, e às crianças de uma determinada instituição, em particular, discutindo-os com as mães.* No trabalho de educação das crianças, diz Nina, "mãe e educadora são sócias". "Não é possível a instituição ignorar a existência dos pais que são a influência mais vital, na vida da criança" (Nina, 1954, p. 81). E, nesse sentido, impõe-se incentivar a disseminação de Associações de Mães ou Clube de Mães – traço característico do programa de bem-estar das instituições de educação pré-primária.

Termina a parte do livro referente à escola maternal com o item bibliografia. No anexo 36 do livro, a autora apresenta relação de material bibliográfico para melhorar e manter atualizado o preparo de suas educadoras (Nina, 1954).

Em seguida, passa a tratar do jardim de infância, instituição que procura atender à educação familiar e social das crianças de 4 a 6 anos de idade. Relata que essa foi criada visando especialmente à educação dos sentidos: "Essa concepção corresponde às teorias da psicologia associacionista, segundo as quais a vida mental é uma combinação de sensações e de imagens" (Nina, 1954, p. 83). Nina questiona essa concepção. Para ela:

> Hoje, a concepção é diferente. Não se admite mais que possa haver educação dos sentidos independentemente da educação geral, de caráter efetivo e social. Quer dizer, os sentidos não se desenvolvem isoladamente, nem cada aparelho sensorial funciona autonomamente, sem relação com as capacidades intelectuais e morais da criança (Nina, 1954, p. 83).

Esse mesmo questionamento reaparecerá no livro de Heloisa Marinho – *Vida e Educação no Jardim de Infância*.

Para Nina, o jardim de infância tem como objetivo mais a educação social, entendida em sentido amplo, que a educação sensorial. Nele as crianças são levadas a adquirir o hábito de brincar e trabalhar em comum. Devem aprender a usar de linguagem cada vez mais adequada, mais rica, mais clara. Ao mesmo tempo vão fixando aquelas maneiras ou modos de comportamento que formem nelas uma base de boa educação moral. O uso de jogos coletivos, de exercícios de canto em comum e outros exercícios em grupo oferece oportunidades para a vida social. Na idade de 4 a 6 anos, a criança é naturalmente egocêntrica, como revelam seus desenhos e sua linguagem. A vida, aí, deve, justamente, preparar a transição entre esse estado de pensamento egocêntrico e o de pensamento socializado. A orientação do trabalho no jardim de infância proposto pela autora visa oferecer ambiente para as experiências infantis e proporcionar aquisição de hábitos e atitudes concretas; enfim, a formação integral da criança. Os conhecimentos que, normalmente, decorrem do trabalho são considerados, apenas, como meio e não como fim (Nina, 1954). A autora faz a seguinte observação:

> [...] o jardim de infância não tem a preocupação de ensinar a ler e escrever. Essa tarefa é característica da Escola Primária, na idade que lhe é própria, isto é, depois de haverem adquirido grau de maturidade necessário ao desenvolvimento dos exercícios da técnica de ler e escrever, sobretudo, pelos Testes ABC[73] (Nina, 1954, p. 84).

Nina defende, portanto, uma educação pré-primária como uma proposta de educação familiar e social, que visa à formação integral da criança. O jardim de infância de Nina tem preponderantemente a função de socializar as crianças[74]. Na acepção dela, "o jardim de infância não pode, nem deve, ser considerado como o 1º ano atrasado e, portanto, não se deve cogitar de que as crianças, aí, aprendam a ler" (Nina, 1954, p. 85). Mas, por outro lado, afirma que, no jardim de infância, as atividades são tão numerosas que não é nem útil, nem necessário lançar mão da leitura e da escrita para ocupar o tempo das crianças. Essa riqueza de atividades constitui experiências que, por certo, representam o começo da aprendizagem da leitura e da escrita e concorrem para o amadurecimento das crianças para essa aprendizagem. Elas desenham, pintam, serram madeira, olham gravuras, ouvem histórias, poemas, cantam músicas etc.

Diante desse posicionamento da autora a respeito da função do jardim de infância, fica evidente sua concepção de uma pré-escola para socialização das crianças: aquisição de hábitos e atitudes, sem, contudo, deixar de considerar que por meio das experiências infantis no jardim de infância as

---

[73] Nina está fazendo alusão ao Teste ABC de Lourenço Filho. "Lourenço Filho e colaboradores desenvolveram estudos experimentais, cujos resultados foram divulgados nas seções de comunicação da Sociedade de Educação de São Paulo, objetivando sensibilizar o magistério, as autoridades administrativas e a opinião pública sobre as vantagens da aplicação da psicologia objetiva na problemática escolar. [...] O escopo desses testes denominados 'ABC' está no aumento do rendimento do trabalho escolar e na eficiência da administração escolar, sendo utilizados para a organização eficiente das classes escolares" (Monarcha, 2001b).

[74] Utilizo nesta análise os conceitos de Abramovay e Kramer (1984).

crianças se desenvolverão e consequentemente estarão amadurecidas na idade própria para a aprendizagem da leitura e da escrita. Ao fazer referência às atividades a serem desenvolvidas pelas crianças, a autora tece a seguinte consideração:

> [...] todos esses são exercícios que preparam a atenção, a coordenação motora, a memória, os olhos, o ouvidos, para as linhas, para as rimas, para o ritmo, para os sons, enfim para as aprendizagens da leitura e da escrita, mas não são, nem devem ser o ensino da leitura e da escrita (Nina, 1954, p. 85).

Nina não defende um jardim de infância preparatório, mas não deixa de lembrar as sete aquisições educativas, geralmente consideradas mais importantes no período preparatório para o ensino da leitura: *1) proporcionar experiências reais, variadas e ricas, essenciais à aquisição do material lido; 2) acostumar a pensar e refletir; 3) treinar por meio de conversas no emprego de sentenças simples; 4) favorecer o desenvolvimento de rico vocabulário oral; 5) levar à acurada enunciação e pronúncia dos vocábulos; 6) conseguir um desenvolvimento gradual e o verdadeiro desejo de ler e 7) habituar a conservar na mente uma série de ideias com sequência lógica* (Nina, 1954).

Para ela, a educação familiar e social tem que ser encarada em seus múltiplos aspectos, abrangendo todas as atividades que se desenvolvem comumente na vida de um lar *normal*. As crianças terão que adquirir hábitos: de asseio; alimentação; sono; trabalho, entre outros. O trabalho não se restringirá a proporcionar experiências para desenvolver bons hábitos, mas terá de incluir oportunidades que concorram para estabelecer atitudes corretas.

A partir dos objetivos do jardim de infância, Nina passa a falar da educadora. E objetivamente escreve: "esclarecemos que, com Froebel, julgamos a denominação de professora inadequada à educadora de crianças de jardim de infância. Adotamos, e daqui para frente, empregamos a denominação de *Jardineira*" (Nina, 1954, p. 87). E reforça que evita o emprego de toda a terminologia escolar – ensino, estudo, aula, lição, classe, aluno etc. –, que leva a pensar em transmissão de conhecimentos, em instrução, apenas, e não em educação, formação integral da criança, que deve ser a finalidade do jardim de infância. A *jardineira* não deve ter por objetivo transmitir conhecimentos feitos.

Para ela, a própria denominação de jardim de infância foi tomada para acentuar que a atitude da educadora deve ser como a do jardineiro: proporcionar recursos e situações para que as plantinhas humanas cresçam e se desenvolvam, segundo as condições mais naturais. Cabe à jardineira estar convencida de que sua função não é a de mera espectadora, mas a de uma artista e de uma técnica a esforçar-se por descobrir as condições que regem a vida dos seres a ela confiados.

Na opinião de Nina, o que o jardim de infância reserva à criança é que ela deve estar em situação de liberdade, de reagir natural e normalmente às situações ocasionais ou preparadas pela *jardineira*. Essa liberdade não significa plena expansão de todos os impulsos, quaisquer que sejam, mas sim a expansão dos impulsos normais de adaptação social. A jardineira não precisa ser a "dominadora do grupo", mas providenciará que, pouco a pouco, seja estabelecida uma atmosfera de compreensão e disciplina resultante das responsabilidades da vida em conjunto.

Desse modo, espera Nina (1954, p. 89) que a criança seja levada a realizar o próprio trabalho, a julgar seus esforços e resultados, a descobrir quando deve pedir auxílio à jardineira e aos colegas:

> A socialização crescente e gradativa, pela qual deve passar, não importará na perda da personalidade. Esta palavra é muitas das vezes tomada num sentido vago, e por isto, convém esclarecê-la. A personalidade é produto social, embora suas forças sejam de natureza individual. Compõe-se, integra-se e desenvolve-se num meio social equilibrado. Fala-se do respeito à personalidade da criança, não será, pois, fazê-lo de seus impulsos nativos, sem controle.

A preocupação aqui é com a formação da criança, com a ação do jardim de infância na formação da personalidade da criança. Daí, talvez, a autora fazer referência a um meio equilibrado. Para ela, a criança deve habituar-se ao brinquedo e ao trabalho em conjunto, quer dirigindo seu grupo, quer atendendo às ordens de quem está dirigindo ou da *jardineira*. Deve aprender a repartir seu material, a arrumá-lo, a preocupar-se com a limpeza e a ordem: "haverá liberdade, mas dentro de certos limites" (Nina, 1954, p. 90). Ao mencionar a disciplina, registra: "Não nos esqueçamos de que o problema de disciplina nunca deve ser 'uma batalha travada entre a criança e a educadora'. É, antes, preventiva que corretiva" (Nina, 1954, p. 90).

As turmas do jardim de infância devem ser constituídas, logo no início, por crianças de 4 a 6 anos de idade cronológica. Em geral elas são distribuídas em três períodos de 4, 5 e 6 anos e depois reorganizadas de acordo com melhores critérios: testes de inteligência, observações do desenvolvimento social e emocional das crianças:

> É indispensável chamar a atenção, entretanto, para o fato de que, se é verdade esses últimos critérios apontados dão turmas tecnicamente muito melhor organizadas, o problema tem que ser igualmente encarado sob o aspecto administrativo. **Não fazendo o jardim de infância parte integrante do sistema escolar brasileiro**, é impossível evitar-se seja matriculada no 1º ano escolar uma criança que não tenha atingido o desenvolvimento e a maturidade desejada, desde que complete a idade cronológica fixada pela autoridade educacional. Também não se pode encaminhar ao 1º ano da escola primária uma criança com desenvolvimento adequado a ser alfabetizada, se não tem a idade exigida pelo Departamento de Educação Primária local. Daí, a necessidade de não criar obstáculos que levem a técnica a interferir na questão administrativa (Nina, 1954, p. 91, grifo nosso).

Embora Nina sugira que, depois de formadas, as turmas do jardim de infância poderiam ser reagrupadas em função da avaliação do desenvolvimento e da maturidade da criança, com o parágrafo citado se posiciona afirmando que o jardim de infância não poderia obstaculizar, em nenhuma hipótese, o ingresso das crianças na escola primária, ao atingirem a idade cronológica de 7 anos. Da mesma forma não seria possível que o jardim de infância encaminhasse uma criança com menos de 7 anos de idade cronológica, mesmo que ela fosse avaliada com maturidade para cursar o 1º ano da escola primária. Ressalta-se aqui a afirmação de que o jardim de infância não integrava o sistema escolar brasileiro.

Apesar de não integrar oficialmente o sistema escolar brasileiro, como afirma Nina, a educação pré-primária consta dos documentos do Ministério da Educação e Saúde desde 1939. É o caso, por exemplo, dos dados estatísticos apresentados no livro *O Ensino no Brasil em 1939*, publicado por meio de uma edição conjunta do Ministério da Educação e Saúde e do Serviço de Estatística da Educação e Saúde (órgão do Instituto Brasileiro de Geografia e Estatística – IBGE) em 1945. Nessa publicação o ensino pré-primário aparece subdividido em *ensino pré-primário maternal* e *ensino pré-primário infantil (jardim de infância)*[75].

Ao responder à questão "Quantas crianças poderão constituir uma turma de jardim de infância?", a autora afirma que devem ser *18 a 20 crianças por jardineira, ou 32 a 36, no caso de encarregarem-se da turma duas jardineiras* (Nina, 1954).

---

[75] Fonte: dados de 1939, Ministério da Educação e Saúde/IBGE, 1945.

Para ela, na idade que frequentam o jardim de infância, as crianças não têm capacidade plena de autodireção e autogoverno. O que demanda que na boa organização da turma se torne bem clara a autoridade da jardineira; que se estabeleçam, entre as crianças, algumas regras necessárias e razoáveis: silêncio no instante de repouso, silêncio fora da sala para não perturbar as outras turmas e certa ordem (de preferência fila) para evitar aglomerações prejudiciais; que se reúnam as crianças, sempre que uma deliberação de certa importância deva ser tomada, para ouvi-las, desde que sejam capazes de apresentar sugestões.

As reuniões das crianças da turma são valorizadas no jardim de infância que está sendo proposto. Essas se justificam pelos seguintes motivos oportunos: *a crítica dos trabalhos próprios ou dos companheiros; a combinação de planos a executar e a comemoração do aniversário de algum companheiro; a discussão sobre a responsabilidade das crianças no arranjo do jardim de infância. Desta maneira pode-se chegar, sem esforço, naturalmente, à criação de cargos como encarregados: de arrumação da mesa-biblioteca; do arranjo do armário do material; da distribuição das esteiras ou tapetes na hora do repouso; da distribuição das merendas e da verificação do asseio das mãos e dentes* (Nina, 1954).

Esses cargos serão ocupados por crianças eleitas pelos próprios companheiros, para exercerem suas funções, em geral, semanalmente. No anexo 38 a e b do livro são apresentados modelos de cartazes para consignar os nomes dos encarregados da semana. Por meio desse trabalho da escolha de crianças para exercerem a função de encarregado espera-se, como resultados possíveis, levar a criança a: *falar distinta e claramente; ficar de pé, quando se dirigir ao grupo; falar apenas quando houver alguma coisa interessante a dizer e tratar-se de assunto relacionado à conversa; saber dar seu voto, levantando a mão; saber conformar-se com a opinião da maioria* (Nina, 1954, p. 93).

Para que isso aconteça, a jardineira deve ser alegre, amável, boa companheira para todas as crianças, aguardando com paciência e calma o desabrochar da capacidade de cada criança.

Ao referir-se ao horário do jardim de infância, Nina (1954, p. 94, grifo nosso) escreve:

> Cabem, aqui, todas as considerações feitas em torno do assunto, quando o encaramos em relação à escola maternal. Resta, apenas, dizer uma palavrinha sobre o tipo de jardim de infância, que funcione com regime de externato e **caráter educacional, não envolvendo outros aspectos assisten-**

ciais. Nestas condições, julgamos poderá funcionar cinco dias por semana, durante três horas e meia, ou melhor, quatro horas diárias, revelando-se a entrada das crianças por período de 45 a 50 minutos, a fim de conseguir frequência regular, que facilite a aquisição de bons hábitos, por parte da criança.

Ao falar de caráter educacional sem o envolvimento de outros aspectos assistenciais, a autora certamente não está se posicionando sobre as finalidades do jardim de infância, mas, sobretudo, distinguindo um tipo de instituição destinada a crianças não abandonadas e não órfãs. A referência aos aspectos assistenciais relaciona-se aos asilos ou orfanatos da época, em geral entidades filantrópicas.

Ainda sobre o horário, a proposta prevê uma distribuição de atividades para as crianças durante o período em que permanecem no jardim de infância. Não só o horário, mas também a distribuição das atividades exige flexibilidade. O programa de atividades sugerido é dividido em Tempos. *Tempos para o grupo verificar o estado em que se encontram as atividades nas quais estão todos empenhados e decidir sobre as coisas a fazer em seguida. Tempo de exercício, para adquirir técnicas, perícia e conhecimentos de que necessitam ao levar avante o trabalho. Tempo para resolver os problemas mais importantes. Tempo para apreciação musical ou literária. Tempo para o trabalho inventivo e construtivo. Tempo para atividades não prefixadas, neste as crianças podem fazer individualmente ou em grupos pequenos as coisas pelas quais são responsáveis. Tempo para recreação e brinquedo* (Nina, 1954).

Os equipamentos – mobiliário e material educativo – devem acompanhar as orientações fornecidas para a escola maternal. Com algumas ressalvas. Pois como já havia sido afirmado anteriormente, o objetivo do jardim de infância era outrora a educação dos sentidos. Havia para isso material padronizado. Hoje em dia a concepção é diferente. Essas instituições têm por fim desenvolver a capacidade mental e social da criança. Para isso, devem oferecer-lhe oportunidade de manipulação, observação, coordenação, com material variado. Devem ser materiais como: instrumentos musicais; instrumentos de carpintaria; instrumentos de jardinagem; material para experiência de ciências físicas e naturais; material para desenho e pintura; para modelagem; para brinquedo com areia; para brinquedo dramatizado; teatrinho de boneca; economia doméstica; material para costura, além de papel colorido de várias qualidades; jogos: de paciência, quebra-cabeça, dominós, cubos coloridos, gravuras; carrinhos diversos; brinquedos mecânicos variados; bolas; brinquedos para o ar livre (Nina, 1954). Possivelmente a autora está apresentando um jardim de infância que não se restringe à educação dos sentidos. Certamente sua crítica se refere às ideias e aos materiais de uma educação de inspiração montessoriana.

Nina revela, ainda, uma enorme preocupação com atividades e assuntos a serem trabalhados pela jardineira com as crianças. Para ela, "as atividades e assuntos do programa de jardim de infância não podem ser discriminados numa ordem ou sistematização rigorosa, nem mesmo se deveria falar em programa" (Nina, 1954, p. 100). Sua maior preocupação é que esses se transformem em um "livro de receitas". É nesse sentido que "um programa de jardim de infância deve ser uma experiência ou uma série de experiências úteis e interessantes à criança" (Nina, 1954, p. 100). "O currículo do jardim de infância deve ser o desenvolvimento de empreendimentos de que o educando precisa ou que a sociedade sabe que ele vai precisar" (Nina, 1954, p. 101).

As atividades precisam ser naturalmente apresentadas e decorrerão do ambiente, da capacidade, das necessidades e dos interesses progressivos do pré-escolar. Podem surgir de sugestões da criança. Podem resultar, também, de sugestões diretas da jardineira. Aqui há fortes pistas de que a influência que inspira o jardim de infância proposto esteja em algumas concepções de John Dewey.

Nina não se priva de dizer que "os acontecimentos sociais de certa repercussão, tais como uma grande festa popular, podem e devem ser aproveitados para exercícios de linguagem, desenho, de imaginação etc.". "Os fatos da tradição (festa de São João, Natal etc.) servirão, igualmente, como ponto de partida para exercícios e atividades de proveito" (Nina, 1954, p. 101).

Na proposta dela, as jardineiras devem promover o desenvolvimento das atividades em "unidades de trabalho" ou "unidades de experiências", isto é, em grandes grupos de assuntos, sob a forma de "projetos". As unidades significam apenas organização geral, sem nenhuma rigidez, pois a própria atividade da criança pode modificar a situação e desviar o assunto ou ampliá-lo. O que importa é que se reconheça quando há interesse por parte da criança e que ela participe dos planos de atividades. O interesse da criança deve ser utilizado ao máximo para atender às suas possibilidades educativas. Aqui novamente há indício de inspirações a partir das ideias de Decroly e Dewey, o que sugere a influência escolanovista.

O trabalho diário no jardim de infância, segundo Nina, em grandes linhas, gira em torno de atividades como: *trabalho espontâneo e inventivo; higiene e saúde; brinquedo e jogos; teatrinho de bonecos; música; linguagem; vida social; atividades domésticas; experiências de ciências físicas e naturais; excursões; jardinagem; matemática; merenda; recreio; repouso*. A autora deduz, a partir da prática do trabalho em jardins de infância, que essas são atividades que agradam às crianças.

Aconselha a educadora a preparar sempre com antecedência uma coleção de cantigas, de histórias, de versinhos etc. adequados aos pré-escolares, de que possa lançar mão nos primeiros dias de trabalho. Afirma que é útil que a educadora conheça os recursos locais que possam auxiliar nas atividades infantis, que incentive a criança a inventar e não se restrinja a copiar modelos ou executar somente o que ela sugere ou, pior ainda, ordene. A educadora deve se interessar por verificar o progresso da criança, como sua atitude se modifica, por meio da execução das atividades. Na opinião de Nina (1954, p. 117):

> A verdadeira educadora recebe bem os pais, quando vêm observar as atividades infantis, apresentar sugestões, discutir certos problemas relativos ao trabalho e, mesmo, ajudá-las. A educadora não toma o lugar dos pais. Ao contrário, orientando-os, dá-lhes maior confiança no seu trabalho educacional, no lar, e aproxima-os do que realiza no jardim de infância.

Na conclusão do livro, Nina escreve que a DPS, do DNCr, está pronta, dentro de suas possibilidades, para atender a pedidos de informação e consultas de caráter técnico e sempre à disposição dos encarregados de obra social que prestam assistência aos pré-escolares e a suas famílias.

Conclui realçando que não se pode esquecer que "as instituições de educação pré-primária devem ser, sempre, um prolongamento do lar e, não, antessala da escola primária: As crianças, aí, devem possuir confiança e equilíbrio, e os adultos, compreensão e entusiasmo" (Nina, 1954, p. 118).

Nina termina o livro com a seguinte afirmação:

> Conhecendo, assim, *o que se faz* numa instituição de educação pré-primária, *como se faz*, e *porque* o trabalho aí auxilia tanto o pré-escolar, tem-se a certeza de que a frequência da criança à escola maternal e ao jardim de infância não é *perda de tempo* (Nina, 1954, p. 118).

A última parte do livro é composta de anexos. Estes são citados no decorrer dos capítulos e envolvem os mais diferentes temas. Muitos deles foram retirados da farta documentação organizada para os cursos do DNCr.

A autora abre os anexos do livro com duas fotografias mostrando tipos de ambiente onde crianças vivem e brincam. Ambas são de espaços urbanos. A primeira tem uma rua calçada, com postes de iluminação e casas de alvenaria, com crianças brancas, bem vestidas e calçadas, brincando de roda, andando de velocípede e jogando bola. A outra traz um espaço oposto de ambiente, de chão de terra, com feixe de lenha no chão, casas pobres e de madeira, um varal com roupas, com crianças e adultos negros, vestidos com roupas simples e com os pés descalços. Segundo Nina, essas cenas são utilizadas nos cursos para educadoras da educação pré-primária com o objetivo de que percebam os diferentes ambientes onde as crianças vivem.

Nos anexos seguintes são apresentadas: planta geral de uma construção para uma instituição de educação pré-primária, incluindo o prédio e as áreas livres aconselháveis, e duas fotografias exemplificando um prédio rústico (de madeira), com condições mínimas necessárias, e outro prédio suntuoso, demonstrando as vantagens da distribuição das salas dando para um pátio central[76].

Um dos anexos que merece, sem dúvida alguma, uma atenção especial é o que traz sugestões para a organização de *cursos para educadoras de pré-escolares*. Nina faz referência à Lei Orgânica e de Projetos de Criação de Institutos de Educação. O curso de especialização em educação pré-primária, na opinião da autora, deve ser de dois anos. No primeiro ano (1ª série) seriam ministradas as matérias de formação geral, imprimindo-se já, entretanto, feição de especialidade ao estudo, por exemplo: Psicologia da Infância; Desenvolvimento Infantil; Higiene da Criança etc. O segundo ano (2ª série) compreenderia as matérias da especialização propriamente dita: Fundamentos da educação pré-primária; Técnicas de trabalho no jardim de infância etc. Isso possibilitaria aos professores-alunos a aquisição – mais completa, ativa e eficiente – de conhecimentos e técnicas de que vão necessitar no exercício da função.

A autora apresenta a seguinte organização de curso de formação de educadoras de pré-escolares (especialização):

Matérias Obrigatórias	Matérias Recomendadas	Matérias Eletivas
• Desenvolvimento infantil e higiene da criança	• Histórico da educação pré-primária	• Arte aplicada na educação das crianças

---

[76] Foto do IERJ.

Matérias Obrigatórias	Matérias Recomendadas	Matérias Eletivas
• Estudo das relações entre lar, a instituição e a comunidade • Fundamentos da educação pré-primária • Técnicas de trabalho no jardim de infância • Trabalho prático, orientado, com crianças em instituições de educação pré-primária – observação e participação • Organização e administração de instituições de educação pré-primária	• Organização de currículos • Associação de mães • Orientação pedagógica dos pais/higiene mental do pré-escolar • "Guidance" do pré-escolar • Socorros urgentes • Ciências sociais na escola maternal e no jardim de infância • Ciências físicas e naturais na educação pré-primária • Linguagem e literatura infantil • Educação musical na escola maternal e no jardim de infância • Desenho e trabalhos manuais na escola maternal e no jardim de infância	• Desenhos e outras atividades inventivas, com material variado e pouco dispendioso • Piano • Taquigrafia • Religião ou formação religiosa dos pequeninos • Problemas decorrentes do ensino da leitura (*)

(*) Embora pensemos que o jardim de infância não deva ter a preocupação de ensinar a ler e escrever, por julgar essa tarefa característica da escola primária, na idade que lhe é própria, isto é, depois que as crianças tenham adquirido aquele grau de maturidade necessário ao desenvolvimento dos exercícios da técnica de ler e escrever, por meio do grande número de atividades adequadas que lhes podemos proporcionar no jardim de infância, cremos não ser descabido, pelo contrário, trazer benefícios a apresentação desses problemas que elucidam as educadoras interessadas no assunto.

Chama bastante atenção a nota de rodapé escrita por Nina. Sua posição, fortemente, contra o ensino da leitura e da escrita no jardim de infância, faz com que ela, ao incluir uma matéria sobre *problemas decorrentes do ensino da leitura* no rol das matérias eletivas, reforce, em primeiro lugar, com objetividade, que o jardim de infância não deve ter a preocupação de ensinar a ler e escrever. Isso é tarefa da escola primária. E, em segundo lugar, justifica que não é descabida a inclusão dessa matéria, pois no jardim de infância pode ser desenvolvido um grande número de atividades adequadas às crianças, visando contribuir com a aquisição da maturidade necessária para os exercícios da técnica de ler e escrever. Em todo o texto essa é a única vez em que pode ser identificada uma relação entre a educação pré-primária e a escola primária. A postura dela, quase sempre radical, é contrária à função preparatória do jardim de infância. O que ela defende é uma educação pré-primária que tenha *objetivo em si mesma*.

Pelos anexos pode-se perceber que, além do curso de especialização proposto, o DNCr realizava cursos menores – chamados "Introdução à educação pré-primária" – destinados a educadoras em exercício em escolas maternais e jardins de infância ou a pessoas interessadas em atuar na educação pré-primária. Na verdade, eram cursos bem mais curtos e que tinham sua tônica no fazer da educadora. Neles, o DNCr distribuía relações das mais variadas, as quais integram os anexos do livro de Nina. Por exemplo: relação de material para a escola maternal e o jardim de infância; relação de material usado aproveitável no jardim de infância; relação de jogos e de brinquedos cantados; relação de cânticos; relação de livros de música; relação de discos; relação de experiências de ciências físicas e naturais; relação de coleções que interessam às crianças pré-escolares; de excursões; de assuntos para palestra; de modelos de brinquedos e instrumentos musicais e relação de atividades para a Associação de Mães; além das receitas, por exemplo, de como confeccionar cabeças de fantoches e de culinária. Também eram distribuídos modelos de dizeres para cartazes; modelo de álbum de coleções de jogos, histórias, dramatizações, músicas etc.; modelo de plano de trabalho; modelos de orações; modelos de vários tipos de mobiliário e material; e ainda bibliografia para as crianças e para as educadoras e normas para a visita das professoras-alunas. Todos esses modelos, receitas, relações e normas foram anexados, por Nina, ao livro.

A autora anexa, também, *tipos de problemas apresentados pelas professoras-alunas de um dos cursos para estudo e solução*. Por meio deles pode-se ter uma visão dos assuntos, de temas problematizados e trazidos por aquelas que estavam atuando em instituições de educação pré-primária à época.

Por exemplo:

> *Num jardim de infância, por contínua insistência de alguns pais, a educadora viu-se obrigada a ensinar crianças de 5 e 6 anos a lerem. Indo outra educadora encarregar-se da turma e encontrando em uso este sistema, como fazer, para que os pais não pensem que os filhos retrocedem na aprendizagem? A substituta não quer adotar tal sistema.*

Pode-se ensinar, ou melhor, dar ideia de números, no jardim de infância? De letras?

Há algum método apropriado à ginástica, no jardim de infância?

Para a educadora manter melhor atenção e disciplina é preferível trabalhar, separadamente, com meninos e meninas, exercitando uns na linguagem ou outros conhecimentos, enquanto outros desenham ou organizam jogos de memória?

Como fazer para que, durante uma explicação, as crianças se conservem atentas? E para despertar-lhes interesse?

Se, em um grupo há deficiência intelectual em duas ou três crianças, como resolver as dificuldades?

Quanto aos exercícios físicos, devem ser historiados, a fim de desenvolver ao mesmo tempo memória e capacidade física?

Como resolver as dificuldades, que surgem da existência, na turma, de crianças de vários meios sociais?

Que solução dar aos problemas decorrentes de existência, na turma, de uma criança por demais indisciplinada?

Os problemas levantados pelas professoras-alunas revelam uma preocupação escolar. Seja com a alfabetização ou não das crianças, seja pela recorrente preocupação com atividades para desenvolver a memória das crianças, seja, ainda pela busca de soluções que possam de certa forma homogeneizar a turma. Há também questões relacionadas ao gênero, à disciplina, aos pais, à atenção; todas igualmente poderiam ser caracterizadas como questões da escola primária.

Ao longo do livro, Nina responde em parte a essas preocupações. A escola maternal e, sobretudo, o jardim de infância que ela propõe, por não ser uma educação preparatória à escola primária, direciona-se em outra perspectiva, inspirada em concepções escolanovistas. A educação dos pré-escolares deveria estar mais voltada para o desenvolvimento integral das crianças do que para o desenvolvimento de exercícios da técnica de ler e escrever. Para ela o jardim de infância não deveria ter o objetivo de transformar as crianças em alunos, isso é insistentemente atribuído à escola primária.

5.3 Vida e educação no jardim de infância: a pré-escola como espaço de vida[77]

O livro *Vida e Educação no Jardim de Infância* tem uma peculiaridade: Heloísa Marinho foi assumindo a autoria pouco a pouco. A primeira edição, em 1952, pela editora A Noite, foi lançada como um Programa de Atividades do Departamento de Educação Primária da Secretaria Geral de Educação e Cultura da Prefeitura do Distrito Federal. Essa edição, escrita por várias autoras, tem uma importância histórica para o jardim de infância do Rio de Janeiro. O Departamento de Educação Primária (DEP), diante dos jardins de infância particulares e públicos que se espalhavam pela cidade,[78] constituindo prova inequívoca da aceitação social da educação pré-primária, empenhou-se na produção da referida publicação. A professora Juracy Silveira, diretora do DEP, prefaciou essa primeira edição expondo as seguintes ideias:

> O DEP, atendendo a este imperativo e reconhecendo a necessidade inadiável de orientar convenientemente os professores incumbidos da educação de crianças de 4 a 6 anos e meio de idade, resolveu, devidamente autorizado pelo Secretário Geral de Educação e Cultura _ professor Mário de Britto _ elaborar um programa psico-evolutivo, que constituísse um verdadeiro guia didático e do qual constassem, além dos temas de ordem geral _ a Criança; o Lar e o Jardim de Infância; o Corpo docente; o Ambiente _ , sugestões de atividades espontâneas e dirigidas, cuja prática levará à formação de hábitos e atitudes imprescindíveis a uma vida sadia, sob o tríplice aspecto físico, mental e social (Marinho, 1952).

A proposta de um programa psico-evolutivo tem, sem dúvida, a influência de Marinho, que o escreveu conjuntamente com outras professoras que constituíram uma comissão para organizar o livro: Everildes

---

[77] Muitas das análises sobre esse livro foram originalmente feitas na pesquisa que realizei em 1996/1997, "Educadora de educadoras: trajetória e ideias de Marinho. Uma História no Jardim de Infância do Rio de Janeiro", por ocasião da minha dissertação de mestrado na PUC-Rio, 1997.

[78] Informação obtida em entrevista com a professora Helena Vieira. Até o final dos anos 1940, havia na cidade do Rio de Janeiro, excetuando-se o Jardim de Infância do IERJ, apenas três jardins de infância públicos: Campos Sales, no Campo de Santana; Marechal Hermes, em Botafogo; e Cícero Pena, em Copacabana.

Faria Lemos, Marina Pires Carvalho e Albuquerque, Maria de Lourdes de Almeida Rego, Isis Costa Novaes, Dyrce Godolphim Pereira da Silva e Dinah Bezerra de Barros.

Existem outras evidências da marcante influência de Marinho no livro, por exemplo, as constantes referências ao Colégio Bennett e ao Instituto de Educação[79]. Vale lembrar que nessa comissão de autores, no DEP, existiam outras educadoras do IERJ, como é o caso, por exemplo, da professora Everildes Faria Lemos, diretora do Jardim de Infância do IERJ por mais de 25 anos. O próprio título da publicação já é suficientemente denunciador das orientações que Marinho conseguiu fazer com que a comissão acatasse como norte para a educação pré-primária do Distrito Federal. *Vida e Educação* é título também de um livro de John Dewey, publicado no Brasil, contendo dois ensaios do educador americano: "A criança e o programa escolar" e "Interesse e esforço", precedidos de um estudo sobre a pedagogia de Dewey, redigido por Anísio Teixeira e prefaciado por Lourenço Filho[80].

A leitura comparativa das três edições de *Vida e Educação no Jardim de Infância* – primeira edição: editora A Noite, 1952; segunda edição: editora Conquista, 1960; e terceira edição: editora Conquista, 1966 – permitiu algumas análises, que levam a determinadas considerações, que se seguem. Em primeiro lugar, Marinho, desde a primeira edição, teve uma participação intensa, coordenou a produção do então *Programa de Atividades* – subtítulo do livro até a segunda edição – para o Jardim de Infância do DEP, do Distrito Federal. Só na terceira edição do livro, pela primeira vez, foi impresso na capa o nome da autora e sem esse subtítulo. Em segundo lugar, percebe-se que as orientações postuladas no livro para professores de educação pré-primária estão ou fundamentadas nas pesquisas experimentais que Marinho realizou ou se baseiam em autores que foram seus professores no exterior ou ainda em Bhüler (1931; 1932),

---

[79] Como foi possível ver na pesquisa *Educadora de educadoras: trajetória e ideias de Heloísa Marinho. Uma História no Jardim de Infância do Rio de Janeiro*, que realizei em 1996/1997, essas duas instituições desempenharam um papel pioneiro na educação pré-primária do Rio de Janeiro. O Jardim de Infância do IERJ teve em sua direção, durante os 50 primeiros anos, as seguintes professoras: Celina Nina, Everildes Faria Lemos e Iara Prado Maia. No Colégio Bennett, destacam-se os nomes das diretoras Eva Hyde e Sara Dawsey.

[80] O conceito de vida para Dewey (o mesmo que Heloísa Marinho utiliza), explica Lourenço Filho, não se restringe ao plano da biologia, mas refere-se também à existência social. Para Dewey, "o que a nutrição e a reprodução representam para a vida fisiológica, a educação o é para a vida social". Como decorrência disso, continua Lourenço Filho, algumas consequências: a primeira é que não deve haver nenhuma separação entre vida e educação e a segunda é que os fins da educação não podem ser senão mais e melhor educação, no sentido de maior capacidade em compreender, projetar, experimentar e conferir os resultados do que façam. Para Dewey. a educação torna-se, desse modo, uma "contínua reconstrução de experiência".

Claparède (1940), Gesell (1937), Goodenough (1923), Hetzer (1931), Jersild (1935) e Metzger (1936)[81], que integram as bibliografias das pesquisas dela. E em terceiro lugar, foi possível constatar que, a cada edição, não estava havendo apenas um simples acréscimo de capítulos com temas novos, mas um redirecionamento nas orientações pedagógicas. Pouco a pouco é percebível que o livro deixa de ser um documento da Secretaria de Educação, escrito por uma comissão, e passa a ter uma autora, embora na terceira edição alguns capítulos tenham sido escritos pela professora Everildes F. Lemos, que havia integrado a comissão[82].

De fato, o livro que, originalmente, foi escrito como um guia da Secretaria de Educação e Cultura passa a ser um livro de autor identificado. No prefácio da terceira edição, Juracy Silveira mostra a gênese e o desenvolvimento do livro:

> Esse livro tem a sua história que vale ser registrada: a história de uma iniciativa que vem sofrendo modificações, acréscimos e supressões; que adquiriu nova estrutura e novos conceitos, que se enriqueceu de novos exemplos e novas ilustrações, tudo isso a demonstrar seu dinamismo através dos anos, na ânsia de aperfeiçoamento que fará de: "Vida e Educação no Jardim de Infância" um livro sempre atualizado e útil aos olhos de antigos e novos leitores. História que guarda na simplicidade do seu enredo traços de emoção e de beleza pela dedicação e pelo esforço que exigiu de muitos (Marinho, 1966).

Silveira explica ainda que essa terceira edição "constitui livro básico para os educadores da infância, graças à pertinácia, à competência e ao esforço de Heloísa Marinho".

"A nosso ver, o especial valor deste livro está na forma com que a matéria é apresentada, nessa orientação, sem que se utilizem formas abstratas ou terminologia só acessível a especialistas". Com essa frase, Lourenço Filho (1945), na introdução da última edição, com muita propriedade, apresenta-o como um livro compreensível não só pelas professoras da pré-escola, mas passível de ser lido e entendido pelo grande público. É um texto simples e

---

[81] Na bibliografia do capítulo 1 – "A criança" – da primeira edição podem-se ver os dados completos dos autores estrangeiros, além da referência às pesquisas: A linguagem na Idade Pré-escolar e Lógica e Desenho, ambas realizadas por Marinho no IERJ, em 1939 e 1945, respectivamente. Ver também Leite Filho, 1997.

[82] Na terceira edição, Marinho "dá nome aos bois": a autoria dela é assumida e estampada na capa do livro; no índice aparecem os nomes das autoras nos capítulos que não foram escritos por ela desde a primeira edição, como "O lar e o Jardim de Infância" e "Biblioteca", ambos escritos por Everildes F. Lemos, além de novas autoras que eram suas assistentes no IERJ, como Duhília Madeira, no capítulo "Música e atividades rítmicas", e Maria de Lourdes Pereira da Silva, no capítulo "Técnicas de artes".

claro, que aborda temas atraentes sobre a organização e o funcionamento do jardim de infância. Salvo o capítulo das instalações – "O prédio" –, em todos os demais são sugeridas atividades educativas no trabalho a ser executado com crianças pequenas.

Pode-se afirmar que, da primeira versão até a última, as supressões feitas expurgaram concepções de uma educação infantil marcada pelas primeiras formulações de Montessori de "educação dos sentidos". Na última edição, Marinho está dialogando com os defensores de um jardim de infância fundamentado nas concepções de aprendizagem da escola tradicional, em que todas as atividades propostas para as crianças são orientadas pela professora, em que memorizar significa aprender, em que o professor é ativo no processo de aprendizagem e o aluno é passivo. Ao contrário dessa maneira de entender a pré-escola, Marinho tem duas bases na formulação das suas ideias pedagógicas. Por um lado, as ideias de Froebel; e por outro, as de Dewey. E dessa forma dialoga também com educadores que iniciaram a pedagogia ativa, mas que não podem mais, de acordo com ela, orientar uma pré-escola atual inserida numa sociedade industrial e urbana:

> A era industrial, que enriqueceu o mundo dos "grandes" com o rádio e a televisão, e facilitou o trabalho da dona de casa com a geladeira e as máquinas elétricas, esqueceu a criança pré-escolar. Arquitetos e urbanistas constroem a cidade para os adultos, os automóveis e caminhões. Neste mundo perigoso, onde fica a criança pré-escolar? (Marinho, 1952, p. 219).

No capítulo "Vida e Educação", Marinho expõe um Planejamento para a educação pré-primária do estado da Guanabara e começa dizendo que "Não adianta sobrecarregar de crianças os poucos Jardins de Infância públicos. Não basta que a criança sobreviva – ela precisa de Educação" (Marinho, 1952, p. 25).

O Planejamento apresentado é o seguinte:

PLANEJAMENTO DA EDUCAÇÃO PRÉ-PRIMÁRIA

I. Aumento de Jardins de Infância

A. *Públicos pela mobilização dos recursos necessários, o que implica:*

1. plano de expansão que atenda, em primeiro lugar, a crianças necessitadas, pela organização de novos Jardins de Infância na proximidade das zonas industriais e favelas destituídas de jardins e praias;

2. organização de centros de educação pré-primária em asilos e Postos de Puericultura;

3. obtenção de verbas, terrenos, prédios;

4. organização flexível de Jardins de Infância anexos às Escolas Primárias. Atualmente, as turmas pré-escolares anexas têm sua existência constantemente ameaçada. Quando a matrícula de crianças em idade escolar excede o número de vagas, elimina-se o Jardim, para dar lugar à turma do Primário. O Estado não pode deixar uma criança de 7 anos analfabeta para atender outra em idade pré-escolar. No entanto, o ambiente e os materiais do Jardim de Infância são igualmente favoráveis ao aluno que inicia a vida escolar na Escola Primária. Em casos de emergência, poderia a professora especializada em educação pré-escolar atender a crianças de 7 anos em ambiente apropriado à iniciação escolar. A rigidez formal não beneficia ninguém. Por outro lado, no caso de haver sobra de vagas, depois da matrícula para a Escola Primária, poder-se-ia reorganizar a turma anexa do Jardim de Infância, sem desperdiçar esforços nem materiais. A louvável iniciativa de construir grande número de escolas Primárias talvez torne possível organizar maior número de Jardins anexos.

B. Organização de Jardins de Infância *particulares* por:

1. autarquias;

2. clubes;

3. estabelecimentos comerciais e industriais que empregam número considerável de mulheres;

4. centros residenciais: poder-se-ia aproveitar o resultado de recenseamento para fundamentar a exigência de Jardins de Infância na média do número de crianças em idade pré-escolar em relação ao número de apartamentos. A existência de grandes parques na Dinamarca é devida, em grande parte, a exigências legais.

C. Organização de centros de recreação pré-escolar em:

1. praias;

2. jardins públicos, em local protegido das corridas dos maiores;

3. aproveitando a experiência sueca, poderiam ser organizados estes grupos em condições favoráveis de tempo, no horário limitado de 8 a 10 horas da manhã. O local limitar-se-ia de início a um abrigo, provido de instalações sanitárias e brinquedos indispensáveis. A inscrição seria limitada a crianças da vizinhança imediata. Dependendo do ar livre e do tempo, poderia a orientação de professora especializada ser paga em horário suplementar à sua função efetiva na Escola, para não onerar indevidamente o orçamento do Estado.

II. Elaboração de normas para o funcionamento de instituições pré-escolares

1. orientação dos Jardins de Infância públicos e particulares em face das normas estabelecidas;

2. incentivo ao trabalho superior. Não só bons Jardins de Infância públicos como particulares poderiam servir de centros de divulgação de métodos adequados à educação pré-escolar.

III. Educação do Magistério: a boa professora é imprescindível à educação pré-escolar. Para servirem em Jardins de Infância, deverão ser escolhidas professoras especializadas, de preferência jovens, que tenham vocação para lidar com crianças pequenas.

As professoras atualmente em exercício nos Jardins de Infância do estado da Guanabara apresentam vários níveis de preparo:

1. portadoras de certificados de Especialização em Educação Pré-Primária do Instituto de Educação em Curso Superior que exige:

   a. para matrícula, diploma de Curso Normal de 2º Ciclo, dois anos de tempo de serviço e prova de seleção;

   b. para a habilitação, frequência obrigatória às aulas, distribuídas em dois anos, trabalhos e provas teóricas e práticas no convívio real com crianças no Jardim de Infância.

2. portadoras de certificados de cursos de divulgação sem exigências oficiais de matrícula ou habilitação na maioria limitada à simples frequência.

3. os colégios Bennett e Jacobina mantêm cursos de formação de educadoras pré-primárias em seu colegial.

IV. Educação da família: as instituições pré-escolares não podem nem devem substituir o lar. O rádio, a televisão, os jornais, as revistas, as clínicas psicológicas, os cursos de divulgação poderiam auxiliar os pais na educação da criança no lar.

Seria este um dos meios de aliviar os Jardins de Infância da procura excessiva. É preferível educar a criança em casa, do que enviá-la a um Jardim superlotado.

Os poucos lugares no Jardim de Infância públicos deveriam, de preferência, ser reservados a filhos de mães que trabalham.

V. Serviço Social de Assistência à Criança: o asilo, ainda que bem organizado, costuma isolar a criança da sociedade, prejudicar a afetividade, retardar o desenvolvimento pela carência de atenção pessoal, criando problemas de adaptação à vida.

Na Europa e na América do Norte, o Serviço Social procura promover a educação da criança pobre no próprio lar, pela assistência dada aos pais. O Estado deve apoiar a reorganização da família, em vez de aliviar os pais da responsabilidade de sustentar os filhos. Esses países incentivam a adoção de crianças abandonadas, reduzindo ao mínimo os internatos de menores. No Brasil, a mesma orientação tem produzido bons resultados.

Como pode ser visto, é uma proposta de política pública para a educação pré-escolar no estado da Guanabara. Nele, a autora não se contenta em propor ações a serem realizadas nos cinco eixos propostos: aumento de jardins de infância; elaboração de normas; educação do magistério; educação da família e serviço social de assistência à criança. Ela os acompanha de detalhamentos, especificações e comentários. Os comentários explicitam suas ideias, ao situar as questões na história da educação pré-primária do Rio de Janeiro e justificar as ações propostas com experiências bem-sucedidas em outros países.

Marinho, por onde andou em suas viagens ao exterior, tanto nas que fez para estudar quanto nas que fez a passeio, observou, registrou e trouxe para o Brasil como exemplo experiências bem-sucedidas de políticas públicas para a infância e de propostas pedagógicas para a pré-escola. Observa-se, em toda a produção dela, que os conhecimentos adquiridos em outros países foram sempre disponibilizados à criança brasileira (Leite Filho, 1997).

O planejamento exposto propõe a expansão dos jardins de infância na Guanabara e indica que essa expansão deve acontecer com a população mais pobre – "zonas industriais e favelas; asilos e Postos de Puericultura".

Mesmo defendendo que a pré-escola não seria luxo, mas sim uma necessidade para as crianças (todas) das grandes cidades, a proposta tem como parâmetro alguns indicadores não explícitos – falta de recursos suficientes a uma expansão necessária e desejada –, mas que balizam prioridades. Sugere uma organização flexível da pré-escola, o que permitiria que, em situação de emergência, professoras especializadas em educação pré-primária atendessem a alunos de 7 anos. A integração da pré-escola com a escola primária é ideia defendida pedagogicamente. A iniciação escolar (primário) tem, para Marinho, que ser desenvolvida em ambiente (tipo de sala de aula, materiais pedagógicos) semelhante, senão igual, ao da pré-escola. Ela critica a rigidez do ensino primário[83]. O aumento sugerido dos jardins de infância envolve a rede pública, os jardins de infância particulares e a organização de centros de recreação. Esses últimos a partir da experiência da Suécia.

Marinho demonstra uma preocupação com a falta de normas, naquele momento, para a educação pré-escolar. Sua vocação de educadora não permite, contudo, deixar transparecer que mais importante do que as normas, ou quem sabe concomitantemente, seria divulgar trabalhos de qualidade que já foram feitos no Rio de Janeiro – "deveriam servir de centros de divulgação de métodos adequados à educação pré-escolar".

Apontada como imprescindível, a *educação do magistério* é um item de destaque no planejamento apresentado. Nesse aspecto, a autora escreve como quem acompanhou de perto todas as iniciativas de formação de professores da pré-escola, desde a década de 1930, na cidade do Rio de Janeiro. Cita as diferentes maneiras como têm sido formadas as professoras da pré-escola, tanto na escola pública – IERJ – como na particular – Colégio Bennett e Colégio Jacobina[84]. Na educação da família, a proposição é reforçar o lar como espaço de educação infantil e convocar meios de comunicação, psicólogos e professores de professores para auxiliarem os pais na educação das crianças. Em toda a vida dela, Marinho nunca defendeu a pré-escola genericamente para as crianças – suas pesquisas, por exemplo, mostravam que não seria qualquer pré-escola que favoreceria o desempenho da criança

---

[83] Essa integração da pré-escola com a escola pode ter influído na criação das Classes de Alfabetização (CA) no sistema municipal de educação do Rio de Janeiro como série integrante da escola primária, inicialmente, e posteriormente do 1º grau.

[84] O Colégio Jacobina foi fundado no Rio de Janeiro, em 1902, pelas professoras Isabel Jacobina Lacombe e Francisca Jacobina Lacombe. De 1937 a 1979, foi dirigido pela professora Laura Jacobina Lacombe. À professora Laura se deve a criação da OMEP no Brasil, sendo sua presidente de 1955 a 1980. L. J. Lacombe frequentou o Instituto Jean Jacques Rousseau, em Genebra, Suíça, sendo aluna de Adolfo Ferrière e de Eduard Claparède, ambos adeptos da Escola Ativa, também chamada de Escola Renovada ou Escola Nova. Recebeu também influência de Decroly, pois fez estágio na Bélgica, na escola que ele fundou e dirigiu – L'Ermitage.

nas primeiras séries da escola; nesse planejamento ela faz crítica ao excessivo número de alunos nas turmas de jardim de infância: "É preferível educar a criança em casa, do que enviá-la a um Jardim superlotado". Ao reconhecer essa realidade, propõe: "Os poucos lugares nos Jardins de Infância públicos deveriam, de preferência, ser reservados a filhos de mães que trabalham".

Pautada em experiências europeias e americanas, em que o Serviço Social promove a educação das crianças pobres em seu próprio lar e oferece aos pais assistência e orientação adequadas, Marinho propõe o serviço social de assistência à criança no último item do planejamento. Refere-se, nesse item, à redução de internatos de menores e à adoção de crianças abandonadas.

Ao conceber a pré-escola como uma necessidade e não como luxo, Marinho propõe uma pedagogia infantil. Em centros urbanos como a Guanabara, diz ela, a tarefa da educadora da infância, hoje, é dar à criança a vida que a cidade lhe roubou. Para a educadora "o currículo do Jardim de Infância consiste de vivências e não de aulas a serem ministradas e repetidas" (Marinho, 1952, p. 81).

É preciso que se entenda o conceito de vida usado por Marinho no título do livro e em vários capítulos. Esse fato, aliás, como aponta Lourenço Filho, já sugere uma orientação geral da sua proposta pedagógica. Vida, para ela, tem sentido de ação natural com a mais ampla espontaneidade: "todo ambiente deve solicitar a evolução natural da criança" (Marinho, 1952, p. 123). "Sobretudo, nas primeiras idades, as energias interiores deverão encontrar um ambiente favorável ao seu livre exercício" (Marinho, 1952, p. 13), o que sugere sua evidente influência escolanovista.

Ao sintetizar as ideias de Froebel e Dewey, por um lado Marinho quer assegurar o desenvolvimento natural da criança e, por outro, quer também ajustá-la ao social. Em sua proposta, esses dois aspectos se apoiam e se solidarizam mutuamente. Para ela, educação é um fato social e humano.

Sem abrir mão da tarefa de educar (socializar), sua proposta fortalece a todo instante a vida e o natural: "todos os aspectos desta aprendizagem <u>natural</u> se agrupam em situações de vida" (Marinho, 1952, p. 31, grifo nosso).

> Consiste a orientação educativa em favorecer a expressão de sentimentos e ideias, na sequência natural do desenvolvimento infantil. O programa do Jardim de Infância não deve exigir da criança cópias predeterminadas. A educadora estimula pelo apoio compreensivo e pela organização do ambiente a evolução natural da criança (Marinho, 1952, p. 49).

Fundamentada na evolução natural da criança, Marinho dá as seguintes orientações educativas:

1. *Deve a professora permitir que a criança se desenvolva de acordo com as aptidões próprias.* É na atividade espontânea que a criança expressa sentimentos e ideias. A atividade livre é indispensável à educação pré-escolar. Cabe à professora organizar condições favoráveis à evolução criadora, natural, além de proporcionar uma variedade de material e de experiências em ambiente de compreensiva convivência social.

2. *No brinquedo espontâneo, a criança progride de acordo com sua capacidade.* Tarefas predeterminadas não se ajustam às diferenças individuais. A professora deve optar preferencialmente por materiais adaptáveis a qualquer nível de desenvolvimento. Ao lidar livremente com argila, blocos de construção, lápis e papel, a criança descobre variadas possibilidades do material e de suas mãos. A professora deve conhecer e respeitar todas as fases da atividade. No desenho, a rabiscação dos 4 anos é tão necessária quanto a representação de cenas no fim do período pré-escolar.

3. *A liberdade de escolha entre material variado permite a adaptação aos diferentes interesses infantis.* Durante as atividades de livre escolha, devem estar à disposição da criança brinquedos e materiais diferentes. Isso possibilita que, enquanto alguns brincam com os blocos de madeira, outros estejam desenhando e outros lendo livros infantis. Enquanto alguns brincam hora inteira com os blocos de construção, outros mudam de atividade duas ou três vezes. Isso difere muito da professora que impõe a todos a mesma atividade. Nesse caso, os que terminam depressa perdem tempo esperando pelos mais lentos.

4. Excursões, sair da sala de aula com os alunos. O convívio com a natureza permite novas experiências de vida, descobertas e o surgimento de novas ideias:

> Não é possível traçar normas rígidas de um programa pré-escolar. O desenvolvimento é criador. A criança conquista seu mundo pela experiência própria. Resume-se a função educativa do Jardim a proporcionar ambiente favorável à vida (Marinho, 1952, p. 42).

Proporcionar ambiente favorável à vida – assim termina o capítulo sobre a criança, no qual são discutidos a origem social da educação, o desenvolvimento físico, social e mental, a evolução do grafismo, o desenvolvimento de linguagem, linguagem e pensamento, e diferenças individuais. Ainda nesse mesmo capítulo sobre a criança, no item sobre linguagem e pensamento, a autora menciona um estudo feito no IERJ com crianças de 1 a 7 anos:

> A fantasia livre da criança faz do mundo das ideias o que bem entende. Transforma, pela magia da palavra, rabiscos disformes em lindas bonecas, automóveis, aviões. Os elementos imaginários lhe vieram todos da experiência (Marinho, 1952, p. 41).

A terceira edição do livro propõe, no decorrer dos capítulos, detalhes do como fazer e por que fazer o jardim de infância.

"Organizando as Atividades" é o capítulo em que são detalhados desde qual deve ser o mobiliário da sala de aula e como deve ser arrumado, como também informações sobre a flexibilidade do horário, o preparo dos materiais, a organização das atividades na sala, atividades de livre escolha, higiene e merenda, até a disciplina. Ressalta-se o estilo da escrita, que conota o livro não como um manual, mas como um texto que possibilita a reflexão sobre a prática pedagógica com crianças pré-escolares.

Como já observei anteriormente, as orientações educativas propostas no livro são sempre acompanhadas de exemplos de situações já realizadas com crianças nos jardins de infância do Rio de Janeiro ou têm uma forte fundamentação em pesquisas experimentais realizadas.

No capítulo destinado à professora, pode ser lida uma proposta que valoriza, estimula e orienta a educadora infantil:

> A educação da professora de Jardim de Infância não termina nunca. Ela ama as crianças. Qual mãe carinhosa, vive para o seu trabalho. A alegria das crianças é sua alegria. Certamente aproveita interesses e atividades para a orientação educativa adaptada à natureza de cada um. Na sua biblioteca figuram ao lado da psicologia infantil, livros de higiene, literatura, ciências e artes. Na leitura e em cursos de aperfeiçoamento aumenta seus conhecimentos para enriquecer seu programa e melhor cumprir sua grande missão de orientar a criança no sentido de ampliar a vida individual limitada, para uma vida mais ampla da comunidade e da natureza (Marinho, 1966, p. 69).

Desde os anos 1940, Marinho esboçava ideias que apontavam para a necessidade de uma perspectiva interdisciplinar para o estudo da infância e o trabalho com a criança. Outra concepção que aparece nesse texto é a posição, recorrente no livro, de estar ao mesmo tempo anunciando novas proposições e denunciando as antigas concepções de jardim de infância. A ideia dominante na pré-escola, qual seja, ver a criança como uma entidade isolada, admitia que o desenvolvimento dessa criança pudesse resultar de uma simples justaposição de impressões separadas. Falava-se assim de "educação dos sentidos" mediante o uso de material tipificado.

A proposta pedagógica apresentada defende uma educação infantil em que a atividade criadora da criança supere em valor educativo os exercícios formais do jardim de infância tradicional[85]. "No começo do século, a jardineira[86] ministrava educação sensorial com materiais destinados à comparação sistemática de formas, tamanhos, coloridos. A atividade da criança se restringia a obedecer às instruções da mestra" (Marinho, 1966, p. 219). Hoje, diz a autora, a mestra incentiva a evolução natural e a criança é quem toma a iniciativa de organizar a própria atividade criadora.

"Quanto mais cordiais forem as relações entre a escola e o lar, melhor será para as crianças" (Marinho, 1966, p. 71). A partir dessa premissa, no capítulo que aborda a questão dos pais no jardim de infância, a professora Everildes Bonfim sugere encontros particulares e atividades coletivas a serem desenvolvidas com os pais.

Em seguida, os capítulos tematizam: a) *as emoções da criança*, ao enfocar segurança afetiva, hábitos de independência, timidez, medo, ciúme, manhas, teimosia, agressividade e conflito e socialização. Coerente com os demais capítulos, esse também é sempre entremeado de relatos de sala de aula e pesquisas realizadas. No caso específico, aparecem a citação da pesquisa de Jersild sobre a eficiência de vários métodos utilizados no combate ao medo e outra da escola de professores em Estocolmo, que estudou as reações de 200 crianças de 4 a 7 anos ao atravessarem a rua. Assim são os textos de Marinho nos diferentes capítulos: informativos, elucidadores e formadores, pois são reflexivos a partir de experiências concretas; b) *vida e saúde* enfoca a criança e o tráfego, higiene, merenda, repouso. No item "A criança e o

---

[85] Jardim de infância tradicional, neste caso, é uma referência às práticas adotadas no Distrito Federal desde 1932 e que, nos anos 1960, ainda eram realizadas em alguns jardins de infância da Guanabara, tendo como orientação deturpações das ideias de Montessori e Decroly, segundo Marinho, associadas a uma didática retrógrada usada em geral na escola primária.

[86] Marinho assume ter recebido, vez por outra, uma forte influência, inclusive terminológica, de Froebel.

tráfego" aparecem as ideias da Escola de Chicago. No primeiro capítulo, ela havia feito alusão à Assembleia da OMEP, em Estocolmo, em 1964, onde esse assunto foi discutido, trazendo à tona o tema da cidade que cresceu e suas consequências sociais: "A era técnica e urbana criou o problema da organização social da recreação para todas as idades" (Marinho, 1966, p. 22).

A partir do capítulo "A criança e a natureza", sucedem-se capítulos que formam um bloco que pode ser denominado de currículo. Vale, no entanto, esclarecer que para Marinho o currículo do jardim de infância abrange todo o conjunto de vivências e atividades fundamentais à educação: "A natureza global da experiência infantil não impede que possamos distinguir os vários aspectos do currículo". "A experiência produz conhecimento. Constitui a experiência vivida a única fonte do verdadeiro saber" (Marinho, 1966, p. 98). São essas ideias que norteiam o que é sugerido na proposta de ciências naturais para o jardim de infância.

Há todo um projeto coerente com as ideias mais amplas sobre educação, aprendizagem e a ação da professora, que são introduzidas nos capítulos iniciais. Coerência essa, aliás, que permanece nos capítulos seguintes, nos quais a autora aborda outros aspectos do currículo que não a relação da criança com a natureza. Fica evidente que é uma pedagogia ativa em que se pressupõe sempre que o aluno aprende fazendo:

> A criação de animais domésticos, o plantio de pequenas hortas ou jardins, desenvolvem hábitos de trabalho e noções de Ciências Naturais. Ao revolver a terra, plantar as sementes, regar os canteiros, aprende a criança a observar como as folhas verdes procuram o sol, e como se desdobram as pétalas das flores. Aprende a escutar o vento e a gostar da chuva: água que dá vida às plantas e dá vida à criança também (Marinho, 1966, p. 97).

Cabe à educadora proporcionar experiências e responder às perguntas da criança sem lhe roubar a iniciativa da investigação independente. É nesse tom que o capítulo é desenvolvido. Ao reforçar a orientação educativa, que não deve nunca tolher o aspecto criador do desenvolvimento intelectual e artístico da criança, Marinho menciona uma série de sugestões e exemplifica com a fala de crianças nas atividades de excursões, vivências com alimentos, confecção de biscoito para lanche, observação de insetos, coleções de folhas, experiências com água, ar, luz, entre outras.

Fica posto, de maneira muito clara, que as sugestões de experiências apresentadas não devem ser seguidas como exigência de um programa:

> A escolha e organização das atividades educativas deverá ser realizada pela educadora em colaboração com a turma. Na educação pré-primária, a experiência direta com o mundo das coisas constitui a principal fonte de aprendizagem (Marinho, 1966, p. 103).

No capítulo "Vida e Linguagem", é abordado como introdução o desenvolvimento da linguagem na criança. São ainda abordados, nesse capítulo, os temas: a educação da linguagem, literatura infantil e tipos de histórias, como contar história, dramatização, rondas (teatro e música em conjunto), livros ilustrados, flanelógrafo, cineminha, história em sanfona, teatro de bonecos, de fantoche e de sombras. Insiste a autora:

> No Jardim de infância a educação da linguagem como do pensamento nasce de situações de vida. Como a criança naturalmente aprende a falar e a pensar na ambiência afetiva da família, o estudo da evolução da linguagem orienta a professora quanto às diretrizes a serem adotadas... a educação da linguagem e do pensamento não constituem matéria a ser ensinada, surge das vivências naturais (Marinho, 1966, p. 123).

Em "Músicas e Atividades Rítmicas", a professora Duhília Madeira aborda a questão fiel aos pressupostos metodológicos contidos na proposta pedagógica de Marinho: "A apreciação musical bem orientada desenvolve na criança não só a sensibilidade e o gosto, como o senso de observação, o raciocínio e a sociabilidade" (Marinho, 1966, p. 151).

"Expressão Criadora" é o título do capítulo que, de maneira objetiva e sintética, retoma o valor da expressão criadora e tece recomendações às educadoras. Em "As Técnicas de Arte", capítulo escrito pela professora Maria de Lourdes Pereira, são apresentadas com variedade de detalhes e riquezas de atividades, além de se especificarem os materiais, as técnicas e os objetivos. O capítulo expressa que quem o redigiu tem grande experiência em trabalhar com atividades criadoras com pré-escolares.

"Vida Social" é o título do capítulo em que são abordados assuntos relacionados às ciências sociais. A dramatização espontânea é a primeira atividade sugerida nesse aspecto do currículo. Unidades de trabalho e como desenvolvê-las também é tema abordado no capítulo. São sugeridos temas na perspectiva de um trabalho que envolva os recursos da comunidade, profissões, festas e demais relações da criança com a família, com a escola e com a comunidade; o alvo era a educação cívica. Respeito mútuo e colaboração são valores a serem vivenciados pelas crianças nessa área. Vê-se, nesse capítulo, como nos demais, uma insistência na metodologia a ser escolhida pela educadora:

> Levando a criança a compreender aos poucos a relação da sua vida com a vida mais ampla da família e da comunidade, poderá a educadora iniciar no Jardim de Infância educação social fundamentada na contribuição do indivíduo ao bem comum (Marinho, 1966, p. 188).

O capítulo intitulado "Jogos" fecha o bloco que aborda os aspectos do currículo. Para a autora, o desenvolvimento da criança determina os limites para a escolha de jogos para a idade pré-escolar. "Constituem os jogos complemento da educação social no Jardim de Infância" (Marinho, 1966, p. 201). O capítulo lista vários jogos, além de conter, também, para cada um, a situação inicial a ser observada pela professora e o desenvolvimento de jogos como Galinha e Pintinhos, Coelhinho Sai da Toca, Lenço Atrás, Chicote Queimado, entre outros.

O capítulo "Jardim de Infância e Primeira Série" traz dados de uma pesquisa realizada no Distrito Federal, em 1952/1953, em que aparece a influência do jardim de infância na promoção da primeira série. O que Marinho demonstra é que, antes de defender a educação pré-escolar como um remédio à repetência, precisa-se primeiro constatar que **não são todas as pré-escolas que influenciam a promoção da primeira série**. Diferente de muitos outros educadores, que querem que o jardim de infância resolva magicamente os problemas da escola primária, antecipando o ensino da leitura e da escrita, diz Marinho (1966, p. 214), baseada nos resultados da referida pesquisa, que:

> Na maioria dos casos, a prática de iniciar a leitura e a escrita no Jardim de infância roubou inutilmente à criança o prazer e os benefícios da atividade lúdica, deixou de economizar tempo e tirou da escola primária a vantagem de apresentar programas atraentes pela novidade.

Segundo Marinho, estudos experimentais comprovam o valor da atividade lúdica espontânea – como é realizada no jardim de infância –, que ela está propondo não somente para o desenvolvimento intelectual como para o artístico: ao brincar, a criança aprende a trabalhar e compensa tensões emocionais, tão frequentes na vida social moderna.

No pequeno capítulo "Fundamentos da Educação Primária", a autora esclarece a importância da educação pré-escolar para a aprendizagem na escola primária. Heloísa está propondo a integração da pré-escola com a escola. Seu desejo passa por uma integração metodológica. O modelo inglês da Escola Infantil (*Infant School*), uma instituição única que abrange o jardim de infância e a iniciação escolar primária, é citado como uma alternativa: "Sem interromper vivências que dão significados à linguagem, começa a criança o aprendizado da leitura quando atinge a maturidade necessária à instrução primária" (Marinho, 1966, p. 221). Sugerindo essa integração em um processo contínuo, quer a autora assegurar o crescimento natural da criança. Para Marinho, a escola primária tinha muito a aprender com a pré-escola, principalmente práticas pedagógicas para as primeiras séries, que, no modo de ver dela, deveriam ser semelhantes às da pré-escola.

Essa perspectiva permanece por muitos anos no Rio de Janeiro, no Distrito Federal e, posteriormente, na Guanabara. Em *Instituto de Educação 1965-1966*, publicado pelo governo Francisco Negrão de Lima (época em que Benjamin Moraes Filho ocupava a pasta da Secretaria da Educação e Cultura e o professor Sólon Leontsinis era diretor do Instituto de Educação), encontra-se um breve relatório da diretora do curso pré-primário, professora Everildes Faria Lemos Bonfim: "A promoção foi feita automaticamente. As crianças que terminaram o curso foram encaminhadas ao curso Primário do Instituto de Educação e às escolas do Departamento de Educação Primária, para a matrícula de1966" (Marinho, 1966, p. 21). Ao se referir ao regime didático do pré-primário, Everildes deixa claro que este visa à:

> [...] incorporação de atitudes e hábitos bons, o desenvolvimento da socialização, da personalidade, das ocupações criadoras e aquisição de conhecimentos úteis, através de: atividades espontâneas; atividades ao ar livre; recreação e jogos; música e atividades rítmicas; educação do pensamento e da linguagem; conhecimento da natureza; educação perceptiva e lógica; excursões; práticas higiênicas; merenda; repouso e religião (Marinho, 1966, p. 20).[87]

"A Missão da Educadora no Jardim de Infância" (Marinho, 1966, p. 219) é um capítulo-síntese do pensamento de Marinho sobre o papel e a formação da educadora da infância. Nesse livro, o texto é uma adaptação do artigo com o mesmo nome publicado, em 1964, na revista da ABE (Leite Filho, 1997).

---

[87] Em 1965, o curso pré-primário do IERJ tinha 544 crianças matriculadas nas 24 turmas. Em 1966, foram matriculadas 548 crianças (dados retirados do livro *Instituto de educação 1965-1966*.) Vale lembrar que Madame Pape-Carpantier, que fundou em 1847, em Paris, uma Escola Materna Normal, considerava importante introduzir os métodos das salas asilos nas escolas primárias. Ver Larroyo (1974, p. 676).

Sob os títulos "O Prédio", "O Terreno", "Canteiro de Areia", "Tanque de Vadear"[88], "Colina de Recreação" e "Integração do Espaço" são apresentados plantas e memoriais descritivos de autoria de Lady Allen of Hurtwood, publicadas originalmente em *Design for Play*.

Na bibliografia, o que aparece são livros de histórias infantis e uma lista de músicas como auxílio para o trabalho das professoras.

Já em 1997, na pesquisa *Educadora de educadoras: trajetória e ideias de Heloísa Marinho. Uma História no Jardim de Infância do Rio de Janeiro,* após a análise feita nas três edições de *Vida e Educação no Jardim de Infância*, mais minuciosamente na terceira, pude comprovar a hipótese de que, seguramente, essa era a obra mais importante de Marinho no que diz respeito à apresentação de suas ideias e de seu pensamento pedagógico. Hoje, utilizo-me dessa análise para evidenciar que, nesse livro, Marinho explicita um dos paradigmas da educação infantil nos anos de 1950/1960, de origem inicialmente froebeliana, mas ressignificada por uma forte influência das ideias e ideais da Escola Nova.

5.4 O que é o jardim de infância: a pré-escola como remédio

A análise que se segue não é, em hipótese alguma, a busca da identificação do pensamento da época como único ou mesmo predominante na Pedagogia. O livro *O que é o Jardim da Infância*, sem dúvida, expressa algumas das ideias pedagógicas que eram veiculadas na época, reforça que as concepções e os conceitos não são estáticos, mas se constituem historicamente em sua interação com outros pensamentos semelhantes ou opostos, provenientes de outros tempos históricos pretéritos ou presentes.

A primeira edição do livro de Nazira Féres Abi-Sáber é de 1963. A autora foi conselheira estadual de Educação em Minas Gerais, membro da OMEP[89], técnica de Didática de Educação Pré-Primária do PABAEE, orientadora geral das classes pré-primárias do Estado de Minas Gerais e fez curso de Educação Elementar na Universidade de Indiana, nos Estados Unidos[90].

---

[88] Nina também usa o termo "tanque de vadear", um tanque raso para as crianças tomarem banho.

[89] Curiosamente na contracapa do livro, quando se faz referência aos títulos da autora, ao lado da sigla OMEP, está escrito "Organização Mundial do Ensino Primário".

[90] Publicou também os seguintes livros: *O período preparatório e a aprendizagem da leitura* (Belo Horizonte: Editora Grafiquinha, 1968); *A criança de 4 anos: programa de atividade para crianças de quatro anos* (Belo Horizonte: Editora do Professor, 1965); *Jardim da infância: programa para criança de 5 e 6 anos* (Belo Horizonte: Editora Grafiquinha, 1967); e *Um lugar para Lunica* (Rio de Janeiro: Editora Expresso e Cultura, 1979).

Segundo a própria autora, ao fazer alusão às publicações do PABAEE: "em continuação a uma série de publicações destinadas à divulgação dos princípios e normas da educação pré-primária" (Abi-Sáber, 1963, p. 11), o trabalho é apresentado com o intuito de tratar do jardim de infância e de seus problemas básicos. Estes não são apenas aqueles que se referem às questões gerais, mas, principalmente, os que alicerçam o trabalho da professora no jardim de infância, sua filosofia de ação e a maneira peculiar de conduzir as atividades. O que esclarece que a principal interlocução do livro é com a professora das crianças pequenas.

O PABAEE[91] constituía-se numa ação conjunta do Governo Federal, do governo de Minas Gerais e do governo dos Estados Unidos da América destinada ao aperfeiçoamento de professores. A sede do programa foi o Instituto de Educação de Minas Gerais, em Belo Horizonte.

Alguns colaboradores são citados no prefácio pela inestimável contribuição que deram ao livro. É o caso da professora Zeni de Barros Lana, que se encarregou da revisão e ilustração; da professora Josefina Pereira de Souza, que datilografou o trabalho, e, ainda, do Dr. Charles H. Dent e da professora Terezinha Casassanta, que deram assistência técnica, além do Dr. Philip R. Schwab, que estimulou a publicação.

Abi-Sáber tematiza, no primeiro capítulo do livro, *os objetivos do moderno jardim da infância*. Para ela, "nossos Jardins não têm merecido a devida consideração das autoridades educacionais. Ainda não despertou entre nós a consciência do alto valor da educação pré-primária" (Abi-Sáber, 1963, p. 15).

A respeito desta pouca ou nenhuma importância que se dava ao jardim de infância há alguns anos, a autora faz referência aos discursos que existiam no passado recente à época em que escreveu seu livro, nos quais muitos autores diziam que o jardim de infância não passava de um local onde se *depositavam* os meninos e meninas, enquanto suas mães iam para o trabalho, e as professoras nada mais eram do que muito boas *amas-secas,* com a única função de vigiar as crianças enquanto estas brincavam. E nesse sentido, para alguns, o jardim de infância seria uma escola de luxo, inadequada a um país que não

---

[91] Por meio de cursos, a principal estratégia do PABAEE, o programa tinha os seguintes objetivos: aperfeiçoar grupos de professores para escolas normais do Brasil e orientadoras do ensino primário; produzir ou adaptar materiais didáticos para serem usados no treinamento de professores e distribuí-los; selecionar professores competentes, a fim de enviá-los aos Estados Unidos para curso em educação elementar. Os cursos eram destinados aos estudantes de escolas normais ou professores que exerciam ou viriam a exercer cargos de orientação técnica. Desses cursos chegaram a participar alguns professores do Paraguai. Os cursos dispensavam atenção a métodos de ensino, aplicação de metodologias em sala de aula de demonstração, psicologia educacional, desenvolvimento e produção de materiais de ensino. Paralelamente, era ministrado um curso avançado de Psicologia Educacional, destinado ao aperfeiçoamento de professoras. Ver Abi-Sáber (1965, p. 185).

consegue atender toda a demanda da escola primária. Para outros, um local no qual as crianças iriam apenas para brincar e, por isso mesmo, quaisquer condições materiais bastariam para a realização desse objetivo tão limitado.

A crítica contundente que Abi-Sáber faz a essas ideias se fundamenta e se justifica na concepção de que, aos 6 ou 7 anos de idade, a criança já tem tudo ou quase tudo pronto. Chama atenção para esse decisivo tempo que precede sua entrada na escola primária. Parte do princípio de que a educação pré-primária é dos aspectos mais importantes da formação geral do indivíduo e de que os pais, na maioria das vezes, não se sentem capazes nem podem assumir a educação pré-escolar de seus filhos.

"Há dez anos atrás[92], o Brasil possuía 753 Jardins de Infância com 1.446 professores e 40.793 alunos, o que noutras palavras significa que tínhamos um aluno em Jardins da Infância por 1.103 habitantes" (Abi-Sáber, 1963, p. 16). A partir desses dados estatísticos, afirma Abi-Sáber (1963, p. 16): "a falta de Jardins de Infância em nosso país constitui lacuna verdadeiramente desoladora". Pela observação dela, em Belo Horizonte, a situação dez anos depois continuava a mesma. Pouca coisa ou nenhuma se podia fazer. Com o crescimento da população no decênio, era possível afirmar que, na época em que o livro fora escrito, havia menos crianças em jardins de infância.

A autora confronta essa situação com os problemas da reprovação no primeiro ano da escola primária, que, na época, era da ordem de 50 a 60%, e a evasão das crianças antes do término do curso elementar.

Para ela: "não é nenhum segredo de Polichinelo a relação entre o sucesso da criança na escola, seu preparo para experiências e a educação que ela recebe no Jardim de Infância" (Abi-Sáber, 1963, p. 16). E cita Abgar Renault:[93]

---

[92] Referência feita ao início da década de 1950.

[93] Abgar Renault (A. de Castro Araújo R.), professor, educador, político, poeta, ensaísta e tradutor, nasceu em Barbacena, MG, em 15 de abril de 1901, e faleceu no Rio de Janeiro, RJ, em 31 de dezembro de 1995. Eleito em 1 de agosto de 1968 para a Cadeira n. 12 da Academia de Letras, na sucessão de J. C. de Macedo Soares, foi recebido em 23 de maio de 1969, pelo acadêmico Deolindo Couto. Formou-se em Direito e, paralelamente às atividades literárias, ocupou diversos cargos públicos: professor do Ginásio Mineiro; oficial da Universidade Federal de Minas Gerais, do Colégio Pedro II, mantido pelo Governo Federal, e da Universidade do Distrito Federal; deputado no Estado de Minas Gerais; diretor da Secretaria do Interior e Justiça do mesmo Estado; secretário do ministro da Educação e Saúde Pública Francisco Campos e seu assistente na Secretaria de Educação e Cultura do Distrito Federal; diretor do Colégio Universitário da Universidade do Brasil, o qual organizou e pôs em funcionamento; diretor do Departamento Nacional da Educação; secretário de Educação do Estado de Minas Gerais em dois governos; ministro da Educação e Cultura; diretor do Centro Regional de Pesquisas Educacionais João Pinheiro em Belo Horizonte; ministro do Tribunal de Contas da União; membro do Conselho Federal de Educação e do Conselho Federal de Cultura; membro da Comissão Internacional do Curriculum Secundário, da UNESCO (1956 a 1959); consultor da UNESCO na Conferência sobre Necessidades Educacionais da África, em Adis Abeba (1961); membro da Comissão Internacional sobre Educação de Adultos, da UNESCO (1968 a 1972).

> A falta do que poderia denominar-se pré-escolaridade é tremendo *handicap*... Em primeiro lugar, consoante verificaram investigadores americanos, os alunos que não haviam frequentado Jardins de Infância progrediram menos na escola primária e apresentaram índice de 60% de reprovações, ao passo que tal percentagem baixou a 35% entre alunos que haviam tido a fortuna de receber educação pré-primária[94].

A partir dessa fala do Secretário de Educação de Minas Gerais, no final dos anos 1940, Abi-Sáber compara a situação da escola primária e sua relação com o pré-primário de Minas Gerais com a mesma situação vivida pelos Estados Unidos há 30 anos. Evidencia que, além do desajuste emocional e social, a repetência implicava aumento enorme do custo da escola elementar; se resolvida ou diminuída, significaria que se poderia receber nos prédios escolares pelo menos três vezes mais alunos.

Para Abi-Sáber, a evasão escolar era outro fenômeno responsável pela resistência ao grave problema do analfabetismo no Brasil. Mostra que os dados não escondem os altos índices de evasão escolar, quando apresentam nas escolas primárias até 20 turmas (classes) de primeiro ano e uma, duas ou, no máximo, quatro ou cinco classes de quarto ano. Sua crítica aos males e desastres da escola primária vai além: "Por outro lado os índices elevadíssimos de reprovações nos exames ginasiais e técnicos deixam-nos perplexos e mesmos descrentes do trabalho exaustivo que as crianças realizam no curso primário" (Abi-Sáber, 1963, p. 16). Para ela, a escola se torna cada dia menos capaz de preparar os alunos para a vida e para a futura aprendizagem, em cursos mais adiantados. E afirma peremptoriamente: "Com toda sinceridade, porém, somos obrigados a reconhecer que das várias causas da deficiência da escola primária, a mais evidente é a falta da preparação da criança na idade pré-escolar" (Abi-Sáber, 1963, p. 18).

A concepção de uma pré-escola preparatória é a ênfase dada por Abi-Sáber. Para ela, em qualquer atividade humana, o sucesso é sempre consequência de um planejamento cuidadoso e de um preparo prévio dos elementos que se conjugam para obter a ação prevista, como é o caso do arquiteto, do construtor, do agricultor e do operário. Todos esses preveem, planejam, organizam o ambiente, quando querem obter resultados seguros de seus trabalhos:

---

[94] Do discurso proferido em 15 de novembro de 1949, quando era secretário de Educação de Minas Gerais, por ocasião da conclusão do curso de preparação de professoras pré-primárias, realizado em Belo Horizonte.

> Na nossa escola, pretendemos o impossível, quando queremos obter o máximo de rendimento, forçamos a criança a assimilar mais do que ela pode e em tempo insuficiente ao seu amadurecimento.
> Não a preparamos, aliás, para que alcance um nível superior de maturidade e queremos que ela adquira conhecimentos superiores ao nível de sua capacidade. O resultado é este que aí está – repetência em massa, evasão, fracasso ao fim do curso primário. **O remédio para a situação como essa só pode ser o preparo da criança** para que ela alcance um nível apropriado de maturidade antes de iniciar-se na aprendizagem acadêmica e sistemática do curso primário (Abi-Sáber, 1963, p. 19, grifo nosso).

A maturidade é considerada o ponto especial para que a criança chegue *pronta* e *capaz* de adquirir, com facilidade, os conhecimentos adequados a seu nível mental.

A preocupação central de Abi-Sáber está diretamente ligada à aprendizagem da leitura e da escrita e, nesse sentido, afirma que há exigência de um período de preparação especial, sem o que a aprendizagem não será feita de maneira eficiente e proveitosa.

Volta a alicerçar suas considerações em dados estatísticos e dessa vez recorre aos resultados de uma pesquisa realizada em 1952, na cidade do Rio de Janeiro, sob a orientação da professora Heloísa Marinho, do Instituto de Educação, com o auxílio do Instituto de Pesquisas Educacionais da Secretaria Geral de Educação e Cultura do então Distrito Federal. A pesquisa foi realizada com dois grupos de crianças – de semelhantes meios sociais, matriculadas em escolas públicas primárias, sendo um grupo de crianças provenientes de jardins de infância e o outro formado por crianças que não passaram por eles. Utiliza o método comparativo: grupo de experiência e grupo de controle. A investigação objetivava avaliar a influência do jardim de infância na promoção das crianças da primeira série do curso primário. A pesquisa também buscava medir o fator maturidade das crianças e sua correlação com a promoção da primeira série. Para isso utilizou o teste ABC de Lourenço Filho.

Abi-Sáber (1963) transcreve os resultados da pesquisa e, após examiná-los, chega à conclusão de que:

> [...] a preparação adequada das crianças através de exercícios específicos, atividades físicas e intelectuais, aquisição de experiências sociais e ajuste emocional, é uma garantia de sucesso na futura aprendizagem. Não é sem razão que um

célebre pedagogo comparou a aventura escolar a uma corrida de competição; prevendo sempre a vitória para o corredor que vencer os primeiros cem metros. De fato, a arrancada inicial decide a sorte de toda e qualquer batalha. Muito raramente essa regra encontra exceções.

O jardim de infância proposto por Abi-Sáber é a arrancada inicial que decide o sucesso ou fracasso da criança, na escola primária. Fica a questão: até que ponto essa concepção de educação infantil preparatória pode ser compreendida como precursora de práticas compensatórias implementadas no Brasil nos anos 1970? Uma vez que a pesquisa, citada por Abi-Sáber, foi a que Marinho realizou nos anos 1950, cabe aqui formular outra pergunta: como Marinho se posicionaria diante da afirmação de que o jardim de infância é a arrancada que define o futuro escolar da criança? E ainda, o que Marinho teria a falar sobre a educação das crianças com menos de 7 anos como uma preparação para a escola primária?

Fortemente influenciada em sua formação pelas ideias escolanovistas, por meio de sua obra, Marinho propõe uma educação infantil que tem como função preparar a criança para a vida e não somente para a escola. Para ela parece limitado restringir seus objetivos à função preparatória. E, mais do que isso, Marinho sempre defendeu que não era qualquer pré-escola que contribuiria com o sucesso das crianças na escola primária e muito menos na vida. Esse resultado dependeria, do ponto de vista dela, diretamente da qualidade da educação infantil.

Paradoxalmente às concepções defendidas até aqui, Abi-Sáber procura argumentos para esclarecer de qual jardim de infância ela fala. É claro que não está se referindo às muitas instituições que proliferam e que "não atendem os imperativos da educação pré-escolar e até ignoram a existência da criança como uma pessoa humana, criadora de todo respeito e amor" (Abi-Sáber, 1963, p. 23).

Daí para frente seus argumentos passam a ser coerentes com algumas das ideias de Marinho e contraditórios com os seus próprios, anteriormente defendidos. Mas essa tensão entre uma pré-escola preparatória e outra que se justifica por suas próprias finalidades de educar as crianças para a vida aparentemente vai sendo desfeita com um texto que Abi-Sáber escreve, certamente a partir de referências, muito embora não explicitadas, baseadas em pensamentos pedagógicos de autores que também são referências no livro de Marinho[95]. Vale ressaltar que em nenhuma parte do livro

---

[95] Faço aqui alusão às ideias de autores como Froebel, Decroly e Dewey, por exemplo.

Abi-Sáber faz referência a Froebel. Ela chega a afirmar que é sabido que crianças passam anos na escola pré-primária completamente ignoradas pelas professoras e sem oportunidade de se estabilizarem e ajustarem intelectual e emocionalmente. Para ela, casos como esses é que deporiam contra o moderno conceito de jardim de infância.

Seu discurso passa a não desvincular a preparação para a escola da preparação para a vida. E assim diz:

> Temos muito receio de realçar a *função preparatória* do Jardim da Infância porque, afinal, o objetivo principal do Jardim é antes a vida em todos os seus múltiplos aspectos e feições. No Jardim, a criança não vai para aprender, para adquirir conhecimentos acadêmicos, mas, ao contrário, vai para se desenvolver, adquirir experiências, amadurecer, viver e conviver com os seus semelhantes. Neste ponto é que ocorrem os mais lamentáveis enganos. Alguns, não vendo *resultados positivos*, não sentindo o *progresso* das crianças de Jardim, que nem menos sabem escrever ou fazer continhas, menosprezam a educação e passam a julgá-la inútil. Outros, para se prevenir contra o mal anterior, passam a alfabetizar as crianças e a lhes dar noções muito complicadas, antes mesmo que elas estejam bastante amadurecidas para isto. Os pais, principalmente, se deixam levar pela ilusão de que os seus filhos precisam aprender qualquer coisa no Jardim: *fazer umas cópias, ler um pouco, resolver continhas... para que não cheguem muito atrasados na escola primária* (Abi-Sáber, 1963, p. 24, grifos nossos).

Abi-Sáber lamenta que os verdadeiros objetivos do jardim de infância não sejam de domínio público. Para ela, mais lamentável, porém, é verificar que nossas autoridades educacionais não alcançaram ainda esta verdade tão simples: "começar mais cedo e melhor a educação da criança resulta em economia de tempo, energia e dinheiro, além de prevenir desajustes e distúrbios de ordem afetivo-emocional" (Abi-Sáber, 1963, p. 24).

Os objetivos alinhados por Abi-Sáber para o moderno jardim de infância consistem em: rodear a criança de um ambiente sadio, no qual ela possa viver e conviver bem com os colegas e com todos os membros de seu grupo, tornando-se, ao mesmo tempo, um bom elemento da sociedade. É o primeiro passo para a vida em sociedade e para a formação geral da criança.

Do ponto de vista da autora, a educação pré-escolar deve se basear nas necessidades e nos interesses das crianças que, embora ainda muito novas, são ávidas de explorar, experimentar e perguntar; aprendem depressa e estão sempre com o desejo exibir suas habilidades.

O jardim de infância não tem a finalidade de ensinar às crianças tudo o que elas precisam saber; ao contrário, "procura-se dar-lhes oportunidades de adquirir certas *habilidades* específicas que lhes permitam assumir *atitudes* convenientes ao cidadão educado, de acordo com as normas democráticas e cristãs" (Abi-Sáber, 1963, p. 25).

Contrapõe hábitos a atitudes ao afirmar que: "tem-se dado muita ênfase à aquisição de hábitos no Jardim da Infância, com prejuízo da meta essencial que, sem nenhuma dúvida, é a formação de atitudes necessárias à vida" (Abi-Sáber, 1963, p. 25). Para ela, a etapa final do jardim de infância deve ser a formação de boas atitudes[96]. Para começar, a professora deve investigar as condições de cada criança ao procurar satisfazer as necessidades básicas de cada uma.

Nesse sentido, Abi-Sáber afirma que, de um modo geral, as principais necessidades de uma criança de jardim de infância são, mais ou menos, as seguintes: segurança, afeto e aceitação pelos companheiros; ser reconhecida como indivíduo que tem interesses, habilidades e recursos pessoais; ter experiência de grupo; ter oportunidades de partilhar suas experiências e seus pertences; satisfazer sua curiosidade; viver uma grande variedade de experiências com diferentes materiais; ter oportunidade de pensar por si mesma; vivenciar variadas formas de expressão; avaliar seu próprio trabalho e aceitar sugestões e críticas; e viver oportunidades de aceitar responsabilidades e conquistar independência.

A respeito dos objetivos do jardim de infância, Abi-Sáber lembra aos professores três deveres fundamentais:

> 1 – Tornar felizes todas as crianças, levando-as a viver e conviver com as pessoas que as rodeiam dentro das normas e princípios cristãos de cooperação e compreensão.
> 2 – Reconhecer que um programa de Jardim de Infância só poderá ser completo se incluir um grande número de futura.
> 3 – Dar ensejo à atividade criadora e espontânea, através da expressão artística (Abi-Sáber, 1963, p. 27-28).

Reaparece nesse trecho a tensão entre a função preparatória da pré--escola e a função com objetivo em si mesma;[97] esta, no entanto, é logo dissuadida no quarto item, que é apresentado especificamente às professoras que não respeitam a livre expressão da criança: "esses professores não

---

[96] Embora em outros capítulos Abi-Sáber passe a usar indistintamente hábitos e atitudes.
[97] Utilizo nesta análise os conceitos de Abramovay e Kramer (1984).

têm a mínima ideia do quanto perdem e do quanto deixam de obter dos pequeninos, não deixando à vontade e não estimulando neles o trabalho da imaginação e do poder inventivo" (Abi-Sáber, 1963, p. 28).

Sua crítica é canalizada às professoras, "animadas, de grande **boa vontade** que se manifestam com expressões" (Abi-Sáber, 1963, grifo nosso), tais como:

> "Não acho possível deixar de apresentar modelos aos meus alunos; se não faço o desenho no quadro, para que os pequenos vejam como dou os traços ou faço os contornos, eles nada fazem direito".
>
> "Eu acho as crianças muito inexperientes... só sabem fazer casinha e barco... Não desenham outra coisa..."
>
> "Meus alunos fazem coisas absurdas como: árvores roxas, rostos azuis, animais cor de rosa... Não admito tamanha confusão com as cores... Gosto de lhes ensinar tudo direitinho".
>
> "Não admito que as crianças façam os seus próprios recortes. Eu é que gosto de recortar o papel em diversas formas e feitios, que depois elas colarão no papel" (Abi-Sáber, 1963, p. 28-29).

A partir desses depoimentos de professoras de pré-primário, Abi-Sáber (1963, p. 29) tece considerações como: "nossas professoras estão ainda longe de compreender o valor da arte como meio de expressão da criança". Para ela, essa postura identificada na fala das professoras está muito imbuída do espírito latino-americano, que dá mais valor aos conhecimentos verbais, às matérias a serem aprendidas, do que ao desenvolvimento harmonioso da personalidade. Infelizmente, diz a autora, esse tipo de educação está fundamentado, sobretudo, nos exercícios de repetição e de memorização e muito pouco no valor do pensamento original ou na formação de juízo. Afirma que a educação por meio da arte espontânea e criadora não existe em nossas escolas. E sonha com jardins de infância em que "hão de dar o grito de alarme e iniciarão um ensino criador baseado na livre iniciativa da criança e no aproveitamento de toda a sua capacidade inventiva" (Abi-Sáber, 1963, p. 29). Diz ela que será o tempo de nossas escolas pré-primárias serem verdadeiros campos de experimentação e de criação, verdadeira forja dos futuros inventores e cientistas.

Essa concepção sobre a importância da livre expressão da criança na educação pré-primária toma força no final do capítulo, e a autora a potencializa com um discurso, certamente influenciado pela Escola Nova americana de Dewey, ao dizer que tudo de que as crianças necessitam é riqueza de experiências e riqueza de material, num ambiente tranquilo e ao mesmo tempo estimulante: "Deixadas à vontade, entregues à sua própria imaginação, aos poucos vão se desprendendo das amarras da inibição e alcançarão voos magníficos pelo mundo da criação e da inventividade" (Abi-Sáber, 1963, p. 30).

No capítulo seguinte, a autora trata das condições materiais do jardim de infância – local e espaço; prédio e equipamento e materiais:

> Os pequeninos de jardim da infância, devido à sua imaturidade geral e às condições especialíssimas dessa fase de crescimento, necessitam de um ambiente agradável, sadio, espaçoso e repousante, onde possam trabalhar e brincar, não só dentro como fora de casa (Abi-Sáber, 1963, p. 33).

A partir dessa ideia, Abi-Sáber afirma que o sucesso do trabalho com as crianças depende, principalmente, das condições do local, do planejamento da construção do prédio, da escolha e utilização do equipamento e do material.

Na esperança de que um dia sejam respeitadas, são apresentadas normas ideais para a escolha do local, na perspectiva de se ver um dia a consciência do valor e da importância da educação pré-escolar e a consequente preocupação de oferecer às crianças o maior conforto possível e as condições indispensáveis para o desenvolvimento de suas possibilidades físicas, intelectuais, sociais e emocionais.

Os pontos que devem ser levados em conta para a escolha do local são: espaço amplo – diz a autora que "as mais modernas autoridades educacionais em educação recomendam a média de 2 a 3 mil metros quadrados para começar e mais mil metros quadrados para cada 100 alunos matriculados" (Abi-Sáber, 1963, p. 34); local seguro e de fácil acesso; vizinhança longe de perigos e condições inadequadas à saúde; zona relativamente silenciosa, longe de barulho das fábricas, trânsito, sirenes, roncos de aviões e toda espécie de ruído que distraia as crianças do trabalho ou do brinquedo calmo; local aprazível, arejado, bem iluminado e bem situado em relação ao sol e aos ventos; local que permita a construção e expansão de edifícios e a localização das áreas externas bem distintas das ruas e topografia adequada à boa localização do prédio, plantação de grama e de árvores, pavimentação de calçadas, escoamento de água.

Quanto ao prédio do jardim de infância, antes de apresentar as condições essenciais, a autora tece considerações sobre o momento em que as crianças vão para o jardim de infância pela primeira vez; nesse inicia-se uma nova fase de seu desenvolvimento. Ao deixarem de ser o centro de todas as atenções em casa, passam a fazer parte de um novo grupo de crianças e adultos desconhecidos e por isso o prédio deve ser um ambiente amigo, informal e tranquilo para que as crianças possam enfrentar essa nova situação.

As crianças precisam de um espaço muito amplo para correr, brincar, investigar, observar e manipular. São necessários, pelo menos, de 3m² a 5m² para cada criança. O prédio para os pequenos, diz a autora: deve ter cada sala de aula com entrada e saída próprias, ao nível do solo. Deve ser limpo e claro e ter, pelo menos, 20% das paredes ocupadas pelas janelas de forma que as crianças possam ver o lado de fora. Deve, ainda, ter pé direito em altura conveniente, boas condições de acústica, bom acabamento, de cor clara e alegre e ser de laje, de preferência. As paredes devem ser de material refratário ao frio e ao calor, ter quadros revestidos de cortiça ou eucatex para a colocação de cartazes, gravuras e ilustrações. O assoalho deve ser limpo, seco, nem frio, nem quente, bem nivelado e lavável. O teto deve ser de preferência de material terroso; se for de telha de amianto, será necessário isolamento térmico.

Abi-Sáber chama atenção para a necessidade de fonte de água filtrada e lavatório: cada sala deverá dispor de filtro ou talha e um lavatório.

O livro apresenta desenhos dos mobiliários necessários ao jardim de infância, tais como prateleiras armários; estantes; camas.

Ao falar das áreas externas, a autora propõe:

> as áreas de recreio devem se localizar todas de um lado só, para facilitar a supervisão. Devem ficar do lado nascente para receber o sol da manhã e ter sombra à tarde. É de suma importância que se localizem junto das salas de aula, em acesso fácil para elas, de modo que a professora possa supervisionar atividades na sala e brinquedo ao ar livre, ao mesmo tempo (Abi-Sáber, 1963, p. 39).

O número de salas dependerá do espaço disponível e do número de alunos matriculados. O ideal é que cada sala tenha entre 75m² e 80m² para 20 ou 25 crianças. A autora esclarece, no entanto, que:

> [...] está pensando em instalações ideais que talvez sejam aceitas ou exigidas por todos, quando se formar entre nós uma mentalidade favorável à educação pré-primária, que é, sem nenhuma dúvida, a base da nossa estrutura educacional e a razão do sucesso da formação do indivíduo (Abi-Sáber, 1963, p. 40).

Abi-Sáber faz menção também a outras dependências necessárias no jardim de infância: diretoria; sala de professores; secretaria; gabinete médico-dentário; enfermaria; depósito de materiais; cozinha e auditório.

Como nota importante, para o estudo do projeto de construção e equipamento de um bom jardim de infância, é sugerida a constituição de uma comissão composta de arquiteto, diretora e orientadora técnica, professores e médico.

Ao escolher o equipamento e os materiais, deve-se levar em conta: o tamanho da sala e as condições gerais da construção. Para Abi-Sáber o material deve estimular a imaginação da criança. Deve facilitar o desenvolvimento dos músculos, e o ambiente em geral deve favorecer o desenvolvimento social da criança. Nesse sentido, aponta que certas minúcias, na aparência sem importância, têm grande valor na aquisição de hábitos sociais, por exemplo, o trabalho com carpintaria, no qual as crianças podem partilhar seus pertences e se ajudar mutuamente. As mesas retangulares, com seis ou oito lugares, facilitam o trabalho em grupo.

Para Abi-Sáber (1963, p. 43), cuidados especiais com a limpeza e o arranjo da sala levam as crianças a adquirirem bons hábitos de ordem e até de calma e tranquilidade: "Às vezes, a irritação e a turbulência são causadas pela falta de conforto e comodidade do ambiente".

Ao recorrer a ilustrações, mobiliários e equipamentos, são sugeridos: mesas, cadeiras, prateleiras, escaninhos, cavaletes para pintura, relógio, vitrola, mesa para professora, quadro de notícias, além de materiais para as instalações sanitárias, para socorros de emergência, para limpeza e para o repouso das crianças.

Ainda são apresentados o mobiliário e os equipamentos para a sala de aula, chamados de *cantinho do brinquedo, materiais de manipulação, materiais para construção, para ciências, música, canto dos livros, cantinho de aritmética e para o pátio de recreio e áreas externas.*

A autora dedica uma breve página ao que ela denomina de *as atividades iniciais*, com o subtítulo *preparação para as aulas*. Nesse item é realçada a importância da elaboração de planos minuciosos, feitos pela professora antes do início das aulas: "O ambiente do Jardim da Infância só poderá ser feliz, agradável e cheio de atividades interessantes, se for preparado para isto desde o princípio" (Abi-Sáber, 1963, p. 71). Afirma a autora que "a professora tem que ser um pouco mãe de todos e procurar, antes do mais, se fazer amiga e companheira das crianças, resolvendo suas dificuldades e dando-lhes segurança" (Abi-Sáber, 1963, p. 71). Assim, o jardim de infância, na opinião dela, passará a ser um ambiente inesquecível, se as crianças tiverem oportunidade de satisfazer seus interesses e necessidades.

No capítulo "O Ambiente", Abi-Sáber faz uma severa crítica aos jardins de infância que colocam as crianças em locais inadequados: quaisquer cubículos, porão, sótão ou garagem. Para ela:

> [...] esses lugares bem merecem mesmo o nome que, com muito espírito, lhes é dá um renomado professor – São *menineiros*, porque não é mesmo possível chamá-los de galinheiros, dado que ali se reúnem pessoas humanas, os grandes tesouros da família e a esperança da sociedade (Abi-Sáber, 1963, p. 75).

Cita, ainda, as sugestões do professor Hicks, da Universidade de Indiana, sobre a importância do espaço físico no processo da aprendizagem:

> A professora deve tentar os meios a fim de proporcionar um ambiente educacional e interessante para as crianças. Deverá, entre outras coisas:
> Exibir decorações coloridas e atraentes nas paredes da sala, particularmente, com materiais ou trabalhos feitos pelos próprios alunos;
> Encorajar as crianças e planejar decorações especiais para o quadro de exposição de trabalhos. Isto adicionará mais colorido à sala, permitindo às crianças trocar ideias sobre os seus trabalhos, estimula-lhes o interesse pelas atividades desenvolvidas em classe (Abi-Sáber, 1963, p. 76).

Quanto a gravuras e outros materiais de ilustração, diz a autora que esses devem ser trocados com frequência, a fim de não se tornarem cansativos e monótonos.

Lembra que não é possível esquecer a limpeza da sala e da escola e que as próprias crianças devem ajudar na limpeza.

Ainda faz alusão ao ambiente e ao conforto e passa a tratar dos Centros de Interesses. Abi-Sáber parece tomar emprestada a ideia de Decroly sobre o assunto, muito embora, em seu texto, não haja referência ao educador belga.

Para ela, a sala de aula se torna agradável em função da organização ou disposição do material em *cantos* ou *centros*, em torno dos quais se globalizam os interesses e as atividades das crianças. Passa, então, a descrever em linhas gerais alguns centros que podem ser organizados na sala de aula: *Centro da Biblioteca ou Cantinho do Livro; Centro de Manipulação ou Trabalho; Centro de Aritmética; Centro de Música; Centro de Ciências; Centro de Artes;*

Centro de Jogos e Cantinho de Brinquedo ou Cantinho da Boneca. Para cada um desses centros, é apresentada uma lista de materiais que devem ser colocados nos respectivos cantos. Ressalta que os cantos são meios pelos quais a professora poderá realizar planos eficientes. Embora sob a influência das ideias de Decroly, Abi-Sáber fecha esse capítulo com uma concepção que certamente seria rechaçada pelo pedagogo quando diz que: "O centro, porém, de toda a situação de aprendizagem, conforme já dissemos, é a professora. Não há nada que substitua a competência da professora e a sua capacidade de controle e liderança".

Para Decroly, no entanto, "a criança é o ponto de partida do método".

É no capítulo sobre a Matrícula que a autora mostra exemplos de fichas que podem ser utilizadas no jardim de infância. Segundo ela, são sugestões, mas reforça que as informações sobre a identificação da criança, o ambiente físico de sua casa, dados sobre sua família e seus hábitos não podem ser menosprezados pelas professoras, sob pena de não passarem a conhecer mais intimamente as crianças e, consequentemente, não tomarem atitudes em face do trabalho de educação e ajuste delas. As *fichas de informações,* como nomeadas pela autora, são fundamentais no trabalho da professora: "Certos hábitos errados de alimentação ou quaisquer outros podem ser facilmente modificados por influência da professora. Atitudes e preconceitos dos pais podem melhorar, também" (Abi-Sáber, 1963, p. 88).

Ao fazer referência ao número de alunos em cada sala de aula, não poupa críticas à realidade existente nos jardins de infância:

> Têm ocorrido, entre nós, os maiores absurdos a esse respeito. A maioria de nossas salas de aula, geralmente muito pequenas, reúnem, de quarenta a cinquenta crianças e, às vezes, até sessenta, pretendendo-se, ali, trabalhar com elas e prepará-las para a vida. São verdadeiros atentados à saúde física e mental dos pequenos (Abi-Sáber, 1963, p. 91).

Para Abi-Sáber, a questão não é só de espaço. Não é possível formar turmas no jardim de infância com mais de 25 ou 30 alunos. Para ela, não se trata daquela escola do tipo tradicional, de carteiras enfileiradas e aparafusadas no chão, onde se assentavam os alunos para ouvir, calados e de braços cruzados, as longas exposições da professora. E diz: "nada disto. O Jardim é uma escola de vida, um ambiente de alegria e de trabalho, uma oficina, uma fábrica, um lar, uma cidade, um vergel, um mundo" (Abi-Sáber, 1963, p. 91). A partir dessa definição de jardim de infância, pode-se inferir que as ideias de Abi-Sáber estão impregnadas das concepções decrolynianas, que postulavam "a escola por e de igual maneira para a vida",[98] permeadas, também, com algumas das ideias de Dewey.

No capítulo seguinte – "O Começo das aulas" –, insiste na ideia de que "a criança deve ser recebida no Jardim de Infância com o máximo cuidado e atenção" (Abi-Sáber, 1963), dada sua sensibilidade e o fato de estar diante de um ambiente novo, diferente de seu lar. Retoma a ideia de que a professora deverá ser vista pela criança, desde o início, como "uma mãe e amiga dedicada".

No começo das aulas, os pais merecem uma consideração especial não só porque são os maiores interessados na adaptação das crianças, mas também porque precisam, segundo a autora, se familiarizar com a professora para melhor colaborar com ela na tarefa da educação de seus filhos. Para isso, sugere que a turma seja dividida em dois grupos, no mínimo, pelo menos na primeira semana de aula. Cada grupo deve permanecer somente duas horas na escola para a professora dar maior atenção às crianças e aos pais. Como é penoso para os pais transportarem seus filhos de longe, para passarem apenas poucas horas no jardim de infância, é preciso reuni-los com antecedência e procurar convencê-los das vantagens de um horário mais curto, nos primeiros dias (Abi-Sáber, 1963).

Abi-Sáber apresenta, a seguir, um plano para as duas primeiras semanas de aula. Traça objetivos para cada dia. Ao final do capítulo, traz argumentos que demonstram as vantagens da divisão da classe em pequenos grupos nos primeiros dias de aula. Entre outros, os argumentos usados são de que, dessa forma, a criança receberá atenção individual, será orientada com mais cuidado e as relações entre pais e professores serão mais estreitas. E nessa esteira continua a defender que no início do trabalho a professora divida sua turma em pequenos grupos, mostrando que esse sistema possui muitas vantagens: a criança sente que a professora a julga uma pessoa e não apenas um membro do grupo; a professora aprende mais depressa importantes características de cada criança; há mais oportunidades de as crianças se conhecerem melhor; a professora tem melhor oportunidade de iniciar o registro das observações sobre os alunos; a professora pode dedicar mais tempo às diversas atividades; a liberdade da criança vai sendo limitada aos poucos; a separação do lar torna-se menos penosa; a convivência em grupo

---

[98] Decroly funda uma escola em 1907, em Bruxelas, chamada escola de L'Ermitage, fundamentada neste lema: "a escola por e de igual maneira para a vida".

é aprendida gradativamente; são adquiridos, pela criança, sentimentos de segurança e vontade de participar das possibilidades do grupo com o qual convive na escola; e começa a formação de hábitos de bom comportamento na sala de aula, na escola em geral, nos pátios e corredores, e no caminho de ida e volta para a escola (Abi-Sáber, 1963).

Com a preocupação de fornecer ao leitor – no caso específico, as professoras do jardim de infância – informações sobre o planejamento, Abi-Sáber destina o capítulo intitulado "Um dia no Jardim da Infância" às questões do planejamento das atividades.

Muitos são os fatores que precisam ser levados em conta quando se planejam atividades no jardim de infância, diz a autora. Para ela, os horários e os trabalhos devem ser flexíveis para atender às condições especialíssimas de cada escola e de cada criança, ou seja, para se ajustarem às diferenças individuais: "Ao organizar atividades diárias, devemos nos lembrar que as crianças são, antes de mais nada criaturas humanas, e que o nosso maior objetivo é obter delas o máximo desenvolvimento possível" (Abi-Sáber, 1963, p. 103).

Preconiza também que deve haver uma combinação harmoniosa de atividades ao ar livre e dentro do prédio do jardim de infância, repousantes e ativas, porém, todas tão espontâneas e livres quanto possível: "Havendo parques e jardins nas proximidades da escola, é de toda a conveniência o aproveitamento deles para a realização de frequentes excursões e passeios". Aliás, reforça Abi-Sáber (1963, p. 104), "todo Jardim da Infância deve dar um lugar de grande destaque às excursões". E insiste: "quando um Jardim de Infância inclui no seu programa um grande número de excursões, pode-se dizer, quase sem errar, que ali as coisas vão bem" (Abi-Sáber, 1963, p. 104).

Na forma de ver dela, embora as atividades devam ser muito variáveis e flexíveis, deve haver também certa regularidade no horário para facilitar a aquisição de bons hábitos, para que as crianças fiquem bem orientadas e tenham uma sensação de conforto e segurança. Chama a atenção para o fato de que as crianças não devem passar de uma atividade para outra rigidamente, ao toque de sinetas, e em curtos espaços de tempo, como se fossem soldados. O horário deve ser dividido em etapas maiores de 50 a 60 minutos. Essas etapas são: o *período de trabalho*; o *período de brinquedo* (dentro e fora de casa) e o *período de expressão livre*. Esses blocos de tempo, maiores, são entremeados de atividades de rotina: *recreio; repouso; merenda e uso das instalações sanitárias*.

No momento em que todos os alunos já estiverem na sala, é dado início ao *período de trabalho*, por meio das atividades de: *oração; chamada; escolha dos líderes ou ajudantes do dia; estudo do calendário e planejamento do dia.* Findo esse bloco de tempo, sugere a autora que a professora dê início ao período de limpeza, arranjo de sala e preparação para o recreio. O recreio – *período de brinquedo* – pode ser feito no pátio ou na sala, de acordo com as condições do tempo. Se o recreio foi ao ar livre, ao voltar para a sala, segue-se o uso das instalações sanitárias e a preparação para a merenda. Esta começa com uma oração e logo em seguida com o arranjo da sala e o repouso. A última etapa do dia escolar é o *período de expressões*, que, segundo Abi-Sáber (1963, p. 106-107), entre outras, poderão ser as seguintes:

> [...] atividades de catecismo; histórias – lidas ou contadas pela professora ou pelos meninos; dramatizações – fantoches, pantomimas, brinquedos dramatizados, poesias, coro falado; hora das surpresas ou novidades ou de conversação livre (tais atividades devem se basear nas unidades que estejam sendo desenvolvidas); experimentações e trabalhos de ciências; música – canto, recreação, exercícios rítmicos; e por último a avaliação do dia e a preparação para a saída.

Abi-Sáber tece considerações a respeito de cada uma das atividades aqui mencionadas e apresenta sugestões a respeito de como realizá-las. Para isso, simula uma turma de crianças de 6 anos, cuja professora é D. Maria. Por meio de uma descrição rica em detalhes, a autora discorre sobre um dia na turma de D. Maria e suas crianças e entremeia comentários com o intuito de deixar evidenciado como a professora pode e deve encaminhar cada uma das atividades propostas.

O relato tem seu início com as atividades que a professora realiza antes da chegada das crianças na sala: preparação do ambiente para o período de trabalho, distribuição de papel, lápis de cera, tintas de diversas qualidades, material para colagem, quebra-cabeças, blocos de madeira etc. pelas mesas. É nessa hora que a professora deve verificar se os cantos de livros, aritmética, ciências, brinquedos estão providos de tudo quanto é necessário para seu uso (Abi-Sáber, 1963). No momento em que as crianças entram na sala, a professora as cumprimenta e abraça.

Em seguida, reúne o grupo em pé para, numa atitude muito respeitosa, silenciosamente, rezar uma pequena oração. Abi-Sáber sugere cinco tipos de oração para a professora rezar com seus alunos no início do dia. Aqui aparece no bojo do texto a seguinte nota:

> Pretendemos publicar dentro em breve uma orientação catequética para o jardim da Infância, que esperamos venha ajudar bastante as professoras a formar nas suas classes um ambiente de amor a Deus e de vida espiritual. Nesse trabalho, pretendemos mostrar a possibilidade de impregnar as atividades escolares do espírito de Deus (Abi-Sáber, 1963, p. 109).

Após a oração, o grupo senta-se no chão com a professora, e todos estarão de frente para o porta-cartaz, onde já estará dependurado o porta-ficha. Começa a chamada. Para Abi-Sáber, essa atividade é um meio excelente para ampliar as experiências numéricas das crianças. "Quantos meninos vieram hoje? E quantas meninas? Que há mais: meninos ou meninas?" etc.

O dia da turma da D. Maria continua com a escolha dos líderes, também chamados de ajudantes do dia, chefes ou responsáveis. Na parede há um cartaz onde, todos os dias, são postos os nomes dos líderes que vão se encarregar da merenda, do recreio, dos materiais, das plantinhas, dos animais e livros. Os ajudantes do dia encarregados pelo material, agora, guardam o porta-ficha e colocam o calendário no tripé. As crianças, orientadas inicialmente pela professora, passam a fazer observações sobre as condições do tempo: mau tempo ou frio; chuva ou tempestade; bom tempo ou sol; nublado. O calendário é feito com peças móveis de cartolina com desenhos ilustrativos que são diariamente fixadas em função das observações das crianças. Assinalam também o dia e o dia da semana. Segundo Abi-Sáber, existem muitas oportunidades para outros estudos, por meio do calendário: que dia é hoje? O que celebramos no dia tal? Quantos dias faltam para tal evento? Vamos contar?

Na sala há, também, um cartaz com os aniversariantes do mês: "Convém evitar as celebrações pomposas, com muitos bolos, doces e refrigerantes. Além de evitar gastos inúteis, as festinhas íntimas e simples poupam esforços, dinheiro e, principalmente, não causam a excitação e o descontrole das crianças" (Abi-Sáber, 1963, p. 115-6).

O trabalho em grupo é recorrente no livro. E a autora afirma: "A garantia do sucesso do trabalho é o planejamento das atividades, feito pelos alunos e pela professora" (Abi-Sáber, 1963, p. 116). Para ela, pela pouca maturidade, as crianças não podem ainda participar de longos períodos de planejamento; quando muito, são capazes de manifestar sua preferência por esta ou aquela atividade: "Aos poucos, à medida que vão se desenvolvendo e adquirindo mais experiências, vão ampliando, também, a sua capacidade de planejar e pensar sobre coisas mais avançadas no tempo" (Abi-Sáber, 1963, p. 116).

Exemplifica como D. Maria faz o planejamento com a turma. A autora relata que ela pega uma folha de papel grande, prega no quadro e, com lápis de cera, vai escrevendo com letra manuscrita o plano que faz com a ajuda das crianças:

> O que vamos fazer hoje: pintura no cavalete; desenho; colagem; trabalhos com argila – Depois do recreio resolvemos: dramatizar a história dos três porquinhos; ouvir disco; brincar de macaquinho disse. Ou então: coisas que resolvemos fazer para melhorar a nossa disciplina: falar um de cada vez; falar em voz baixa; ouvir com atenção; andar devagar; tratar bem os colegas; obedecer prontamente; respeitar aos mais velhos. [...]
> A atividade bem planejada pelos próprios alunos e com a orientação firme da professora é que permite o trabalho num clima de tranquilidade e disciplina. Outro plano que julgamos o mais importante de todos e que decide o êxito do trabalho do Jardim, é a liberdade e espontaneidade da criança na execução das atividades inventivas e criadoras (Abi-Sáber, 1963, p. 117-118).

Nessa frase de Abi-Sáber, pode-se constatar que, ao mesmo tempo em que são preconizados procedimentos que objetivam a tranquilidade e a disciplina das crianças no jardim de infância, outros, não menos importantes, são propostos com o objetivo de assegurar o desenvolvimento de atividades que possam estimular a criança a criar e inventar com espontaneidade e liberdade.

Na concepção dela, o estímulo para inventar ou criar não é inato na criança. Isso precisa ser trabalhado pela professora. O trecho a seguir, além de explicitar essa concepção, fornece uma série de atividades que podem ser vistas como as principais sugestões da autora para o trabalho no jardim de infância:

> É verdade que o estímulo para inventar ou criar não é inato na criança. Esta precisa de uma grande variedade de expressão oral, como histórias, a pantomima, os fantoches, os brinquedos dramatizados, as poesias, a música, a dança, os exercícios rítmicos. Só depois, então, e com o auxílio, ainda, do material abundante, ela dará corpo às suas ideias, expressando-as de maneira original, através da pintura, do desenho, da modelagem, das várias espécies de construção e de colagem (Abi-Sáber, 1963, p. 118).

E conclui: "É isto que D. Maria faz em sua classe e é com o auxílio do planejamento e das atividades espontâneas que ela consegue o máximo de eficiência e disciplina" (Abi-Sáber, 1963, p. 118). D. Maria, diz a autora:

> É uma verdadeira fada em sua classe. É incapaz de desencorajar qualquer criança. Sabe de tal maneira combinar o estímulo oferecido pelo material com as experiências infantis que os seus alunos desabrocham, de repente, num milagre de criação e expressão pessoal (Abi-Sáber, 1963, p. 119).

A maneira como a professora é considerada expressa seu poder de magia e sua milagrosa função de fazer com que as crianças, encorajadas, desabrochem sua capacidade de criar e se expressar.

Depois de um *período de trabalho*, geralmente de 50 a 60 minutos, as crianças já estarão no ponto de mudar de atividade. É o *período de limpeza*. Os líderes ou ajudantes do dia tomam a responsabilidade de tudo (embora outras crianças também cooperem), guardam o material, lavam os pincéis, limpam mesas e prateleiras, varrem a sala e devolvem cada objeto ao respectivo lugar. Depois de tudo pronto, sentadas em grupo, planejam o recreio. D. Maria pergunta: qual vai ser nosso brinquedo de hoje? As crianças dão várias sugestões. D. Maria ajuda-as a se decidirem.

Abi-Sáber explicita que a professora supervisiona as brincadeiras e, na maioria das vezes, brinca com os alunos. Em sua opinião, "o recreio bem organizado, em vez de cansar e agitar as crianças como quase sempre acontece, deve ser motivo de expansão e um derivativo para as tensões e preocupações infantis" (Abi-Sáber, 1963, p. 121).

Ao final do recreio, as crianças lavam as mãos, usam o banheiro e voltam para a sala. É hora da merenda: "Enquanto não tiverem todos inteiramente recolhidos e preparados para a oração esta não deve começar" (Abi-Sáber, 1963, p. 121). Após a merenda, os líderes fazem uma nova limpeza na sala. Cada criança vai buscar seu tapete; é hora do repouso.

No repouso, as crianças não são obrigadas a permanecer de olhos fechados e absolutamente imóveis. Abi-Sáber (1963, p. 122) sugere que a professora coloque para tocar uma música bem baixinho: "o repouso deve durar de 15 a 20 minutos para as crianças de cinco anos e de 10 minutos, para as de seis anos. Estas, por serem maiores, têm mais dificuldade de permanecer durante muito tempo em silêncio absoluto".

Pelo texto anterior, pode-se identificar que a autora do livro propõe um jardim de infância somente para crianças de 5 e 6 anos, idade que antecede a entrada delas na escola primária. Esse é um indício de que Abi-Sáber pensa o jardim de infância como pré-primário, seja ele como ensino preparatório para a escola ou como a educação escolar que antecede o primário.

Após o repouso, segue-se a última fase de trabalho do dia. Aqui, a autora retoma a importância de que esse último *período de trabalho* deva ser iniciado com o catecismo, um momento dedicado a conversas catequéticas, com o objetivo de "levar as crianças à contemplação diária das maravilhas do amor de Deus" (Abi-Sáber, 1963, p. 123). Ressalta que a catequese, como as demais atividades sugeridas, deve ser intercalada, metodicamente, no decorrer da semana, de modo que não haja prejuízo de uma em favor das outras: "Para melhor facilidade de sua execução, preferimos que essas atividades sejam integradas em torno de temas especiais ou unidades de trabalho" (Abi-Sáber, 1963, p. 123).

Abi-Sáber deixa transparecer, também, que aspira a uma escola que dê a máxima importância às investigações científicas. Do ponto de vista dela, o jardim de infância é a primeira etapa da vida escolar e, por isso, deverá ser um campo de preparação para a futura atividade científica. Concepção que reforça, novamente, a ideia de preparação.

Terminado o *período de trabalho,* é hora de preparar para a saída e avaliar o dia. Esse momento é por ela denominado de *avaliação dos trabalhos do dia*. É nessa etapa que D. Maria circula de uma a outra mesa, estimula uns, admira outros trabalhos realizados. As crianças mostram seus trabalhos para os colegas, falam como eles foram produzidos, que técnicas usaram.

"O processo adotado para avaliação é, sempre, o da conversa ou da discussão entre as crianças e a professora" (Abi-Sáber, 1963, p. 125). O grupo avalia: a conduta e a disciplina da classe; os trabalhos realizados e as atitudes pessoais. D. Maria: "vai, aos poucos, habituando os pequenos a encontrarem sempre um aspecto positivo ou qualquer coisa recomendável em cada trabalho" (Abi-Sáber, 1963, p. 125). Depois de feita a avaliação, as crianças ainda cantam qualquer canção, enquanto os pais vão buscá-las.

Em sequência, a autora passa a apresentar "uma série de sugestões de horário para o Jardim de Infância que tenham diferentes períodos de trabalho e condições diferentes de instalações" (Abi-Sáber, 1963, p. 126): horário A, três horas de aula diárias; horário B, quatro horas de aula diárias; horário C, três horas de aulas diárias – em ambiente onde não haja espaço para repouso, as instalações sanitárias sejam distantes da sala e a entrada requeira preparação especial –; e o horário D, cinco horas de aula diárias – incluindo o almoço na própria escola.

Antes, porém, lembra que algumas normas sobre a organização de um horário não podem ser esquecidas:

> [...] alternar as horas de trabalho e repouso; tornar bem rápidas as atividades em conjunto, aquelas que exijam a participação de toda a classe; evitar atividades muito fortes ou cansativas imediatamente antes e depois da merenda; fazer a transição entre uma atividade e outra de maneira suave; dispor o ambiente de tal maneira que as crianças possam fazer um bom repouso (Abi-Sáber, 1963, p. 126).

Do ponto de vista de Abi-Sáber, "é claro que o horário representa, apenas, um guia ou roteiro básico". "O essencial é que a professora atenda aos interesses e necessidades das crianças" (Abi-Sáber, 1963, p. 130).

Aqui cabem algumas observações sobre o texto do livro. A autora usa indiscriminadamente os termos: *atividades, experiências e aulas; atividades, experiências e trabalhos* e, ainda, *escola e jardim da infância*. Faz, no entanto, distinção entre *trabalho ou atividade e brinquedo ou brincadeira*. Provavelmente, está se apropriando de fragmentos de autores como Decroly, Montessori, Dewey e Freinet, mas à sua maneira. Em seu texto, pode-se, também, verificar essa apropriação (à sua maneira) nos momentos em que utiliza distinção entre *interesse* das crianças e *estímulo* dado pela professora. Certamente os conceitos/concepções de *interesse e necessidades* usados se distanciam dos propostos por Claparède. O mesmo acontece com o uso indistinto das palavras *atividades e experiência*, talvez longe da acepção de *experiência* de Dewey. O jardim de infância de Abi-Sáber é marcado por uma visão que o entende, sobretudo, como escolar. A referência maior dela parece ser a escola primária. Daí, talvez, usar ora *jardim da infância*, ora escola[99]. No livro não se identificam críticas explícitas à pedagogia da escola primária, à época, embora em muitos de seus pontos básicos apareçam ideias que, certamente, caminham na contracorrente da prática pedagógica predominante naquele momento.

A autora passa a tratar, a seguir, novamente, de planejamento; desta vez, do *planejamento das atividades*. Mais especificamente, do que ela chama de plano, que pode ser diário, semanal, mensal ou abranger um período

---

[99] A esse respeito ver Leite Filho (1997), onde faço referência à visão de educação infantil de Marinho criticando a educação das crianças pequenas que se utiliza de práticas e procedimentos da escola, o que na época denominei de uma visão escolaresca.

maior. Ao fazê-lo, a professora precisa considerar os seguintes pontos básicos: *ter em mente as necessidades das crianças e as condições de seu meio ambiente; considerar as características, habilidades, interesses e limitações de toda a classe; tornar possível a aquisição de experiências que sejam do nível das crianças; enriquecer essas experiências por meio de atividades que estimulem o pensamento e ampliem as habilidades infantis; buscar planos a cada dia a partir das experiências e habilidades adquiridas anteriormente, buscando continuidade no desenvolvimento das habilidades e conhecimentos; aceitar as ideias e sugestões das próprias crianças, não só para estimular a capacidade de iniciativa, como também para atender aos interesses e às necessidades de cada uma; dar oportunidades às crianças de avaliarem seu próprio trabalho e desenvolver o pensamento crítico e a capacidade de atenção e observação; procurar a melhor maneira e o material mais adequado à realização das atividades e, por fim, não esquecer o problema fundamental das diferenças individuais. Cada criança deve ser tratada de acordo com o nível de seus conhecimentos, habilidades e possibilidades* (Abi-Sáber, 1963).

Além dos pontos mencionados, Abi-Sáber lembra alguns tópicos que permitem à professora se sentir mais segura na realização do trabalho. Para ela:

> A professora deve estar sempre bem informada a respeito dos assuntos a serem tratados em aula, do material a ser usado, das fontes de informações a serem procuradas, das experimentações que as crianças poderão realizar a fim de fazer descobertas importantes e satisfazer a sua permanente curiosidade, dos métodos e processos que permitam o enriquecimento das experiências infantis (Abi-Sáber, 1963, p. 131).

Nessa linha de preparo das professoras, sugere meios para ampliarem seus conhecimentos, como: excursões aos locais e às fontes de informações; leituras e pesquisas; coleta de dados sob forma de folhetos, mapas, cartazes, fotografia, gravuras; filmes e *slides*; discussões e conversas com pessoas conhecedoras dos diversos assuntos pesquisados.

Retoma o plano de atividades e declara: "a sequência das atividades e experiências deve ser planejada não para ser imposta às crianças, mas como um meio de obter o desenvolvimento gradativo dos conhecimentos infantis". E termina com a afirmação de que as professoras sem muita experiência no magistério, aquelas que estão iniciando, terão seus planos mais desenvolvidos com minuciosas indicações sobre métodos e processos de trabalho, o material empregado, a reação das crianças e os resultados alcançados. Com o tempo, adquirindo segurança no trabalho, a professora poderá resumir suas anotações, registrando, apenas, os pontos essenciais (Abi-Sáber, 1963).

O último capítulo do livro – "O que é o Jardim da Infância" – é dedicado aos *Relatórios, Boletins e Fichas de Avaliação*. Para Abi-Sáber, o problema dos relatórios e boletins é daqueles que provocam uma série de discussões e controvérsias entre as professoras. Algumas não lhes dão o menor valor; outras, ao contrário, dão grande importância, considerando-os um excelente recurso para o conhecimento científico da criança e um meio adequado de estreitarem as relações entre a escola e o lar. Chama atenção para o fato de que alguns autores de renome costumam superestimar os referidos relatórios e boletins, considerando-os ótimos meios para: ajudar a professora e os pais a entenderem melhor as crianças; facilitar a descoberta das necessidades fundamentais das crianças, permitindo ação mais eficiente quanto à maneira de atendê-las; descobrir os aspectos fundamentais da personalidade e as dificuldades do comportamento infantil; determinar a posição de cada criança em relação aos colegas; fornecer informações confidenciais a clínicos e médicos especialistas; fornecer dados e informações às professoras com quem as crianças irão estudar mais tarde; servir de base e orientação no planejamento de programas e currículos; fornecer dados e informações a normalistas e estudantes de Pedagogia; facilitar os vários trabalhos de pesquisa.

De fato, diz a autora, esses motivos "tornam os boletins e relatórios muito importantes e necessários. Daí se explica a grande aceitação deles como excelente meio de avaliar o trabalho escolar e de dar ao conhecimento da criança uma base série e científica" (Abi-Sáber, 1963, p. 148).

Sugere que cada criança tenha uma pasta com o maior número possível de dados relativos à sua pequena vida: "às vezes, o sucesso e o ajuste socioemocional de uma criança dependem da fidelidade com que a professora do Jardim acumulou referências a seu respeito e as transmitiu à professora do primeiro ano" (Abi-Sáber, 1963, p. 148).

Para Abi-Sáber, o jardim de infância ocupa um lugar de grande significação no que se refere ao *registro* do desenvolvimento da criança, e isso por uma variedade de razões, entre as quais ela elenca: *a professora pode resumir uma série de dados à época de maior plasticidade e flexibilidade da criança; acompanha, com maior facilidade, o desenvolvimento do pré-escolar que ainda é uma personalidade a se formar; faz os primeiros registros de comportamento social que, pela primeira vez, faz parte de um grupo de companheiros; tem facilidade de entrar em contato com as famílias, que, nessa época, procuram mais a escola e julgam mais necessária a primeira assistência aos filhinhos por achá-los muito pequenos e incapazes de viver por si.*

Em resumo, menciona que devem ser reunidas, em primeiro lugar, informações tão variadas quanto possível a respeito da vida física, mental, social e emocional da criança e sugere que, para começar os registros escolares, seja preenchida, em primeiro lugar, a "ficha de matrícula", com: *nome da criança, data de nascimento, endereço e telefone (quando possível), ocupação do pai e da mãe, data da matrícula*, acrescentada de informações a respeito da vida pré-escolar, com dados relativos a: *exame de saúde; exame de dentes; relatórios de testes mentais que tenham sido aplicados na criança; resumo de episódios que tenham ocorrido na vida dela; relatórios dos contatos e das relações dos pais da criança com a escola; relatórios da professora sobre o progresso da criança* (Abi-Sáber, 1963). Observa, ainda, que podem ser incluídos alguns *testes de prontidão* que tenham sido aplicados na criança.

Pelos dados e informações sugeridas por Abi-Sáber, evidencia-se, por um lado, sua já comentada preocupação com a preparação da criança no jardim de infância, que visa a seu sucesso no primeiro ano da escola primária; e, por outro lado, pode-se inferir que eram também preocupações da autora as condições de saúde da criança e seu estágio de desenvolvimento mental, isso certamente relacionado com o futuro escolar da criança. Vale lembrar que, nessa ocasião – final dos anos 1950 e na década de 1960 – a puericultura no Brasil já havia deixado de lado a influência europeia, que recebera desde os primórdios, e estava fortemente influenciada pela Pediatria e pela puericultura norte-americanas, que preconizavam a saúde escolar como estratégia de ação.

Para Abi-Sáber (1963, p. 150) o relacionamento lar-escola é fundamental para que os registros sejam realizados com eficiência:

> Essa cooperação será tanto mais eficiente e proveitosa quanto melhor se conhecerem os pais e a professora e quanto mais intimamente forem identificadas as reações da criança.
> [...]
> Apesar de, na aparência, as crianças se assemelharem muito, na realidade elas diferem demasiadamente, porque, além de suas características biológicas e individuais, procedem de um meio social, cultural e econômico diferente. A sua base de experiências é tão diversa que a maneira de reagir às influências do Jardim da Infância é, também, inteiramente diferente.

Com essa afirmação, a autora justifica a necessidade de a escola fazer "uma busca sistemática e constante de informações, indo à procura das famílias, visitando-as em seus próprios lares e estabelecendo contatos íntimos, através de entrevistas, conversas e observações cautelosas" (Abi--Sáber, 1963, p. 150). Por meio dela pode-se perceber que a criança cujos dados serão registrados na escola é um sujeito que traz características além das biológicas e individuais, pois provém de um determinado meio: social, cultural e econômico.

"É muito interessante e aproveitável o hábito que se estabelece em certas escolas no tocante à matrícula dos alunos, que é feita, pelas professoras, nas próprias casas das crianças" (Abi-Sáber, 1963, p. 150). Embora observe que essa prática é impossível em cidades muito grandes, ela a recomenda. Abi-Sáber provavelmente está recorrendo a práticas provenientes de técnicas do Serviço Social, tão preconizadas nos programas do DNCr.

Muito embora o meio social, cultural e econômico seja mencionado, as orientações dadas às professoras, para coletar dados para os registros, focam, sobretudo, o contexto familiar da criança. Por exemplo, é explicado que no contato com o lar da criança:

> [...] muitas coisas podem vir ao conhecimento da professora sagaz, observadora e discreta. Poderá tirar conclusões fáceis a respeito dos seguintes elementos: estado social e econômico da família; número de pessoas que moram na mesma casa; número de irmãos e irmãs que a criança tenha; posição da criança na constelação familiar; atitudes e reações de uns membros da família em relação aos outros; localização da casa ou do apartamento (Abi-Sáber, 1963, p. 151).

A autora esclarece que os pais são as figuras mais importantes no quadro familiar. Para ela, a escola precisa saber, por exemplo, onde os pais da criança nasceram, pois, se forem estrangeiros, o ambiente doméstico modifica muito: "Haverá aí muita influência de ordem cultural e também de linguagem, que muito tem a ver com a estrutura socioemocional da criança" (Abi-Sáber, 1963, p. 151).

Outro fator importante sobre o qual é chamada atenção é a harmonia que deve existir entre os cônjuges. Para melhor compreender uma criança, diz Abi-Sáber (1963, p. 152), é preciso conhecer o grau de cordialidade ou amargura que há no seu lar: "Crianças cujos os pais vivem mal ou estejam separados trazem consigo, para a escola, uma série de dificuldades e de empecilhos que influenciam de maneira negativa no processo de sua adaptação ao novo ambiente". A autora mostra a importância da identificação da constelação familiar:

> [...] ser o mais velho, o caçula, o filho único, o homenzinho entre várias meninas, ou o contrário, a única menina entre vários meninos, significam coisas inteiramente diferentes e cada uma dessas situações exige um tratamento especial da parte da professora (Abi-Sáber, 1963, p. 152).

Para Abi-Sáber, a professora representa um grande papel em todos os sentidos da vida da criança. Quanto à saúde, se ela for observadora e cuidadosa, poderá prevenir muitos males que, se descuidados, poderão se tornar, às vezes, irreversíveis. Entretanto, afirma que "o ideal seria que em cada Jardim da Infância houvesse um médico que examinasse as crianças todos os dias, para assuntar quaisquer sinais de enfermidade e encaminhar os pequenos a tratamento mais curado" (Abi-Sáber, 1963, p. 154). Como no livro *Creches: Organização e Funcionamento*, do DNCr, a discussão sobre a presença do médico nas instituições de educação infantil reaparece.

Três modelos de fichas de observação para os registros são apresentados.[100] Observa-se que os dados pedidos são meras sugestões e deverão servir apenas para orientar a professora na confecção da própria *ficha de observação*.

Nas últimas páginas do livro, Abi-Sáber dedica-se a explicar o que seria o PABAEE.

Cabe reafirmar que os livros aqui analisados não expressam um pensamento único a respeito da educação infantil. Neles aparecem contradições e posições algumas vezes até antagônicas. Há posicionamentos que, a princípio, parecem ser os mesmos; mas, ao serem analisados com atenção, demonstram posturas diferentes quando são tratados temas relacionados às funções da educação infantil, ao desenvolvimento do trabalho educativo com as crianças e à função da educadora da educação pré-primária. Para um leitor desavisado, a princípio, pode parecer que Abi-Sáber recorre a Marinho (1952) como referência; no entanto, embora seu livro cite uma pesquisa realizada por Marinho em 1952, no Instituto de Educação do Rio de Janeiro, Marinho sequer aparece na bibliografia da publicação. Nessa bibliografia, Abi-Sáber lista predominantemente obras publicadas nos Estados Unidos da América, com exceção da referência feita à autora brasileira Celina Arlie Nina, *Escolas Maternais e Jardins de Infância*.

---

[100] A autora explica que as fichas apresentadas foram adaptadas de muitas outras usadas em escolas brasileiras, como em escolas americanas.

6

CHEGADA À VISTA

*Toda criança me arrebata,
Toda criança, por me olhar me arregaça as mangas do amor
e dela, desse amor morro de emoção
[...]
Tenho vontade de defendê-las das injustiças dos ditos maiores,
dos esticados que aprisionados, querem aprisionar.
Por todo o sempre e agora, toda criança quando chora, Respondo: o que foi?
Quem não te tratou direito? (Toda criança quando chora me diz respeito)
(Elisa Lucinda)*

Pelas mensagens que JK envia ao Congresso Nacional fica patente que a escola, no final de seu governo, se mostra incapaz de atender à crescente demanda pelo ensino primário. Os esforços realizados pelos governos estaduais e federal geram uma expansão da escola primária apenas ampliando o número de alunos por meio da estratégia de multiplicação dos turnos, resultando, como não podia deixar de ser, numa significativa perda de qualidade da educação escolar. Foram medidas emergenciais para dar cumprimento ao estabelecido constitucionalmente – obrigatoriedade da escolarização de nível primário.

No âmbito específico da educação das crianças em idade pré-escolar, nos anos 1950/1960, permaneceram *mitos* antigos, tais como: as mulheres, por serem educadoras natas, deveriam trabalhar em casa; as crianças só tomam leite de vaca porque as mães trabalham fora; a creche é um mal necessário. Permaneceram as *preocupações* igualmente antigas em relação às crianças em seus primeiros anos de vida: a mortalidade infantil e a importância do binômio mãe-filho. Essas preocupações, acrescentadas da ideia de educar a infância para prevenir marginalidade futura, funcionam no Brasil, desde o início da República, no final do século XIX, como mote para as políticas públicas destinadas às crianças e às mães.

Com a retomada do crescimento industrial e a migração da população para as cidades cada vez mais urbanizadas, a demanda por instituições de educação infantil (creches, escolas maternais e jardins de infância) cresceu gradativamente. As mulheres trabalhando fora de casa demandavam por esse tipo de instituição nas cidades.

Foi um período de discursos que evidenciavam a pequena oferta desse tipo de educação para uma demanda crescente. Em resposta a essa demanda e a pressões locais, o Estado apoiou, por meio da concessão de subvenções, entidades filantrópicas que foram de fato as executoras dos programas implementados no período. De certa forma retomando o que fora proposto por Vargas no final dos anos 1930.

Prevalecia, ainda, a concepção de educação infantil como um direito da mulher trabalhadora e não como um direito da criança. A ideia-chave mulher-trabalho-criança ainda continuava a balizar as ações governamentais em suas políticas para a infância. A creche era vista como uma benemerência do patronato. Os discursos acadêmicos sobre a importância dos primeiros anos de vida no desenvolvimento da criança e da educação infantil, nessa idade, não eram suficientemente fortes para sustentar uma nova concepção de educação infantil como direito da criança, o que só vai acontecer, no Brasil, mais de 20 anos depois, a partir do momento em que prevaleceu a ideia de criança cidadã, no final da década de 1980. Permanece a ambivalência como marca nos sentimentos sobre a infância. A concepção de criança que informa as políticas públicas por um lado tem a ternura familiar como ideia força e por outro a miséria das ruas, o descaso e o abandono.

A ideia da maternidade como algo natural e insubstituível para a criança volta e meia é retomada nas proposições de políticas de educação infantil. Esse argumento funciona, de certa maneira, como elemento de contenção da expansão das instituições de educação infantil para as crianças com menos de 7 anos, na época. A partir dele justifica-se, até mesmo, a ausência da ação do Estado no setor. Apoiados na importância do binômio mãe-filho, argumentos foram potencializados e levaram por vezes o Estado a só entrar em cena na educação das crianças pequenas na total incapacidade de a mãe atuar com a criança.

Nos anos 1950/1960, as concepções de criança como um devir, tão usuais na Proclamação da República, retomadas posteriormente nos anos de 1930, sobremaneira, no Estado Novo, reapareceram nos discursos políticos e pedagógicos. Ouvia-se por todos os lados expressões como: *a criança é a gênese da sociedade; a criança é o futuro da nação; é preciso educar hoje o homem de amanhã; a criança como a chave para o desenvolvimento da nação; a melhoria das condições de vida das crianças como um aspecto fundamental para o progresso; a criança é o futuro.*

Por outro lado, permanecia a ideia de que as famílias pobres eram incapazes de educar as crianças pequenas, e a ideia republicana de assistência e proteção à família e à infância foi ressignificada. Assistir a infância significava educar a família, o que resultou em ações educacionais do Estado destinadas, sobretudo, às mães, seja em espaços públicos ou privados. Já sob forte influência norte-americana, a puericultura, a Pediatria e a Pedagogia passaram a nortear ações de proteção à criança, tendo também como foco as mães. Essas ações, provenientes de uma forte tradição de trabalhos comunitários e baseadas nas técnicas do Serviço Social, desenharam campanhas, projetos e programas que foram propostos pelo Governo Federal, que, na época, imprimiu uma forma de atuação em rede, com delegacias, centros regionais ou órgãos similares nos estados. O que evidencia essa posição são os Clubes de Mães, que visavam despertar naquelas mulheres consciência e responsabilidade social. No entendimento do DNCr, a missão primordial da mulher-mãe é cuidar de seu filho, ter consciência de seus direitos e deveres e como esposa defender os direitos da família.

No âmbito pedagógico, não havia predominância de ideias. Na disputa por um pensamento hegemônico, no entanto, foram geradas tensões que se situam nas temáticas: creche como mal necessário versus educação infantil como fundamental para o desenvolvimento da criança; educação pré-primária preparatória para a escola primária versus educação pré-primária com objetivo em si mesma; educação das crianças pequenas como dever do Estado versus dever da família e da sociedade; boa vontade das pessoas nos programas de assistência e proteção à infância e à família versus formação de educadoras; educadora mãe versus educadora formada; instituições de educação pré-primária como continuação do lar versus espaço específico para o desenvolvimento das crianças; a criança como o centro do trabalho nas instituições de educação pré-primária versus a educadora, a professora ou a jardineira como o centro do processo educativo.

A educação infantil da época concretiza-se em seus diversos espaços, públicos e privados, carregada de paradoxos, fruto dessas tensões. Para Lourenço Filho, a escola é uma coisa e a pré-escola é outra coisa. Para o DNCr, a creche é a solução do problema das mães que trabalham fora. É um serviço assistencial para crianças sadias enquanto suas mães trabalham, não descartado o caráter educativo. Na perspectiva do INEP/DNCr, a creche, a escola maternal e o jardim de infância propostos nos anos 1950/1960 foram destinados a auxiliar a família na educação das crianças até atingirem a idade escolar. São fortes os argumentos que defendem a educação pré-primária como um prolongamento do lar e, não, a antessala da escola primária. Longe da perspectiva de que só aquelas crianças cujas mães trabalham devem frequentar instituições de educação infantil, há propostas provenientes dos

Institutos de Educação que compreendem a função da educação infantil ora como um espaço de vida que visa favorecer o desenvolvimento integral da criança, ora a pré-escola que visa preparar a criança para a escola.

Esse foi um período no qual as ideias dos educadores escolanovistas europeus chegaram ao Brasil de segunda mão. Era comum educadores e técnicos do Estado irem aos Estados Unidos da América estudar ou visitar instituições, tendo acesso a essas ideias. Sob essa influência, à moda brasileira, verificaram-se teorias, proposições pedagógicas feitas para as creches, escolas maternais, jardins de infância e turmas de pré-primário, anexas aos estabelecimentos de ensino primário que se utilizavam da nomenclatura predominante no movimento da Escola Nova, mas com significados dos mais diversos. Como é o caso dos conceitos de interesse, necessidade, experiência, atividade, trabalho, desenvolvimento natural, entre outros.

No âmbito internacional, foi aprovada, na Organização das Nações Unidas (ONU), a Declaração de Direitos da Criança (Resolução 1386 [XIV] da Assembleia Geral, de 20 de novembro de 1959). No Brasil, agências e instituições internacionais desenvolveram ações em favor das crianças, como o Fundo das Nações Unidas para a Infância (UNICEF) e a OMEP, sem que houvesse uma uniformidade de políticas. Até o final da década de 1960, existia uma base compartilhada entre países desenvolvidos e subdesenvolvidos com variações nacionais na educação infantil. Esta, no entanto, foi interrompida no momento em que a educação das crianças pequenas passou a integrar a pauta das políticas de desenvolvimento econômico e social, elaborada pelos organismos vinculados à ONU para os países subdesenvolvidos.

Nos países desenvolvidos, a expansão da educação infantil aconteceu de maneira integrada à qualidade, em função de diferentes orientações econômicas, políticas e culturais. Foram significativos os movimentos de mulheres e sua influência nas políticas de igualdade de oportunidades entre homens e mulheres, difundidos na Europa e nos EUA, no final do período, o que resultou, posteriormente, no entendimento da criança como protagonista nas instituições sociais que lhe são destinadas, nos anos 1970. Já nos países subdesenvolvidos, a ampliação do atendimento às crianças em idade pré-escolar se deu de maneira lenta e em função da contenção dos gastos públicos, constituindo-se numa educação para a subalternidade.

As políticas públicas para a educação das crianças pequenas no Brasil nos anos 1950/1960 eram provenientes de proposituras de diferentes entidades públicas federais, em cujas ações envolvem órgãos de vários setores do Governo Federal, dos governos estaduais e da sociedade. Foi nesse período que a saúde e a educação passaram a ter ministérios específicos para suas áreas. Pode-se, contudo, constatar uma contiguidade institucional e de políticas públicas para a infância. Pela via do Ministério da Educação e Cultura, o INEP foi o órgão propositor. Já pela via do Ministério da Saúde, o DNCr, mais notadamente a DPS, foi o órgão que igualmente elaborou campanhas, projetos e programas para as crianças em idade pré-escolar. Longe de uma visão dual, percebe-se que são os mesmos médicos, professores e puericultores que transitavam, nesses órgãos públicos, da área da saúde e da educação, que também criaram, organizaram e frequentaram as entidades da sociedade civil, como é o caso da Sociedade Brasileira de Pediatria (SBP) e da ABE.

No âmbito estadual, os Institutos de Educação e as Escolas Normais apareceram como centros irradiadores de ideias e propostas de educação para pré-escolares. Naquele momento, os cursos de formação de professoras de escolas maternais e jardins de infância – especialização – estavam se consolidando. Mas, em sentido contrário a essa consolidação, o que prevaleceu, no final do período, foram propostas pautadas na boa vontade. As propostas, pautadas na importância da mãe como a educadora primordial da primeira infância, trazem o dilema de ter a mãe como modelo de educadora das creches e jardins de infância e a formação teórico-prática de uma professora educadora das crianças nessas instituições.

O DNCr direcionou-se, articulado com a LBA e posteriormente com o MEC, para a educação de massa, alegando que a criação de creches, escolas maternais e jardins de infância traria um ônus elevadíssimo para o Estado, impedindo que a maior parte da população fosse atendida. A propositura passou a ser a criação de Centros de Recreação, implantados em galpões, pátios de escolas, igrejas ou outros espaços ociosos nas comunidades. Entretanto, o discurso ainda estava impregnado de concepções do início do período, no qual as instituições de educação pré-primária se justificavam por si, quer para salvar a criança, quer para salvar a escola primária, o que leva à definição do objetivo desses Centros como para atender às necessidades físicas e psicossociais dos pré-escolares. Contraditoriamente, frente a objetivo tão amplo, o pessoal para trabalhar nesses Centros era recrutado entre as pessoas de boa vontade, à base do voluntariado, reservando-se o pagamento para alguns técnicos necessários à supervisão e à coordenação dos serviços, cujas tarefas seriam de maior responsabilidade.

O período termina por se caracterizar pelo predomínio de propostas de educação pré-escolar com conotação preparatória para a escola. Prevalece a ideia da pré-escola para salvar a escola, como uma gênese das propostas de educação compensatória que surgiram no Brasil nos anos 1970.

> *Embora eu não seja rei,*
> *Decreto, neste país,*
> *Que toda, toda criança*
> *Tem direito de ser feliz!*
> *(Ruth Rocha)*

REFERÊNCIAS

ABBAGNANO, N.; VISALBERGHI, A. *Historia de la pedagogía*. México: Fondo de Cultura Economica, 1990.

ABI-SÁBER, N. F. *O que é Jardim da Infância*. Rio de Janeiro: Editora Nacional de Direito, 1963.

ABRAMOVAY, M.; KRAMER, S. O rei está nu: um debate sobre as funções da pré-escola. *CEDES*, Campinas, n. 9, p. 27-38, 1984.

ABREU, A. A. O nacionalismo de Vargas ontem e hoje. *In:* D'ARAÚJO, M.C. (org.). *As instituições brasileiras da era Vargas*. Rio de Janeiro: EdUERJ: FGV, 1999.

ABREU, A. A. O ISEB e o desenvolvimento. *CPDOC/FGV*, [S.l.]. Disponível em htpp://www.cpdoc.fgv.br/nav_jk/htm/o_Brasil_de_JK. Acesso em: 29 fev. 2004.

ABREU, A. A.; BELOCH, I.; LATTMAN-WELTMAN, F; LAMARÃO, S. T. de N. (coord.). *Dicionário histórico-biográfico brasileiro*. [S.l.: s.n.], 2001.

ADORNO, S. M. R. Leituras escolanovistas para a formação de normalistas. *Sociedade Brasileira de História da Educação*, [S.l.]. Disponível em: http://www.sbhe.org.br/novo/congressos/cbhe4/20%SorayaAdorno/texto.pdf. Acesso em: 12 nov. 2007.

AGUIAR, A.; MARTINS, R. M. *História da pediatria brasileira*. Rio de Janeiro: Repoarte, 1996.

ANDRADE FILHO, O.; BARROS FILHO, S.; HIRTH, M. B. P. Creches: organização e funcionamento. *In:* BRASIL. Ministério da Saúde. *Coleção DNCr*, n. 151, 1956.

ARCE, A. *Jardineira, tia e professorinha*: a realidade dos mitos. 128p. 1997. Dissertação (Mestrado em Educação) – Universidade Federal de Mato Grosso do Sul, Campo Grande, 1997.

ARCE, A. A formação de professores sob a ótica construtivista: primeiras aproximações e alguns questionamentos. *In:* DUARTE, N. (org.). *Sobre o construtivismo*. Campinas: Autores Associados, 2000. p. 41-62.

ARCE, A. Compre o kit neoliberal para a educação infantil e ganhe grátis os dez passos para se tornar um professor reflexivo. *Educação e Sociedade*, Campinas: CEDES, n. 74, p. 251-284, abr. 2001a.

ARCE, A. Documentação oficial e o mito da educadora nata na educação infantil. *Cadernos de Pesquisa,* São Paulo, n. 113, p. 167-184, jul. 2001b.

ARCE, A. *A pedagogia na "era das revoluções":* uma análise do pensamento de Pestalozzi e Froebel. Campinas: Autores Associados, 2002.

ARENDT, H. The crises of education. *In:* ARENDT, H. *Between past and future*: six exercises in political thought. New York: The Viking Press, 1961. p. 173-196.

ARIÈS, P. *História social da criança e da família.* Rio de Janeiro: Zahar, 1978.

ARQUIVOS do Instituto de Educação, v. II, dez. 1945.

ARROYO, M. O significado da infância. *In:* SEMINÁRIO NACIONAL DE EDUCAÇÃO INFANTIL, 1., 1994, Brasília. *Anais* [...]. Brasília: MEC/SEF/COEDI, 1994. p. 88-92.

AZEVEDO, F. *As técnicas de produção do livro e as relações entre mestres e discípulos.* Rio de Janeiro: Imprensa Nacional, 1945.

BARROS, J. D'A. *O campo da história*: especialidades e abordagens. Petrópolis: Vozes, 2004.

BARRETO, A. M. R. F. Situação atual da educação infantil no Brasil. *In:* BRASIL. Ministério da Educação e do Desporto. Secretaria de Educação Fundamental. *Subsídios para credenciamento e funcionamento de instituições de educação infantil.* Brasília: MEC/SEF/DPE/COEDI, 1998. v. II, p. 23-33.

BASE de dados bibliográficos sobre infância e adolescência no Brasil da Colônia à República (CD-CESPI). Rio de Janeiro: CESPI; FINEP, 1997.

BAZÍLIO, L. C. et al. *Infância tutelada e educação*: história, política e legislação. Rio de Janeiro: Ravil; Escola de Professores, 1998.

BENEVIDES, M. V. M. *O governo Kubitschek*: desenvolvimento econômico e estabilidade política, 1956-1961. 2. ed. Rio de Janeiro: Paz e Terra, 1976.

BENEVIDES, M. V. M. *O governo Kubitschek*: desenvolvimento econômico e estabilidade política. 3. ed. Rio de Janeiro: Paz e Terra, 1979.

BENEVIDES, M. V. M. O governo Kubitschek: a esperança como fator de desenvolvimento. *In:* GOMES, A. C. et al. (org.). *O Brasil de JK.* 2. ed. Rio de Janeiro: EdFGV, 2002.

BOBBIO, N. *A era dos direitos.* Rio de Janeiro: Campus, 1992.

BOBBIO, N. *Estado, governo e sociedade*. Para uma teoria geral da política. 10. ed. São Paulo: Paz e Terra, 2003.

BOBBIO, N. *Dicionário de política*. Trad. de Carmen C. Varrialle *et al.* e coord. de trad. de João Ferrreira. 12. ed. Brasília: Editora da Universidade de Brasília, 2004.

BOBBIO, N.; BOVERO, M. *Sociedade e estado na filosofia política moderna*. São Paulo: Brasiliense, 1986.

BOBBIO, N.; METTEUCCI, N.; PASQUINO, G. *Dicionário de política*. [S.l.: s.n.], 2000.

BOJUNGA, C. *O artista do impossível*. Rio de Janeiro: Objetiva, 2001.

BOLTANSKI, L. *Puericultura y moral de clase*. Barcelona: Laia, 1974.

BOMENY, Helena. Utopias de cidade: as capitais do modernismo. *In:* GOMES, Â. de C. (org.). *O Brasil de JK*. Rio de Janeiro: Ed. Fundação Getulio Vargas, 1991. p. 144-161.

BOMENY, H. Três decretos e um ministério: a propósito da educação no Estado Novo. *In:* PANDOLFI, D. (org.). *Repensando o Estado Novo*. Rio de Janeiro: EdFGV, 1999.

BONAMINO, A.; LEITE FILHO, A. *Elementos para uma reconstrução da gênese das políticas sociais e das políticas de educação infantil*. Rio de Janeiro: [s.n.], 1995.

BONILHA, L. R. C.; RIVORÊDO, C. R. S. F. Puericultura: duas concepções distintas. *Jornal de Pediatria*, Rio de Janeiro: Sociedade Brasileira de Pediatria, v. 81, n. 1, p. 7-13, 2005.

BORGES, V. P. *O que é história*. São Paulo: Brasiliense, 2003.

BOSCO, A. P. W. Políticas de proteção à maternidade e à infância no Paraná: o Departamento Estadual da Criança (1947). *In:* SEMINÁRIO FAZENDO GÊNERO, 7., 2006, Florianópolis. *Anais* [...]. Florianópolis: UFSC, 2006.

BRAIBANT, C.; BAUTIER, R.-H. Les musées d´archives et les expositions temporaires. *In:* BRAIBANT, C. *Une table ronde utile a l'histoire*. Paris: Direction des Archives de France, 1958. p. 13-25.

BRASIL. Ministério da Educação e Saúde. Instituto Nacional de Estudos Pedagógicos. Organização do Ensino Primário e Normal VII. Estado da Paraíba. *Revista Brasileira de Estudos Pedagógicos*, Rio de Janeiro, Boletim n. 8, 1940.

BRASIL. Ministério da Educação e Saúde. Instituto Nacional de Estudos Pedagógicos. Organização do Ensino Primário e Normal XX. Estado do Rio Grande do Sul. *Revista Brasileira de Estudos Pedagógicos*, Rio de Janeiro, Boletim n. 28, 1945.

BRASIL. Decreto nº 26.690, de 23 de maio de 1949. Aprova o Regimento do Departamento Nacional da Criança. *Diário Oficial da União*: seção 1, Rio de Janeiro, col. 4, p. 8498, 9 jun. 1949. Disponível em: https://www2.camara.leg.br/legin/fed/decret/1940-1949/decreto-26690-23-maio-1949-453518-publicacaooriginal-1-pe.html. Acesso em: 27 ago. 2023.

BRASIL. *Diário do Congresso Nacional*. Rio de Janeiro, 31 de março de 1953.

BRASIL. *Diário do Congresso Nacional*. Rio de Janeiro, 14 de agosto de 1954a.

BRASIL. *Diário do Congresso Nacional*. Rio de Janeiro, 20 de outubro de 1954b.

BRASIL. Ministério da Educação e Cultura. Serviço de Estatística da Educação e Cultura. *Sinopse Retrospectiva do Ensino no Brasil – 1871-1954*. Rio de Janeiro, 1956a.

BRASIL. Ministério da Saúde. Departamento Nacional da Criança. Objetivo e Prática da Colocação Familiar. *Coleção DNCr*, n. 150, Rio de Janeiro, 1956b.

BRASIL. Ministério da Saúde. Departamento Nacional da Criança. Creches: Organização e Funcionamento. *Coleção DNCr*, n. 151. Rio de Janeiro, 1956c.

BRASIL. Ministério da Educação e Cultura. *Principais Resultados do Ensino Primário Geral 1958*. Rio de Janeiro, 1958a.

BRASIL. Presidência da República. Conselho do Desenvolvimento. *Programas de metas*. Tomo I – Introdução. Rio de Janeiro, 1958b.

BRASIL. Presidência da República. Conselho do Desenvolvimento. *Programas de metas*. Tomo III – Introdução. Rio de Janeiro, 1958c.

BRASIL. Ministério da Educação e Cultura. Serviço de Estatística da Educação e Cultura. *Principais Resultados do Ensino Primário Fundamental Comum 1957*. Rio de Janeiro, 1959.

BRASIL. Ministério da Educação e Cultura. *Relatório Qüinqüenal*. 1956-1960. Brasília: MEC, 1960a.

BRASIL. Ministério da Saúde. Departamento Nacional da Criança. Livro Clubes de Mães da Campanha Educativa. *Coleção DNCr*, n. 161. Rio de Janeiro, 1960b.

BRASIL. *Simpósio Educação para o Brasil*. MEC/INEP/Centro Regional de Pesquisas do Recife, 1960c.

BRASIL. Lei nº 4.024, de 20 de dezembro de 1961. Fixa as Diretrizes e Bases da Educação Nacional. *Diário Oficial da União*: seção 1, Rio de Janeiro, p. 11429, 27 dez. 1961. Disponível em: https://www2.camara.leg.br/legin/fed/lei/1960-1969/lei-4024-20-dezembro-1961-353722-publicacaooriginal-1-pl.html#:~:text=-Fixa%20as%20Diretrizes%20e%20Bases%20da%20Educa%C3%A7%C3%A3o%20Nacional.&text=a%20condena%C3%A7%C3%A3o%20a%20qualquer%20tratamento,de%20classe%20ou%20de%20ra%C3%A7a. Acesso em: 27 ago. 2023.

BRASIL. Ministério da Saúde. Departamento Nacional da Criança. Livro das mães. *Coleção DNCr*, n. 143. Rio de Janeiro, 1962a.

BRASIL. Ministério da Saúde. Departamento Nacional da Criança. *Relatório do Diretor Geral do DNCr 1961-1962*. Rio de Janeiro, 1962b.

BRASIL. Ministério da Saúde. Departamento Nacional da Criança. Álbum do Jubileu de Prata do DNCr 1940/1965. Rio de Janeiro, 1965.

BRASIL. Ministério da Saúde. Departamento Nacional da Criança. *Normas técnicas especiais*: do código nacional de saúde, para assistência e proteção à maternidade, à infância e à adolescência. Rio de Janeiro, 1966.

BRASIL. Ministério da Educação e Cultura. Serviço de Estatística da Educação e Cultura. *Ensino Pré-Primário 1969 e 1970*. Rio de Janeiro, 1970.

BRASIL. Ministério da Educação e Cultura. *Estatísticas Educacionais 1960-71*. Rio de Janeiro, 1971.

BRASIL. *A Educação nas mensagens presidenciais* (1890-1986). Brasília: INEP, 1987. v. 2.

BRASIL. [Constituição (1988)]. *Constituição da República Federativa do Brasil de 1988*. Brasília, DF: Presidência da República, [2023]. Disponível em: https://www.planalto.gov.br/ccivil_03/constituicao/constituicao.htm. Acesso em: 27 ago. 2023.

BRASIL. Lei nº 8.069, de 13 de julho de 1990. Dispõe sobre o Estatuto da Criança e do Adolescente e dá outras providências. *Diário Oficial da União*: seção 1, Brasília, p. 13563, 16 jul. 1990. Disponível em: https://www.planalto.gov.br/ccivil_03/leis/l8069.htm. Acesso em: 27 ago. 2023.

BRASIL. Ministério da Educação e do Desporto. Secretaria de Educação Fundamental. *In*: SIMPÓSIO NACIONAL DE EDUCAÇÃO INFANTIL, 1., 1994, Brasília. *Anais* [...]. Brasília: MEC/SEF/DPE/COEDI, 1994.

BRASIL. Lei nº 9.394, de 20 de dezembro de 1996. Estabelece as diretrizes e bases da educação nacional. *Diário Oficial da União*: seção 1, Brasília, p. 27833, 23 dez. 1996. Disponível em: https://www.planalto.gov.br/ccivil_03/leis/l9394.htm. Acesso em: 27 ago. 2023.

BRASIL. Conselho Nacional de Educação. Câmara de Educação Básica. *Resolução n. 3, de 3 de agosto de* 2005. Brasília: MEC/CNE/CEB, 2005a.

BRASIL. Ministério da Educação. *Proinfantil*: Programa de Formação Inicial para Professores em Exercício na Educação Infantil: diretrizes gerais. Brasília: MEC, 2005b.

BUARQUE DE HOLANDA, S. *Raízes do Brasil*. São Paulo: Companhia das Letras, 1995.

CAMBI, F. *História da pedagogia*. Trad. de Álvaro Lorencini. São Paulo: EdUNESP, 1999.

CAMPOS, R. H. F. Helena Antipoff (1892-1974). *Psicologia Ciência e Profissão*, [S.l.], v. 20, n. 1, p. 73-73, mar. 2000.

CÂNDIDO, A. *A revolução de 1930 e a cultura*. São Paulo: Cebrap, 1984.

CÂNDIDO, A. *O significado de "Raízes do Brasil"*. São Paulo: Companhia das Letras, 1995.

CARDOSO, C. F. S. *Uma introdução à história*. 3. ed. São Paulo: Brasiliense, 1983.

CARVALHO, J. M. *Cidadania no Brasil*. 9. ed. Rio de Janeiro: Civilização Brasileira, 2007.

CASTRO, M. H. G. A política de educação infantil no âmbito do estado brasileiro. *In*: SIMPÓSIO NACIONAL DE EDUCAÇÃO INFANTIL, 1., 1994, Brasília. *Anais* [...]. Brasília: MEC/SEF/DPE/COEDI, 1994. p. 32-35.

CECCIM, R. B. Pediatria, puericultura, pedagogia...: imagens da criança e o devir--criança. *Boletim da Saúde*, [S.l.], v. 15, n. 1, p. 87-103, 2001.

CEVASCO, M. E. *Para ler Raymond Williams*. São Paulo: Paz e Terra, 2001.

CEVASCO, M. E. Prefácio. *In:* WILLIANS, R. *Palavras-chave:* um vocabulário de cultura e sociedade. São Paulo: Boitempo, 2007.

CHAMON, C. S. *Maria Guilhermina Loureiro de Andrade:* a trajetória profissional de uma educadora (1869-1913). 2005. 373f. Tese (Doutorado em Educação) – Universidade Federal de Minas Gerais, Belo Horizonte, 2005.

CHANEL, E. *Grandes temas da pedagogia.* Rio de Janeiro: Francisco Alves, 1977.

CHARTIER, R. *A história cultural:* entre práticas e representações. São Paulo: Difel, 1990.

CHARTIER, R. O mundo como representação. *Estudos Avançados,* [S.l.], v. 11, n. 5, p. 173-191, 1991.

CHARTIER, R. *A ordem dos livros:* leitores, autores e bibliotecas na Europa entre os séculos XIV e XVIII. Trad. de Mary del Priore. Brasília: Universidade de Brasília, 1994.

CHARTIER, R. *Práticas de leitura.* São Paulo: Estação Liberdade, 1996.

CIVILETTI, M. V. P. O cuidado às crianças pequenas no Brasil escravista. *Cadernos de Pesquisa,* São Paulo: Fundação Carlos Chagas, n. 76, p. 31-40, fev. 1981.

CIVILETTI, M. V. P. *A creche e o nascimento da nova maternidade.* 1988. Dissertação (Mestrado em Psicologia Aplicada) – Instituto de Seleção e Orientação Profissional, Fundação Getúlio Vargas, Rio de Janeiro, 1988.

CLAPARÈDE, E. *A educação funcional.* 4. ed. Trad. e notas de J. B. Damasco Penna. São Paulo: Companhia Editora Nacional, 1954.

CLAPARÈDE, E. *A escola e a psychologia experimental.* 2. ed. Trad. e prefácio de Lourenço Filho. São Paulo: Comp. Melhoramentos de S. Paulo, 1928.

CLAPARÈDE, E. *A escola sob medida.* Trad. de Maria Lúcia do Eirado Silva. Rio de Janeiro: Ed. Fundo de Cultura, 1959.

COMENIOS, J. A. *Didática Magna.* Lisboa: Fundação Calouste Gulberkian, 1985.

COUTINHO, L. *In:* MARTINS, Ivan. 100 anos de JK: 5 anos em cinco. *Isto É,* [S.l.], 11 jan. 2002.

CPDOC/FGV; OLIVEIRA, Lúcia Lippi de. Revolução de 1930. *Atlas Histórico do Brasil,* [S.l.], c2023. Disponível em: https://atlas.fgv.br/verbete/6365. Acesso em: 22 ago. 2023.

CUNHA, A. G. *Dicionário etimológico nova fronteira da língua portuguesa*. 2. ed. Rio de Janeiro: Nova Fronteira, 1996.

CURY, C. R. J. *Ideologia e educação brasileira*: católicos e liberais. São Paulo: Cortez, 1988.

CURY, C. R. J. A educação infantil como direito. *In*: BRASIL. Ministério da Educação e do Desporto. Secretaria de Educação Fundamental. *Subsídios para Credenciamento e Funcionamento de Instituições de Educação Infantil*. v. II. Brasília: MEC/SEF/DPE/COEDI, 1998. p. 9-15.

DAHLBERG, G.; MOSS, P.; PENCE, A. *Qualidade na educação da primeira infância*. Porto Alegre: Artmed, 2003.

DAMÁZIO, R. L. *O que é criança*. 2. ed. São Paulo: Brasiliense, 1991.

DAUSTER, T. Uma infância de curta duração: trabalho e escola. *Cadernos de Pesquisa*, São Paulo, n. 82, p. 31-36, ago. 1992.

DELEUZE, G.; GUATTARI, F. *O que é filosofia?* Trad. de Bento Prado Jr. e Alberto Alonso Muñoz. Rio de Janeiro: Ed. 34, 1992.

DEL PRIORE, M. (org.). *História da criança no Brasil*. São Paulo: Contexto, 1992.

DEL PRIORE, M. (org.). *História das crianças no Brasil*. São Paulo: Contexto, 1999.

DEMO, P. A política de educação infantil no contexto da política da infância no Brasil. *In*: SIMPÓSIO NACIONAL DE EDUCAÇÃO INFANTIL, 1., 1994, Brasília. *Anais* [...]. Brasília: MEC/SEF/DPE/COEDI, 1994. p. 22-27.

DEWEY, J. *Democracia e educação*: introdução à filosofia da educação. 3. ed. Trad. de Godofredo Rangel e Anísio Teixeira. São Paulo: Companhia Editora Nacional, 1959a.

DEWEY, J. *Reconstrução em filosofia*. 2. ed. Trad. de António Pinto de Carvalho. São Paulo: Companhia Editora Nacional, 1959b.

DEWEY, J. *Liberalismo, liberdade e cultura*. Trad. de Anísio Teixeira. São Paulo: Companhia Editora Nacional, 1970.

DEWEY, J. *Experiência e educação*. Trad. de Anísio Teixeira. São Paulo: Companhia Editora Nacional, 1979.

DIAS, R. C. Luta, movimento, creche: a história da conquista de um direito. *In*: SILVA, I. T. F. R. (org.). *Creches comunitárias*: histórias e cotidiano. Belo Horizonte: AMEPPE, 1997. p. 19-44.

DIDONET, V. Creche: a que veio... para onde vai. *Em Aberto*, Brasília, v. 18, n. 73, p. 11-27, jul. 2001.

DISTRITO FEDERAL. *Instituto de Educação 1965-1966*. Rio de Janeiro, 1966.

DONZELOT, J. *A política das famílias*. 2. ed. Rio de Janeiro: Graal, 1986.

DRAIBE, S. M. *Rumos e metamorfoses*: Estado e industrialização (1930-1960). Rio de Janeiro: Paz e Terra, 1985.

DRAIBE, S. M. As políticas sociais brasileiras: diagnósticos e perspectivas. *In:* IPEA. *Para a década de 90*: prioridades e perspectivas de políticas públicas - políticas sociais e organização do trabalho. Brasília: IPEA, 1989. v. 4.

DRAIBE, S. M. A política brasileira de combate à pobreza. *In:* VELLOSO, J. P. R. (coord.). *O Brasil e o mundo no limiar do novo século*. Rio de Janeiro: José Olympio, 1998a. v. 2.

DRAIBE, S. M. *Avaliação da descentralização das políticas sociais no Brasil*: saúde e educação fundamental. Santiago: CEPAL, 1998b. (Série Reformas de Política Pública).

DRAIBE, S. M. A reforma dos programas sociais brasileiros: panoramas e trajetórias. *In*: ENCONTRO ANUAL DA ASSOCIAÇÃO NACIONAL DE PÓS-GRADUAÇÃO EM CIÊNCIAS SOCIAIS, 24., Petrópolis, 2000. *Anais* [...]. Petrópolis: ANPOCS, 2000.

ENCICLOPÉDIA Barsa. Rio de Janeiro: Editores Ltda., 1965.

FALEIROS, V. P. *Que é política social*. São Paulo: Brasiliense, 1986. (Coleção Primeiros Passos).

FALEIROS, V. P. Estado, sociedad y políticas sociales. *In:* FLEURY, S. (org.). *Estado y políticas sociales em América Latina*. Xochimilco: Iniversidad Autônoma Metropolitana, 1992.

FALEIROS, V. P. Políticas para a infância e adolescência e desenvolvimento. IPEA: *políticas sociais* – acompanhamento e análise, [S.l.], v. 11, p. 171-177, ago 2005.

FARIA, A. L. G. *Direito à infância*: Mario de Andrade e os Parques Infantis para crianças de famílias operárias da Cidade de São Paulo (1935-1938). 1994. Tese (Doutorado) – Universidade de São Paulo, São Paulo, 1994.

FARIA, A. L. G. *Educação pré-escolar e cultura*: para uma pedagogia da educação infantil. Campinas: EdUnicamp; São Paulo: Cortez, 1999.

FARIA, A. L. G. *Educação pré-escolar*: para uma pedagogia da educação infantil. 2. ed. Campinas: EdUnicamp; São Paulo: Cortez, 2002.

FARIA, A. L. G. Políticas de regulação, pesquisa e pedagogia na educação infantil, primeira etapa da educação básica. *Educação e Sociedade*: Revista de Ciência da Educação, Campinas, v. 26, n. 92, 2005. São Paulo: Cortez; Campinas: CEDES, 2005.

FARO, C.; SILVA, S.L. Q. A década de 1950 e o Programa de Metas. *In:* GOMES, A. C. et al. (org.). *O Brasil de JK*. 2. ed. Rio de Janeiro: EdFGV, 2002.

FÁVERO, M. de L. de A.; BRITTO, J. de M. (org.). *Dicionário de Educadores no Brasil*: da Colônia aos dias atuais. Rio de Janeiro: EdUFRJ; MEC-Inep, 1999.

FRADE, Isabel Cristina Alves da Silva; PEREIRA, Maciel Francisca Izabel. *O "Estado Novo" nas cartilhas de alfabetização*. II CBHE. História e Memória da educação brasileira. Natal, 2002.

FERRIÈRE, A. *A escola activa*. Trad. de Jorge Babo. Prefácio de Émile Planchard. Lisboa: Ed. Aster, 1965.

FIGUEREDO, L. Carta do Editor. *Revista de História da Biblioteca Nacional*, [S.l.], ano 1, n. 4, p. 1, out. 2005.

FREITAS, M. C. *História social da infância no Brasil*. 2. ed. São Paulo: Cortez, 1999a.

FREITAS, M. C.; KUHLMANN, M. (org.). *Os intelectuais na história da infância*. São Paulo: Cortez, 2002.

FREY, K. Políticas Públicas: um debate conceitual e reflexões referentes à prática da análise de políticas públicas no Brasil. *Planejamento e Políticas Públicas,* [S.l.], n. 21, p. 211-259, jun. 2000.

FREYRE, G. *Casa-Grande e Senzala* (1933). Rio de Janeiro: Editora Record, 1992.

GERTH, H.; WRIGHT, M. C. (org.). *Dicionário de ciências sociais*. [S.l.]: Fundação Getúlio Vargas: MEC: Fundação de Assistência ao Estudante, 1986.

GESTEIRA, M. *Puericultura:* higiene alimentar e social da criança. 2. ed. Rio de Janeiro: Ed. Pan-Americana S.A., 1945.

GOMES, A. C. *Capanema:* o Ministro e o seu Ministério. Rio de Janeiro: EdFGV, 2000.

GOMES, A. C. et al. (org.). *O Brasil de JK*. 2. ed. Rio de Janeiro: EdFGV, 2002.

GRANDE Enciclopédia Larousse Cultural. São Paulo: Editora Nova Cultural, 1998.

HAMAIDE, A. *O Methodo Decroly*. Rio de Janeiro: F. Briguiet & Cia. Editores, 1929.

HEYWOOD, C. *Uma história da infância*. Porto Alegre: Artmed, 2004.

HOBSBAWM, E. *Sobre história*. São Paulo: Companhia das Letras, 1988.

HOBSBAWM, E. *Era dos extremos:* o breve século XX – 1914-1991. 2. ed. São Paulo: Companhia das Letras, 1995.

HOUAISS, A.; VILLAR, M. S. *Dicionário da língua portuguesa*. 2. ed. Rio de Janeiro: Objetiva, 2004.

INSTITUTO NACIONAL DE ESTUDOS E PESQUISAS EDUCACIONAIS. *A educação nas mensagens presidenciais.* Brasília: MEC/INEP, 1987.

JOBIM E SOUZA, S. Re-significando a psicologia do desenvolvimento: uma crítica à pesquisa da infância. *In:* KRAMER, S.; LEITE, I. *Fios e desafios da pesquisa*. Campinas: Papirus, 1996. p. 39-55.

KISHIMOTO, T. M. *A pré-escola em São Paulo*: das origens a 1940. 1986. Tese (Doutorado em Educação) – Universidade de São Paulo, São Paulo, 1986.

KISHIMOTO, T. M. *A pré-escola em São Paulo (1877-1940).* São Paulo: Edições Loyola, 1988. (Coleção Educar, n. 9).

KISHIMOTO, T. M. A pré-escola na República. *Pro-Posições,* São Paulo, n. 3, p. 55-56, dez 1990.

KISHIMOTO, T. M. Froebel e a brincadeira. *In*: REUNIÃO ANUAL DA ANPED, 19., Caxambu, 1996. *Anais* [...]. Caxambu: ANPED, 1996.

KOHAN, W. O. *Infância*: entre educação e filosofia. Belo Horizonte: Autêntica, 2003.

KOSSELECK, R. Champs d'expérience et horizon d'attent. Deux caregories historiques. *In:* KOSSELECK, R. *Le future passé.* Paris: Ehesc, 1990. p. 307-329.

KOSSELECK, R. Uma história dos conceitos: problemas teóricos e práticos. *Estudos Históricos,* Rio de Janeiro, v. 5, n. 10, p. 134-146, 1992.

KOSSELECK, R. *Futuro passado*: contribuição à semântica dos tempos históricos. Trad. de Wilma Parícia Mass, Carlos Almeida Perreira; revisão da tradução César Benjamin. Rio de Janeiro: Contraponto: Ed. PUC-Rio, 2006.

KRAMER, S. *A política do pré-escolar no Brasil*: a arte do disfarce. Rio de Janeiro: Achiamé, 1982.

KRAMER, S. O papel social da pré-escola. *Caderno de Pesquisa,* São Paulo: Fundação Carlos Chagas, n. 58, p. 77-81, ago. 1985.

KRAMER, S. Autoria e autorização: questões éticas na pesquisa com crianças. *Caderno de Pesquisa,* São Paulo: FCC, n. 116, jul. 2002.

KRAMER, S. As crianças de 0 a 6 anos nas políticas educacionais no Brasil: educação infantil e/é fundamental. *Educação e Sociedade*: Revista de Ciência da Educação, Campinas, v. 27, n. 96, 2005. São Paulo: Cortez; Campinas: CEDES, 2005.

KRAMER, S.; LEITE, I. *Fios e desafios da pesquisa.* Campinas: Papirus, 1996.

KUBITSCHEK, J. *Diretrizes gerais do plano de nacional de desenvolvimento.* Rio de Janeiro: [s.n.], 1956a.

KUBITSCHEK, J. *Mensagem ao Congresso Nacional.* Rio de Janeiro, 1956b.

KUBITSCHEK, J. *Mensagem ao Congresso Nacional.* Rio de Janeiro, 1957.

KUBITSCHEK, J. *Discursos proferidos no primeiro ano do mandato presidencial, 1956.* Rio de Janeiro: [s.n.], 1958a.

KUBITSCHEK, J. *Mensagem ao Congresso Nacional.* Rio de Janeiro, 1958b.

KUBITSCHEK, J. *Mensagem ao Congresso Nacional.* Rio de Janeiro, 1959.

KUBITSCHEK, J. *Mensagem ao Congresso Nacional.* Rio de Janeiro, 1960.

KUBITSCHEK, J. *50 anos em 5*: meu caminho para Brasília. Rio de Janeiro: Bloch Editores, 1978. vol. III.

KUHLMANN JR., M. *Educação pré-escolar no Brasil (1899-1922)*: exposições e congressos patrocinando a "assistência científica". 1990. Dissertação (Mestrado em Educação) – PUC, São Paulo, 1990.

KUHLMANN JR., M. Instituições pré-escolares assistencialistas no Brasil (1899-1922). *Cadernos de Pesquisa,* São Paulo: Fundação Carlos Chagas, n. 78, p. 17-26, ago. 1991.

KUHLMANN JR., M. *Infância e educação infantil*: uma abordagem histórica. Porto Alegre: Mediação, 1998.

KUHLMANN JR., M. Educando a infância brasileira. *In:* LOPES, E. M. *et al. 500 anos de educação no Brasil.* Belo Horizonte: Autêntica, 2000a. p. 469-486.

KUHLMANN JR., M. Histórias da educação infantil brasileira. *Revista Brasileira de Educação,* Rio de Janeiro, n. 14, p. 5-18, ago. 2000b.

KUHLMANN JR., M. O jardim de infância e a educação das crianças pobres. *In:* MONARCHA, C. *Educação da infância brasileira 1875-1983.* Campinas: Autores Associados, 2001. p. 5-30.

KUHLMANN JR., M. A circulação de ideias sobre a educação das crianças: Brasil, início do século XX. *In:* MARCOS, C. F.; MOYSES, K. (org.). *Os intelectuais na história da infância.* São Paulo: Cortez, 2002.

KUHLMANN JR., M. A educação infantil no século XX. *In:* STEPHANOU, M.; BASTOS, M. H. C. *Histórias e memórias da educação no Brasil.* Petrópolis: Vozes, 2005. vol. III. (Século XX).

LAFER, C. *The planning process and the political system in Brazil*: a study on Kubitschek's target plan. Ithaca: Cornell University, 1970.

LAFER, C. *JK e o programa de metas*: processo de planejamento e sistema político no Brasil. Rio de Janeiro: EdFGV, 2002.

LARROYO, F. *História geral da pedagogia.* São Paulo: Mestre Jou, 1974. t. II.

LEAL, V. N. *Coronelismo, enxada e voto.* São Paulo: Alfa-Ômega, 1975.

LE GOFF, J. et al. *Memória/História.* Lisboa: Imprensa Nacional: Casa da Moeda, 1986. (Enciclopédia Einaudi, v. 1).

LE GOFF, J. História. *In:* ENCICLOPÉDIA Einaudi. Porto: Imprensa Nacional, 1985.

LE GOFF, J. *História e memória.* 3. ed. Campinas: EdUnicamp, 1994.

LE GOFF, J.; NORA, P. (org.) *História*: novos objetos. Rio de Janeiro: Francisco Alves, 1976.

LEITE FILHO, A. *Educadora de educadoras*: trajetória e ideias de Heloísa Marinho. Uma história do jardim de infância no Rio de Janeiro. 1997. Dissertação (Mestrado) – PUC-Rio, Rio de Janeiro, 1997.

LEITE FILHO, A. et al. (org.). *Em defesa da Educação Infantil.* Rio de Janeiro: DP&A, 2001.

LEITE FILHO, A.; SANTOS, P. S. M. B. O INEP no contexto das políticas públicas do MEC nos anos 1950/1960. *In:* CONGRESSO BRASILEIRO DE HISTÓRIA DA EDUCAÇÃO, 3., 2004, Curitiba. *Anais* [...]. Curitiba: PUC-PR, 2004.

LEITE FILHO, A.; BONAMINO, A. *Elementos para uma reconstrução da gênese das políticas sociais e das políticas de educação infantil*. Rio de Janeiro: [s.n.], 1995.

LESSA, C. *In:* MARTINS, I. 100 anos de JK: 50 anos em cinco. *Isto É*, [S.l.], 11 jan. 2002.

LESSA, R. *A invenção republicana*. Rio de Janeiro: Topbooks, 1999.

LIMA JR., G. *Relatório do Diretor do Departamento Nacional da Criança*: 1961-1962. Rio de Janeiro: Ministério da Saúde, 1962.

LOPES, K. R.; MENDES, R. P.; BARRETO DE FARIA, V. L. (org.). Brasília: MEC: Secretaria de Educação Básica: Secretaria de Educação a Distância, 2005. (Coleção PROINFANTIL, unidade 3).

LOPES, L. *Pestalozzi:* o grande educador. Rio de Janeiro: Paulo Azevedo & Cia, 1943.

LOPEZ, F. A.; CAMPOS JR., D. (org.). *Tratado de Pediatria*: Sociedade Brasileira de Pediatria. São Paulo: Editora Manole, 2007.

LOURENÇO FILHO, M. B. O Instituto Nacional de Estudos Pedagógicos em sete anos de atividades. *Revista Brasileira de Estudos Pedagógicos*, Rio de Janeiro: Imprensa Nacional, v. VI, n. 16, p. 95-135, 1945.

LOURENÇO FILHO, M. B. *Introdução ao estudo da Escola Nova*. São Paulo: Melhoramentos, 1950.

LOURENÇO FILHO, M. B. Aspectos da Educação Pré-primária. *Revista Brasileira de Estudos Pedagógicos*, Rio de Janeiro, Imprensa Nacional, v. 32, n. 75, p. 79-98, 1959.

LOURENÇO FILHO, M. B. Os Jardins de Infância e a organização escolar. *Revista Brasileira de Estudos Pedagógicos*, Rio de Janeiro, Imprensa Nacional, v. XXXVIII, n. 87, p. 7-20, 1962.

LOURENÇO FILHO, M. B. *Discurso proferido na abertura da V Semana de Estudos Pré-primários no Rio de Janeiro, promovida pela OMEP-Brasil*. Rio de Janeiro, 1965.

LOURENÇO FILHO, M. B. *Introdução ao estudo da escola nova*. 12. ed. São Paulo: Melhoramentos; [Rio de Janeiro]: Fundação de Material Escolar, 1978.

LOWENTHAL, D. Como conhecemos o passado. *Revista Projeto História*, São Paulo: PUC, n. 17, p. 63-200, 1998.

LUCINDA, E. *A fúria da beleza*. Rio de Janeiro: Ed. Record, 2006.

LUZURIAGA, L. *História da educação e da pedagogia*. São Paulo: Companhia Editora Nacional, 1969. (Atualidades Pedagógicas, v. 39).

LUZURIAGA, L. *Pedagogia*. São Paulo: Nacional, 1970. 352p. (Atualidades pedagógicas, v. 56).

MACIEL, Francisca Izabel Pereira. *Lúcia Casasanta e o método global de contos*: uma contribuição á história da alfabetização em Minas Gerais. Belo Horizonte: FaE/UFMG, 2001.

MANACORDA, M. A. *História da educação*: da antiguidade aos nossos dias. São Paulo: Cortez, 1989.

MARANHÃO, R. *O Governo Juscelino Kubitschek*. 5. ed. São Paulo: Brasiliense, 1988.

MARCONDES, E. *Ser puericultor. Pediatria na atenção primária*. São Paulo: Sarvier, 1999.

MARINHO, H. et al. *Vida e educação no jardim de infância*. Programas de atividades. Departamento de Educação Primária. Secretaria Geral de Educação e Cultura. Prefeitura do Distrito Federal. Rio de Janeiro: Ed. A Noite, 1952.

MARINHO, H. *Vida e educação no jardim de infância*. Programa de Atividades. 2. ed. Rio de Janeiro: Conquista, 1960.

MARINHO, H. A Missão da educadora no jardim de infância. *Educação*, Associação Brasileira de Educação, [S.l.], v. 83/86, p. 59-62, 1964.

MARINHO, H. *Relatório da diretoria do curso de formação de professores para o ensino normal*. Rio de Janeiro: IERJ, out. 1965.

MARINHO, H. *Vida e educação no jardim de infância*. Programa de Atividades. 3. ed. Rio de Janeiro: Conquista, 1966.

MARINHO, H. *A formação superior do professor de 1o grau - 1966-1972*. Rio de Janeiro: IERJ, 1972.

MARTINS, I. *100 anos de JK*: 50 anos em 5. Disponível em htpp://www.terra.com.br/isto.../230/especial_jk. Acesso em: 20 fev. 2004.

MARTINS, R. M.; CAMPOS JR., D. *In:* LOPEZ, F. A.; CAMPOS JR., D. (org.). *Tratado de Pediatria – Sociedade Brasileira de Pediatria*. São Paulo: Ed. Manole, 2007. p. 1-15.

MENDONÇA, A. W. P. C. O intelectual como dirigente e como educador. *Revista Brasileira de Estudos Pedagógicos*, Rio de Janeiro, v. 77, p. 304-317, 1996.

MENDONÇA, A. W. P. C. O educador: de intelectual a burocrata. *Educação & Sociedade*, São Paulo, n. 58, p. 156-172, 1997a.

MENDONÇA, A. W. P. C. O CBPE: um projeto de Anísio Teixeira. In: MENDONÇA, A. W. P. C.; BRANDÃO, Z. (org.). *Por que não lemos Anísio Teixeira?* Rio de Janeiro: Ravil, 1997b. p. 27-46.

MENDONÇA, A. W. P. C. *A formação dos Mestres*: a contribuição de Anísio Teixeira para a institucionalização da pós-graduação no Brasil. Projeto de pesquisa – Departamento de Educação, PUC-Rio, Rio de Janeiro, 1997c.

MENDONÇA, A. W. P. C. Anísio Teixeira: um criador de instituições. In: TEIXEIRA, A. S. *Educação no Brasil*. Rio de Janeiro: UFRJ, 1999.

MENDONÇA, A. W. P. C. A universidade no Brasil. *Revista Brasileira de Educação*, Rio de Janeiro, n. 14, p. 131-150, 2000.

MENDONÇA, A. W. P. C. *Anísio Teixeira e a Universidade de Educação*. Rio de Janeiro: EdUERJ, 2002a.

MENDONÇA, A. W. P. C. *O INEP no contexto das políticas do MEC, anos 1950/1960*. Projeto de Pesquisa – PUC-Rio, Rio de Janeiro, 2002b.

MENDONÇA, A. W. P. C. et al. A formação dos Mestres: a contribuição de Anísio Teixeira para a institucionalização da pós-graduação no Brasil. In: PÔRTO JR., G. (org.). *Anísio Teixeira e o ensino superior no Brasil*. Brasília: Bárbara Bela, 2001. p. 65-95.

MENDONÇA, A. W. P. C.; BRANDÃO, Z. (org.). *Por que não lemos Anísio Teixeira?* Rio de Janeiro: Ravil, 1997.

MINISTÉRIO DA EDUCAÇÃO E CULTURA (org.). *Revista Brasileira de Estudos Pedagógicos*, Rio de Janeiro, v. 34, n. 80, p. 100-118, 1960.

MIRANDA, C.; NETO, L. Quero Ser Grande. *Revista Aventura na História*, São Paulo, Ed. Abril, n. 29, p. 28-37, jan. 2006.

MONCORVO FILHO, A. *Pela infância, tudo!* Discurso pronunciado em 14 de março de 1920, na solenidade da inauguração do Instituto de Protecção e Assistência à Infância de Petrópolis (Est. do Rio). Rio de Janeiro: Typ. Besnard Frères, 1920.

MONCORVO FILHO, A. *Histórico da protecção à infância no Brasil, 1500-1922*. 2. ed. Rio de Janeiro: Empresa Gráfica, 1926.

MONTESSORI, M. *A formação do homem*. Rio de Janeiro: Portugália, 1970.

MORAES, M. C. M. Pontos de investigação, teoria e método em uma pesquisa histórica em educação. *Educação & Sociedade,* Campinas: Papirus: CEDES, n. 55, p. 263-281, 1996.

MOURA, E. B. B. Infância operária e acidente do trabalho em São Paulo. *In:* DEL PRIORE, M. (org.). *História da criança no Brasil.* São Paulo: Contexto, 1992. p. 112-128.

MÜLLER, F. Infâncias nas vozes das crianças: culturas infantis, trabalho e resistência. *Educação & Sociedade,* São Paulo: Cortez; Campinas: CEDES, v. 27, n. 95, 2006.

NACIONALISMO. *Enciclopédia das línguas do Brasil,* [Campinas], [200-]. Disponível em: http://www.labeurb.unicamp.br/elb/europeias/nacionalismo.htm. Acesso em: 27 ago. 2023.

NARODOWSKI, M. *Infância e poder:* conformação da pedagogia moderna. São Paulo: Editora da Universidade São Francisco, 2001.

NASCENTES, A. *Dicionário etimológico resumido.* [S.l.]: Instituto Nacional do Livro: Ministério da Educação e Cultura, 1966.

NASCIMENTO, M. A. E. *A pedagogia Freinet:* natureza, educação e sociedade. Campinas: EdUnicamp, 1995.

NASCIMENTO, M.; NELITO, M. Educação e nacional-desenvolvimentismo no Brasil. Disponível em: www.histedbr.fae.unicamp.br/navegando/textos_introdutorios_periodos/Intr_nacional-desenvolvimentismo%20Nelito.doc. Acesso em: 25 fev. 2008.

NEVES, L. A. Trabalhismo, nacionalismo e desenvolvimentismo: um projeto para o Brasil (1945-1964). *In:* FERREIRA, J. *et al.* (org.). *O populismo e sua história*: debate e crítica. Rio de Janeiro: Civilização Brasileira, 2001a. p. 169-203.

NEVES, M. S. Paisagens secretas. Memórias da infância. *In:* NEVES, M. S.; LOBO, Y. L.; MIGNOT, A. C. V. (org.). *Cecília Meireles*: a poética da educação. Rio de Janeiro: Ed. da PUC-Rio; São Paulo: Edições Loyola, 2001b.

NINA, C. A. Escolas-maternais e jardins de infância. *Coleção DNCr,* Rio de Janeiro: Departamento Nacional da Criança, n. 147, 1954.

NORA, P. Entre memória e história. *Revista Projeto História,* São Paulo, n. 10, p. 7-26, 1993.

ONU. *Convenção dos Direitos da Criança.* 1989.

ORTIZ, R. *Cultura brasileira & identidade nacional*. 5. ed. São Paulo: Brasiliense, 1994.

PANDOLFI, D. (org.). *Repensando o Estado Novo*. Rio de Janeiro: EdFGV, 1999.

PASSETTI, E. Crianças carentes e políticas públicas. *In:* DEL PRIORE, M. (org.). *História da criança no Brasil*. São Paulo: Contexto, 1992.

PEREIRA, A. R. V. V. *Políticas sociais e corporativismo no Brasil*: o Departamento Nacional da Criança no Estado Novo. Niterói: ICHF/UFF, 1992.

PEREIRA, A. R. V. V. A criança no Estado Novo: uma leitura na longa duração. *Revista Brasileira de História*, São Paulo, v. 19, n. 38, 1999.

PEREZ, J. R. R. Avaliação do Processo de Implementação: algumas questões metodológicas. *In:* MELO RICO, E. (org.). *Avaliação de Políticas Sociais*: uma questão em debate. São Paulo: Cortez, 1998. p. 65-73.

PESAVENTO, S. J. *História & História Cultural*. Belo Horizonte: Autêntica, 2005.

PESTALOZZI, J. H. *Antologia de Pestalozzi*. Trad. de Lorenzo Luzuriaga. Buenos Aires: Losada, 1946.

PILETTI, Nelson. *História da Educação no Brasil*. 6. ed. São Paulo: Ática, 1996.

PILOTTI, F.; RIZZINI, I. (org.) *A arte de governar crianças*: a história das políticas sociais, da legislação e da assistência à infância no Brasil. Rio de Janeiro: Instituto Interamericano del Nino: Editora Universitária Santa Úrsula: AMAIS Livraria e Editora, 1995.

PINTO, M. A infância como construção social. *In:* PINTO, M.; SARMENTO, M. J. (coord.). *As crianças*: contextos e identidade. Braga: Centro de Estudos da Criança: Universidade do Minho, 1997. p. 33-73. (Coleção Infans).

PINTO, M.; SARMENTO, M. J. (coord.). *As crianças*: contextos e identidade. Braga: Centro de Estudos da Criança: Universidade do Minho, 1997. (Coleção Infans).

RIZZINI, I. *Assistência à infância no Brasil*: uma análise de sua construção. Rio de Janeiro: Ed. Universidade Santa Úrsula, 1993.

RIZZINI, I.; PILOTTI, F. *A arte de governar crianças*: a história das políticas sociais, da legislação e da assistência à infância no Brasil. Rio de Janeiro: Instituto Interamericano del Nino: Editora Universitária Santa Úrsula: AMAIS Livraria e Editora, 1995.

RIZZINI, I. (org.). *Olhares sobre a criança no Brasil. Séculos XIX e XX*. Rio de Janeiro: Ed. Universitária, 1997a.

RIZZINI, I. *O Século Perdido*: raízes históricas das políticas públicas para a infância no Brasil. Rio de Janeiro: Petrobras: MinC: Editora Universitária Santa Úrsula: AMAIS Livraria e Editora, 1997b.

RIZZINI, I. *A criança e a lei no Brasil:* revisitando a história (1822-2000). 2. ed. Brasília: UNICEF; Rio de Janeiro: Editora Universitária Santa Úrsula: AMAIS Livraria e Editora, 2002.

ROCHA, H. H. P. A Higienização da Infância no Século da Criança. *In:* FARIA, A. L. G.; MELLO, S. A. (org.). Campinas: Autores Associados, 2005. p. 57-84.

ROCHA, R. *Os direitos das crianças segundo Ruth Rocha*. São Paulo: Companhia das Letrinhas, 2007.

ROSEMBERG, F. Educação: para quem? *Ciência e Cultura*, São Paulo, v. 28, n. 12, p. 1467, dez. 1976.

ROSEMBERG, F. (org.). *Creches*. São Paulo: Cortez, 1989.

ROSEMBERG, F. A Educação Pré-escolar brasileira durante os governos militares. *Caderno de Pesquisa*, São Paulo: Fundação Carlos Chagas e PUC-SP, n. 82, p. 21-30, ago. 1992a.

ROSEMBERG, F. A Educação Pré-Escolar brasileira durante os governos militares. *Caderno de Pesquisa,* São Paulo: Fundação Carlos Chagas, n. 82, p. 21-30, ago. 1992b.

ROSEMBERG, F. Educação formal e mulher: um balanço parcial. *In:* COSTA, A. O.; BRUSCHINI, C. (org.). *Uma questão de gênero*. Rio de Janeiro: Rosa dos Tempos; São Paulo: Fundação Carlos Chagas, 1992c.

ROSEMBERG, F. A LBA o Projeto Casulo e a Doutrina de Segurança Nacional. *In:* FREITAS, M. C. (org.). *História Social da Infância no Brasil*. São Paulo: Cortez, 1997. p. 137-157.

ROSEMBERG, F. A expansão da educação infantil e processos de exclusão. *Cadernos de Pesquisa*, São Paulo, n. 107, p. 7-40, jul. 1999a.

ROSEMBERG, F. O estado dos dados para avaliar políticas de educação infantil. *Estudos em Avaliação Educacional*, São Paulo, n. 20, p. 5-57, jul./dez. 1999b.

ROSEMBERG, F.; AMADO, T. Mulheres na escola. *Cadernos de Pesquisa,* São Paulo, n. 80, p. 62-74, fev. 1992.

ROUSSEAU, J.-J. *Do contrato social.* Trad. de Lourdes Santos Machado. São Paulo: Abril Cultural, 1973. p. 25-151. (Coleção Os pensadores).

ROUSSEAU, J.-J. *Emílio ou da educação.* Rio de Janeiro: Bertrand Brasil, 1992.

SANDIN, B. Imagens em conflito: infâncias em mudança e o estado de bem-estar social na Suécia. Reflexões sobre o século da criança. *Revista Brasileira de História,* São Paulo, v. 19, n. 37, p. 16-34, set. 1999.

SANTOS, L. A. C.; FARIA, L. O ensino da Saúde Pública no Brasil: os primeiros tempos no Rio de Janeiro. *Educação e Saúde,* Rio de Janeiro: Fiocruz: Escola Politécnica de Saúde Joaquim Venâncio, v. 4, n. 2, p. 291-324, set. 2006.

SARMENTO, M. J.; PINTO, M. As crianças e a infância: definindo conceitos, delimitando o campo. *In:* PINTO, M.; SARMENTO, M. J. (coord.). *As crianças*: contextos e identidade. Braga: Centro de Estudos da Criança: Universidade do Minho, 1997. (Coleção Infans).

SARMENTO, M. J. A globalização e a infância: impactos na condição social e na escolaridade. *In:* GARCIA, R. L.; LEITE FILHO, A. (org.). *Em defesa da educação infantil.* Rio de Janeiro: DP&A, 2001. p. 13-28.

SARMENTO, M. J. *As culturas da infância nas encruzilhadas da 2ª modernidade.* Braga: Universidade do Minho: Centro de Estudos da Criança, 2002.

SAMPAIO, R. M. W. F. *Freinet*: evolução histórica e atualidades. São Paulo: Scipione, 1989.

SARTOR, C. D.; MARTINS, A. C.; SILVA, N. C. R. Seletividade e focalização versus universalização: dilemas presentes nas políticas e programas para a infância e juventude. *Revista O Social em Questão,* Rio de Janeiro: PUC-Rio, ano VI, v. 7, n. 7, p. 115-138, 2002.

SAVIANI, D. et al. *O Legado Educacional do Século XX no Brasil.* Campinas: Autores Associados, 2004.

SCHWARCZ, L. M. Apresentação à edição brasileira. *In:* BLOCH, M. *Apologia da História ou ofício de historiador.* Rio de Janeiro: Jorge Zahar Ed., 2001.

SCHWARTZMAN, S.; BOMENY, H. M. B.; COSTA, V. M. R. *Tempos de Capanema.* São Paulo: Editora da Universidade de São Paulo: Paz e Terra, 1984.

SCHUELER, A. F. A infância desamparada no asilo agrícola de Santa Isabel: instrução rural e infantil (1880-1886). *Educação e Pesquisa*, São Paulo: USP, v. 26, n. 1, jan./jun. 2000.

SILVA, V. B. Fazer a pedagogia descer do céu à terra: os manuais especializados para a formação e orientação do trabalho docente (1930-1971). *In:* CONGRESSO LUSO-BRASILEIRO DE HISTÓRIA DA EDUCAÇÃO, 4., 2002, Porto Alegre. *Anais* [...]. Porto Alegre: Universidade Federal do Rio Grande do Sul, 2002a.

SILVEIRA, A. B. *História do Instituto de Educação.* Distrito Federal: [s.n.], 1954.

SIMIAND, F. *Método histórico e ciências sociais.* Trad. de José Leonardo do Nascimento. Bauru: EdUSP, 2003.

SODRÉ, N. W. *Síntese de história da cultura brasileira.* 29. ed. Rio de Janeiro: Bertrand Brasil, 2003.

SOUZA, C. P. Saúde, educação e trabalho de crianças e jovens: a política de Getúlio Vargas. *In:* GOMES, A. C. *Capanema*: o Ministro e o seu Ministério. Rio de Janeiro: EdFGV, 2000. p. 221-49.

SOUZA, S. J.; KRAMER, S. *Educação ou tutela?* A criança de 0 a 6 anos. São Paulo: Edições Loyola, 1988.

TEIXEIRA, A. Discurso de posse do professor Anísio Teixeira no Instituto Nacional de Estudos Pedagógicos. *Revista Brasileira de Estudos Pedagógicos,* Rio de Janeiro: Imprensa Nacional, v. XVII, n. 46, p. 69-79, 1952.

TEIXEIRA, A. Bases da teoria lógica de Dewey. *Revista Brasileira de Estudos Pedagógicos,* Rio de Janeiro, v. 23, n. 57, p. 3-27, 1955.

TEIXEIRA, A. A administração pública brasileira e a educação. *Revista Brasileira de Estudos Pedagógicos,* Rio de Janeiro, v. 25, n. 63, p. 3-23, 1956a.

TEIXEIRA, A. *Descentralizar a educação, uma reforma que se impõe.* Rio de Janeiro: O Globo, 1956b.

TEIXEIRA, A. A escola brasileira e a estabilidade social. *Revista Brasileira de Estudos Pedagógicos,* Rio de Janeiro, v. 28, n. 67, p. 3-29, 1957a.

TEIXEIRA, A. Ciência e Arte de Educar. *Educação e Ciências Sociais,* [S.l.], ano 2, v. 2, n. 5, ago. 1957b.

TEIXEIRA, A. Ciência e educação. *Boletim Informativo CAPES*, [S.l.], n. 50, p. 1-03, 1957c.

TEIXEIRA, A. Lei e tradição. *Boletim Informativo CAPES*, [S.l.], n. 54, p. 1-03, 1957d.

TEIXEIRA, A. Reorganização e não apenas expansão da escola brasileira. *Boletim Informativo CAPES*, [S.l.], n. 58, p. 1-02, 1957e.

TEIXEIRA, A. O espírito científico e o mundo atual. *Revista Brasileira de Estudos Pedagógicos*, Rio de Janeiro, v. 23, n. 58, p. 3-25, 1958a.

TEIXEIRA, A. Variações sobre o tema da liberdade humana. *Revista Brasileira de Estudos Pedagógicos*, Rio de Janeiro, v. 29, n. 69, 1958b.

TEIXEIRA, A. Educação e nacionalismo. *Revista Brasileira de Estudos Pedagógicos*, Rio de Janeiro, v. 34, n. 80, p. 205-208, out./dez. 1960.

TEIXEIRA, A. Diferentes estratégias para a política do desenvolvimento. *Boletim Informativo CAPES*, [S.l.], n. 98, p. 1-03, 1961a.

TEIXEIRA, A. Educação e desenvolvimento. *Revista Brasileira de Estudos Pedagógicos*, Rio de Janeiro, v. 35, n. 81, p. 71-92, 1961b.

THOMPSON, E. P. *Miseria de la teoria*. Barcelona: Crítica, 1981.

THOMPSON, E. P. La política de la teoria. *In:* SAMUEL, R. *Historia popular y teoría social*. Barcelona: Crítica, 1984.

THOMPSON, E. P. *A formação da classe operária inglesa. I. A árvore da liberdade*. Rio de Janeiro: Paz e Terra, 1987.

THOMPSON, E. P. A economia moral revisitada. *In:* THOMPSON, E. P. *Costumes em comum. Estudos sobre a cultura popular tradicional*. São Paulo: Companhia das Letras, 1998a.

THOMPSON, E. P. *Costumes em comum*: estudos sobre a cultura popular tradicional. São Paulo: Companhia das Letras, 1998b.

UNICEF. *A infância dos países em desenvolvimento*: um relatório do UNICEF. Trad. de Donaldson M. Garschagen. Rio de Janeiro: Edições GRD, 1964.

VEIGA, C. G. *História da Educação na História*: Povo, Professor, Trabalhadores: Entre o Imaginário e Real. 1987. Dissertação (Mestrado em Educação) – Universidade Federal de Minas Gerais, Belo Horizonte, 1987.

VEIGA, C. G.; GOUVEA, M. C. S. Comemorar a Infância, Celebrar Qual Criança? Festejos Comemorativos nas Primeiras Décadas Republicanas. *Educação E Pesquisa*: Revista da Faculdade de Educação da USP, São Paulo, v. 26, n. 1, p. 135-160, jan./jun. 2000a.

VEIGA, C.; GOUVEA, M. C. S. Comemorar a infância nas primeiras décadas republicanas. *Educação e Pesquisa*, São Paulo, v. 26, n. 1, p. 135-160, jan./jun. 2000b.

VEIGA, C.; GOUVEA, M. C. S. Uma contribuição para a história da Infância: festejos comemorativos da criança. *In*: REUNIÃO ANUAL DA ANPED, 24., Caxambu, 2001. *Anais* [...]. Caxambu: ANPED, 2001.

VELHO, G. *Projeto e Metamorfose*: antropologia das sociedades complexas. Rio de Janeiro: Jorge Zahar Editor, 1994.

VENANCIO, G. M. Lugar de mulher é... na fábrica: estado e trabalho feminino no Brasil (1910-1934). *História: Questões & Debates*, Curitiba: Editora da UFPR, n. 34, p. 175-200, 2001.

VIANA, A. L. Abordagens metodológicas em políticas públicas. *Revista de Administração Pública*, Rio de Janeiro, v. 30, n. 2, p. 5-43, 1996.

VIANNA, M. L. T. W. A emergente temática da política social na bibliografia brasileira. *BIB*, Rio de Janeiro, n. 28, p. 3-41, 1989.

VIDAL, D. G. *O exercício disciplinado do olhar:* livros, leituras e práticas de formação docente no Instituto de Educação do Distrito Federal (1932-1937). Bragança Paulista: Editora da Universidade São Francisco, 2001.

VIEIRA, L. M. F. *Creches no Brasil*: de mal necessário a lugar de compensar carências – rumo à construção de um projeto educativo. 366f. 1986. Dissertação (Mestrado em Educação) – UFMG, Belo Horizonte, 1986.

VIEIRA, L. M. F. Mal necessário: creche no Departamento Nacional da Criança (1940-1970). *Revista Caderno de Pesquisa*, São Paulo: Fundação Carlos Chagas, n. 67, 1988.

VIEIRA, M. P. A. et al. *A Pesquisa em história*. São Paulo: Ática, 1989.

VILARINHO, L. R. G. *A Educação pré-escolar no mundo ocidental e no Brasil*: perspectivas históricas e crítico-pedagógica. 272 p. 1987. Tese (Doutorado) – UFRJ, Rio de Janeiro, 1987.

WERNECK VIANNA, L. O Estado Novo a "ampliação" autoritária da República. *In:* CARVALHO, M. A. R. *et al.* (org.). *República no Catete.* Rio de Janeiro: Museu da República, 2001. p. 112-153.

WILLIANS, R. *Problems in materialism and culture*: selected essays. Londres: Verso, 1980.

WILLIANS, R. *Cultura.* Rio de Janeiro: Paz e Terra, 1992.

WILLIANS, R. *Palavras-chave*: um vocabulário de cultura e sociedade. São Paulo: Boitempo, 2007.

XAVIER, L. N. *O Brasil como laboratório:* educação e ciências sociais no projeto do centro brasileiro de pesquisas educacionais. CBPE/INEP/MEC (1950-1960). Bragança Paulista: IFAN/CDAPH/EDUSF, 1999.

XAVIER, L. N. Educação, Raça e Cultura em Tempos de Desenvolvimento. *In:* MAGALDI, A. A.; ALVES, C.; GONDRA, J. (org.). *Educação no Brasil:* História, Cultura e Política. Bragança Paulista: EdUSF, 2003. p. 487-504.

YYATES, M. P. A. *A arte da memória.* Campinas: EdUnicamp, 2007.

Anexos

Anexo I

LEGISLAÇÃO

Lei/Decreto	Data	Especificação
Decreto nº 16.027	30 de abril de 1923	Cria o Conselho Nacional do Trabalho.
Decreto nº 16.300	31 de dezembro de 1923	Reorganiza e regulamenta o Serviço de Saúde Pública.
Decreto nº 4.867	5 de novembro de 1924	Fica instituído o dia 12 de outubro, em todo o território nacional, a festa da criança.
Decreto nº 19.444	01 de dezembro de 1930	Dispõe sobre os serviços que ficam a cargo do Ministério da Educação e Saúde Pública.
Decreto nº 19.518	22 de dezembro de 1930	Desliga do Ministério da Justiça e Negócios Interiores repartições que passam a ser subordinadas ao Ministério da Educação e Saúde Pública.
Decreto nº 19.433	26 de novembro de 1930	Cria o Ministério do Trabalho, Indústria e Comércio.
Decreto nº 19.850	11 de abril de 1931	Cria o Conselho Nacional de Educação.
Decreto nº 21.417-A	17 de maio de 1932	Prevê no trabalho da mulher dois intervalos diários em caso de amamentação nos seis primeiros meses de vida do bebê; proíbe o trabalho das mulheres grávidas durante quatro semanas antes do parto e quatro depois e creches em locais onde trabalhavam mais de 30 mulheres com mais de 16 anos de idade.
Decreto nº 24.278	25 de maio de 1934	Extingue a Inspetoria de Higiene Infantil da Saúde Pública e cria a Diretoria de Proteção à Maternidade e à Infância e dá outras providências.

Lei/Decreto	Data	Especificação
Decreto nº 378	13 de janeiro de 1937	Dá nova organização ao Ministério da Educação e Saúde Pública. Cria o Instituto Nacional de Pedagogia (art. 39) e o Instituto Nacional de Puericultura (art. 54).
Decreto nº 525		Cria o Conselho Nacional de Serviço Social.
Decreto nº 580	30 de julho de 1938	Dispõe sobre a organização do Instituto Nacional de Estudos Pedagógicos.
Decreto-Lei nº 2.024	17 de fevereiro de 1940	Fixa as bases da organização da proteção à maternidade, à infância e à adolescência em todo o país. Será comemorado, em todo o país, a 25 de março de cada ano, o Dia da Criança. Constituirá objetivo principal dessa comemoração avivar na opinião pública a consciência da necessidade de ser dada a mais vigilante e extensa proteção à maternidade, à infância e à adolescência. Fica criado, no Ministério da Educação e Saúde, o Departamento Nacional da Criança, diretamente subordinado ao ministro de Estado. Parágrafo único. Fica criado, no quadro I do Ministério da Educação e Saúde, o cargo em comissão, padrão P, de diretor do Departamento Nacional da Criança.
Decreto-Lei nº 3.775	30 de maio de 1941	Passam a incorporar ao DNCr o Instituto Nacional de Puericultura, o Hospital Artur Bernardes e o Instituto Nacional de Puericultura da Universidade do Brasil e é instituída a Conferência Nacional de Proteção da Infância.
Decreto-Lei nº 5.452	01 de maio de 1943	Aprova a Consolidação das Leis do Trabalho e dispõe especificamente sobre creches nos seguintes artigos: art. 389, §1º e 2º, art. 397, art. 399 e art. 400.
Decreto-Lei nº 8.529	02 de janeiro de 1946	Lei Orgânica do Ensino Primário.

Lei/Decreto	Data	Especificação
Decreto-Lei nº 8.535	02 de janeiro de 1946	As Divisões de Ensino Superior, Ensino Secundário, Ensino Comercial e Ensino Industrial do Departamento Nacional de Educação transformadas em Diretorias subordinadas diretamente ao ministro da Educação e Saúde.
Decreto-Lei nº 8.529	02 de janeiro de 1946	Lei Orgânica do Ensino Primário.
Decreto-Lei nº 8.530	02 de janeiro de 1946	Lei Orgânica do Ensino Normal.
Decreto-Lei nº 9018	25 de fevereiro de 1946	Extingue a Divisão do Ensino Primário, do Departamento Nacional de Educação do Ministério de Educação e Saúde, passando seus encargos para o INEP.
Decreto-Lei nº 5.452	01 de maio de 1943	Aprova a Consolidação das Leis do Trabalho e dispõe especificamente sobre creches nos seguintes artigos: art. 389, §1º e 2º, art. 397, art. 399 e art. 400.
Lei nº 282	24 de maio de 1948	Reorganiza o DNCr.
Lei nº 1.920	25 de julho de 1953	Cria o Ministério da Saúde e dá outras providências. O Ministério da Educação passou a denominar-se Ministério da Educação e Cultura.
Decreto nº 34.596	16 de novembro	Regulamenta o Ministério da Saúde.
Lei nº 4.024	20 de dezembro de 1961	Lei de Diretrizes e Bases da Educação Nacional.
Decreto-Lei nº 200	25 de fevereiro de 1967	O Ministério da Educação (MEC) passou a ter por definição a seguinte área de competência: educação, ensino, exceto ensino militar, e magistério; cultura, letras e artes; patrimônio histórico e arqueológico; patrimônio científico, cultural e artístico; e desportos.
Decreto nº 60.731	17 de maio de 1967	Todos os estabelecimentos de ensino mantidos pelo Ministério da Agricultura passaram a integrar a estrutura básica do Ministério da Educação e Cultura.

Lei/Decreto	Data	Especificação
Portaria nº 1	15 de janeiro de 1969	O Departamento Nacional de Segurança e Higiene e do Trabalho do Ministério do Trabalho expede normas para a instalação de creches em locais de trabalho e para convênios com creches distritais.

Anexo II

CRONOLOGIA

1875	Jardim de Infância no Colégio Menezes Vieira no Rio de Janeiro
1887	Jardim de Infância ma Escola América em São Paulo
1988	Abolição da Escravatura
1889	Proclamação da República Governo de Marechal Deodoro da Fonseca
1891	Sistema federativo de governo é instituído pela Constituição de 1891
1897	Governo de Marechal Floriano Peixoto Decreto nº 52, que regula o ensino municipal no Rio de Janeiro, que previa que o ensino primário fosse dado em jardins de infância e escolas primárias
1894	Governo Prudente de Morais
1898	Fim do primeiro governo civil (Prudente de Morais) até 1902 Governo Campos Sales
1899	Fundação do Instituto da Proteção e Assistência à Infância do Rio de Janeiro (IPAI) Inauguração da creche da Companhia de Fiação e Tecidos Corcovado no Rio de Janeiro
1900	
1901	Anália Franco cria a Associação Feminina Beneficente e Instructiva, com o objetivo de organizar escolas maternais e creches
1902	Governo Francisco Alves
1904	Reforma Oswaldo Cruz cria a Diretoria Geral de Saúde Pública no Ministério da Justiça e Negócios Interiores Revolta da Vacina
1906	Afonso Pena toma posse na Presidência
1909	Criação do jardim de infância público no Distrito Federal: Campos Sales Governo Nilo Peçanha

1910	Marechal Hermes da Fonseca é eleito presidente Funcionavam, agregadas a asilos para órfãos, 18 escolas maternais e 17 creches-asilos em todo o estado de São Paulo Criação do jardim de infância público no Distrito Federal: Marechal Hermes Fundada a Sociedade Brasileira de Pediatria
1914	Venceslau Brás assume a Presidência
1918	Governo Delfim Moreira Foi criado o Departamento Nacional do Trabalho
1919	Epitácio Pessoa assume a Presidência Departamento da Criança no Brasil (DCB) pela iniciativa privada
1920	Reforma Carlos Chagas reorganiza os Serviços de Saúde Pública Criado o Departamento Nacional de Saúde Pública
1922	Artur Bernardes toma posse na Presidência da República Semana de Arte Moderna Criação do Partido Comunista Criação do jardim de infância público no Distrito Federal: Bárbara Otoni Inauguração da nova sede do Instituto da Proteção e Assistência à Infância (IPAI) Congresso Brasileiro de Proteção à Infância
1923	Criado o Conselho Nacional do Trabalho Regulamentação sobre o trabalho da mulher: previa a instalação de creches e salas de amamentação próximas ao ambiente de trabalho
1924	Criação da Associação Brasileira de Educação (ABE)
1926	Início do governo Washington Luís
1929	Quebra da Bolsa de Nova York
1930	Final do governo Washington Luís 3 de outubro – Revolução de 30 Criação do Ministério do Trabalho, Indústria e Comércio Criação do Ministério dos Negócios da Educação e Saúde Pública Serviços relacionados com a saúde pública são transferidos para o Min. Negócios da Educação e Saúde Pública Constituído o Ministério do Trabalho
1931	Reforma Francisco Campos Criação do Conselho Nacional de Educação
1932	Regulamentação do trabalho da mulher, tornando-se obrigatórias as creches em estabelecimentos com pelo menos 30 mulheres com mais de 16 anos Manifesto dos Pioneiros da Escola Nova

1934	Assembleia Constituinte votou nova Constituição e elegeu Vargas presidente Criada a Diretoria de Proteção à Maternidade e à Infância vinculada ao Ministério da Educação e Saúde Pública Criado o Centro de Estudos da Criança por Lourenço Filho, primeiro diretor do IERJ
1935	Mário de Andrade dirige o recém-criado Departamento de Cultura do município de São Paulo e estrutura os Parques Infantis Anísio Teixeira, secretário de Educação do DF, criou a Universidade do Distrito Federal
1937	Estado Novo. Golpe de Vargas, apoiado pelos militares, inaugura um período ditatorial que dura até 1945 Ministério dos Negócios da Educação e Saúde Pública passou a denominar-se Ministério da Educação e Saúde Criado o Instituto Nacional de Pedagogia É Criado o Instituto Nacional de Puericultura O Instituto Nacional de Pedagogia passa a se chamar Instituto Nacional de Estudos Pedagógicos (INEP) A Diretoria de Amparo à Maternidade e à Infância passa a ser a Divisão de Amparo à Maternidade e à Infância Criação do jardim de infância no Distrito Federal: Rubem Braga Criação da Universidade do Brasil
1938	Criação do Conselho Nacional de Serviço Social, instituído pelo Decreto-Lei no 525 Esse Conselho era um órgão vinculado à Divisão de Proteção à Maternidade e à Infância
1940	As atividades relativas à proteção da maternidade, da infância e da adolescência, anteriormente pertencentes ao Departamento Nacional de Saúde Pública, passaram a constituir o Departamento Nacional da Criança (DNCr) Mário Olinto de Oliveira é o primeiro diretor do Departamento Nacional da Criança, no Mistério da Educação e Saúde Criação do jardim de infância público no Distrito Federal, Barão de Itacuruçá
1941	Criado o Serviço de Assistência a Menores (SAM) Criada a Companhia Siderúrgica Nacional (CSN) Criada a Revista Brasileira de Estudos Pedagógicos do INEP
1942	Criada a Legião Brasileira de Assistência (LBA) Reforma Capanema

1945	Fim da Primeira Guerra Mundial Criada a Organização das Nações Unidas (ONU) Fundada a Organização das Nações Unidas para a Educação, a Ciência e a Cultura (UNESCO), como órgão da ONU
1946	Presidente Dutra promulga Nova Constituição Consolidação das Leis do Trabalho (CLT) A ONU cria o Fundo das Nações Unidas para a Infância (UNICEF) O Governo Federal extingue a Divisão do Ensino Primário, do Departamento Nacional de Educação do Ministério de Educação e Saúde, passando seus encargos para o INEP
1948	Por meio da Lei no 282, o DNCr é reorganizado Criado o primeiro Conselho de Saúde
1949	Criado no Instituto de Educação o curso de Especialização em Educação Pré-Primária, coordenado por Heloísa Marinho Criada a Escola Superior de Guerra (ESG)
1950	Getúlio Vargas vence as eleições presidenciais Criação do jardim de infância público no Distrito Federal: Vicente Licínio Cardoso
1951	Vargas toma posse
1952	O DNCr desenvolve ações de educação sanitária que incluem cursos populares e exposições, além dos Clubes de Mães, criados a fim de valorizar o trabalho da mulher no lar e seu papel na educação dos filhos
1953	Fundada a Petrobrás O UNICEF tornou-se uma instituição permanente de ajuda e proteção a crianças de todo o mundo Criado o Ministério da Saúde, regulamentado pelo Decreto nº 34.596 Início do funcionamento da Organização Mundial para a Educação Pré-Escolar (OMEP) no Brasil
1954	Criação do jardim de infância público no Distrito Federal: Sarmiento Vargas se suicida, Café Filho assume
1955	Criação do Instituto Superior de Estudos Brasileiros (ISEB) JK vence as eleições
1956	JK assume a Presidência Criado por Anísio Teixeira o Centro Brasileiro de Pesquisas Educacionais (CBPE) O presidente Juscelino Kubitschek apresentou, na primeira reunião de seu ministério, o Plano de Metas com 30 propostas

1959	A Assembleia Geral das Nações Unidas proclamou a Declaração dos Direitos da Criança
1960	Brasília é inaugurada
1961	Aprovada a Lei de Diretrizes e Bases da Educação Nacional (LDB) Jânio Quadros assume a Presidência e no mesmo ano renuncia João Goulart assume a Presidência
1965	DNCr registra a existência de 3.320 jardins de infância no Brasil, sendo 1.535 públicos e 1.785 particulares. Esses atendiam cerca de 199.200 crianças de 5 e 6 anos, de uma população estimada em 12.175.294 crianças de 2 a 6 anos

Anexo III

SITES CONSULTADOS

Sites de bibliotecas:

http://www.minerva.ufrj.br

http://www.sibi.ufrj,br

http://www.dbd.puc-rio.br

http://risirus.uerj.br

http://www.ndc.uff.br http://www.bibvirt.futuro.usp.br

http://www.unicamp.br/unicamp/servicos/servico_arquibl.html

http://www.bibliotecas.unesp.br

http://www2.ufcar.br

http://www.ufsc.br

http://biblio.pucsp.br

http://www.biblioteca.ufrgs.br

http://sabix.ufrgs.br

http://bu.ufsc.br

http://www.ufpr.br

http://www.unb/fau/guia/biblioteca central.htm

http://www.bc.ufg.br/page.php

http://bu.ufmg

Outros sites:

www.sbp.com.br

www.unicef.org.br

www.onu-brasil.org.br

www.pnud.org.br

www.ipee.org.br

www.ipea.gov.br

www.desafios.org.br

www.ced.ufsc.br/~nee0a6

www.anped.org.br

www.sbhe.org.br

www.fonteseducacaoinfantil.org.br

http//www.centrorefeducacional.com.br

www.cobra.pages.nom.br

http://dominiopublico.mec.gov.br

www.e-biografias.net

http://www.releituras.com

www.brasilescola.com/biografia/

www.aprendaki.com.br

http://www.historianet.com.b

www.suapesquisa.com

www.fcc.org.br

www.scielo.br

www.fiocruz.br

www.ensp.fiocruz.br

www.planalto.gov.br

www.mec.gov.br

www.saude.gov.br

www.cpdoc.fgv.br

www.anpuh.org

www.abe1924.org.br

www.ee.usp.br. USP/CINDEDI

Anexo IV

IMAGENS

A creche como solução para as mães que trabalham e para aquelas que querem enfeitar a vida (1956)

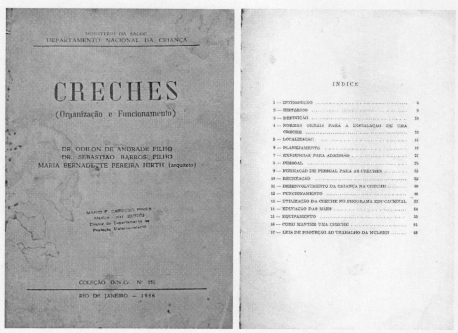

Escolas Maternais e Jardins de Infância como prolongamento do lar, e não a antessala da escola primária (1954)

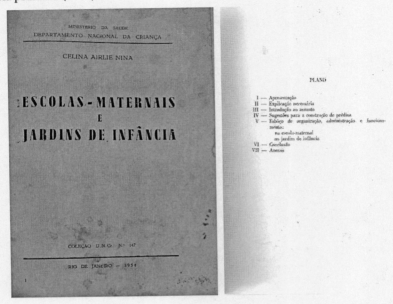

Educação no Jardim de Infância: a pré-escola como espaço de vida (1952)

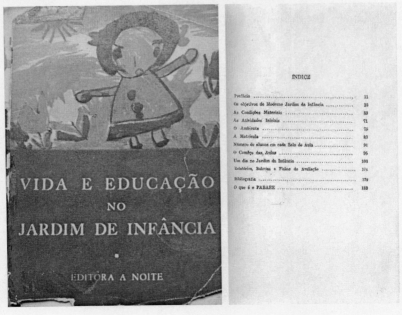

1960 1966

O que é o Jardim de Infância: a pré-escola como remédio (1963)